# 安徽省互联网金融行业发展报告

# （2020）

安徽省互联网金融协会
安 徽 大 学 经 济 学 院　编著
合肥工业大学经济学院

合肥工業大學出版社

**图书在版编目(CIP)数据**

安徽省互联网金融行业发展报告.2020/安徽省互联网金融协会，安徽大学经济学院，合肥工业大学经济学院编著.—合肥：合肥工业大学出版社，2021.7
ISBN 978-7-5650-5132-6

Ⅰ.①安… Ⅱ.①安…②安…③合… Ⅲ.①互联网络—应用—金融业—研究报告—安徽—2020
Ⅳ.①F832.29

中国版本图书馆 CIP 数据核字(2021)第 123761 号

**安徽省互联网金融行业发展报告(2020)**

安徽省互联网金融协会
安徽大学经济学院　编著
合肥工业大学经济学院

责任编辑　刘　露

| | | | |
|---|---|---|---|
| 出　版 | 合肥工业大学出版社 | 版　次 | 2021 年 7 月第 1 版 |
| 地　址 | 合肥市屯溪路 193 号 | 印　次 | 2021 年 7 月第 1 次印刷 |
| 邮　编 | 230009 | 开　本 | 889 毫米×1194 毫米　1/16 |
| 电　话 | 理工图书出版中心：0551-62903004 | 印　张 | 9.75 |
| | 营销与储运管理中心：0551-62903198 | 字　数 | 225 千字 |
| 网　址 | www.hfutpress.com.cn | 印　刷 | 安徽联众印刷有限公司 |
| E-mail | hfutpress@163.com | 发　行 | 全国新华书店 |

ISBN 978-7-5650-5132-6　　定价：52.00 元

# 编 委 会

# 前　言

在中国人民银行合肥中心支行、安徽银保监局、安徽证监局、安徽省地方金融监管局等部门的指导下，由安徽省互联网金融协会牵头安徽大学经济学院、合肥工业大学经济学院，共同完成了《安徽省互联网金融行业发展报告（2020）》的编写工作。

受新冠肺炎疫情的影响，编写组调研工作采用了线上与线下相结合的形式，前期首先向26家会员单位以发放调研提纲及视频电话会议等方式进行调研，后期又实地走访了10余家会员单位，获得了丰富的一手资料。在报告撰写过程中，编写组也多次与中国人民银行合肥中心支行、安徽银保监局、安徽证监局、安徽省地方金融监管局等部门进行探讨沟通，以期能够全面展现出安徽省互联网金融行业2019年的市场发展状况。本报告在对安徽省互联网金融行业发展环境进行阐述的基础之上，针对安徽省内的互联网银行、互联网证券、互联网保险、互联网支付、P2P及行业自律等现状及问题进行了归纳总结，同时对行业未来发展趋势及前景进行了展望，希望能够为监管部门、从业机构和社会公众深入了解安徽省互联网金融发展情况提供决策支持和资料参考。

本报告各篇的编写具体分工如下：第一章由杨璐、吴诺天、余怀东撰写；第二章由陈燕玲、周志翔、葛晶晶撰写；第三章由陈燕玲、葛晶晶、鲍敏撰写；第四章由陈燕玲、陈旭、阮思敏撰写；第五章由杨璐、葛晶晶撰写；第六章由杨璐、葛晶晶撰写；第七章由陈燕玲、周伶俐、朱胜虎、葛晶晶撰写；第八章由杨璐、周志翔撰写；案例一由鲍敏、杨晗、吴文诚撰写；案例二由葛晶晶、阮思敏、党青青撰写；案例三由葛晶晶、凌峰、杨晗、宋翠竹撰写；案例四由葛晶晶、鲍敏、余启铭撰写。

限于作者的水平及时间，报告中不足和错误在所难免，敬请读者批评指正。

**编　者**

2021年7月

# 目　录

第一章　全国互联网金融各业态发展概况 …… (001)
第一节　互联网支付 …… (001)
第二节　互联网银行及直销银行 …… (002)
第三节　互联网证券 …… (003)
第四节　互联网保险 …… (004)
第五节　互联网基金销售 …… (005)
第六节　P2P 网络借贷 …… (006)
第七节　互联网消费金融 …… (007)
第八节　互联网股权融资 …… (008)
第二章　安徽互联网金融行业发展环境 …… (009)
第一节　经济环境 …… (009)
第二节　金融环境 …… (010)
第三节　技术环境 …… (011)
第四节　政策环境 …… (012)
第三章　安徽银行业互联网金融业务发展情况 …… (015)
第一节　安徽银行业互联网金融业务发展现状 …… (015)
第二节　安徽银行业互联网金融业务发展面临的主要问题 …… (021)
第三节　安徽银行业互联网金融业务监管情况 …… (024)
第四节　安徽银行业互联网金融业务发展趋势与展望 …… (028)
第四章　安徽证券业互联网金融业务发展情况 …… (032)
第一节　安徽证券业互联网金融业务发展现状 …… (032)
第二节　安徽证券业互联网金融业务发展面临的主要问题 …… (036)
第三节　安徽证券业互联网金融业务监管情况 …… (038)
第四节　安徽证券业互联网金融业务发展趋势与展望 …… (040)

**第五章　安徽保险业互联网金融业务发展情况**……………………（043）

第一节　安徽保险业互联网金融业务发展现状……………………（043）
第二节　安徽保险业互联网金融业务发展面临的主要问题……………………（050）
第三节　安徽保险业互联网金融业务监管情况……………………（054）
第四节　安徽保险业互联网金融业务发展趋势与展望……………………（058）

**第六章　安徽互联网支付业务发展情况**……………………（062）

第一节　安徽互联网支付业务发展现状……………………（062）
第二节　安徽互联网支付业务发展面临的主要问题……………………（066）
第三节　安徽互联网支付业务监管情况……………………（068）
第四节　安徽互联网支付业务发展趋势与展望……………………（071）

**第七章　安徽 P2P 网络借贷行业发展情况**……………………（074）

第一节　安徽 P2P 网络借贷行业发展现状……………………（074）
第二节　安徽 P2P 网络借贷行业监管情况……………………（087）
第三节　安徽 P2P 网贷机构的转型思考……………………（090）

**第八章　安徽互联网金融行业自律发展**……………………（098）

第一节　安徽互联网金融行业自律工作开展情况……………………（098）
第二节　完善安徽互联网金融行业自律工作的相关建议……………………（104）

**案例一　徽商银行：中流击水　御风而行**……………………（107）

**案例二　国元证券：以创新求突破　以转型求发展**……………………（118）

**案例三　安徽银联：支付便民利企建设场景生态**……………………（127）

**案例四　安徽征信：深耕征信主业　探路金融科技输出**……………………（136）

**参考文献**……………………（147）

# 第一章　全国互联网金融各业态发展概况

互联网金融是传统金融行业与互联网技术相结合而产生的新型业态，旨在借助网络技术提供资金融通、支付、投资和信息中介服务，围绕这些中介服务衍生出了多类业务形态。本章延续《安徽省互联网金融发展报告（2018）》中对各业态的分类，从互联网支付、互联网银行及直销银行、互联网证券、互联网保险、互联网基金销售、P2P网络借贷、互联网消费金融和互联网股权融资八个方面介绍2019年全国互联网金融各业态的发展概况。

## 第一节　互联网支付

2019年互联网支付依然保持着高速发展态势，覆盖领域日趋广泛，加速向垂直化应用场景渗透，传统的强调铺设支付通道、收取手续费的盈利模式正在渐渐弱化，互联网支付领域在不断发生变化。具体来看：

互联网支付业务继续保持较快增速，商业银行及非银行支付机构表现略有不同。一方面，商业银行网络支付业务笔数增速进一步加快，支付金额增速有所放缓。根据《2019中国支付体系运行总体情况》报告显示，2019年，商业银行共处理互联网支付业务781.85亿笔，增速比上年高19.78个百分点；支付金额2134.84万亿元，增速比上年低2.07个百分点。处理移动支付业务1014.31亿笔，增速比上年高6.38个百分点；支付金额347.11万亿元，增速比上年低11.56个百分点。处理电话支付业务1.76亿笔，增速比上年高11.12个百分点；支付金额9.67万亿元，增速比上年低19.29个百分点。另一方面，非银行支付机构网络支付笔数及金额虽有上涨，但增速均不及上年一半水平。统计数据显示，2019年，非银行支付机构发生网络支付业务137199.98亿笔，金额249.88万亿元，分别同比增长35.69%和20.10%，增速比上年分别低49.36个百分点和25.13个百分点。

互联网支付与科技深入融合，行业效能日益提升。随着大数据、云计算、生物识别等技术在金融领域运用的程度不断加深，互联网支付的方式及形态越来越多样化。在支付方式上，刷脸支付是2019年的主要亮点，不同于二维码支付，刷脸支付无须携带任何电子载体，只要站在摄像头前方，系统就会自主将人脸与所属账户信息绑定关联，完成确认扣费。2019年被称为“刷脸支付元年”，非银行支付机构及商业银行纷纷布局。在这个战场中，最早发力的是支付宝，早在2018年12月31日，支付宝就发布了“蜻蜓”刷脸支付产品。2019年4月，“蜻蜓2.0”迭代升级，实现了刷脸注册会员卡的功能。与此同时，微信支付、银联、银联商务及商业银行也同步跟进。2019年3月，微信的刷脸支付设备“青蛙”正式上线，开始在全国进行商户拓展；8 月，微信支付正式发布搭载扫码器、双面屏的“微信青蛙 pro”；10 月，银联联合工行等 60 余家机构联合发布“刷脸付”支付产品；10 月底，银联商务发布了其刷脸支付终端“蓝鲸”，实现了银联刷脸支付与微信刷脸支付的终端聚合，用户可以自行选择进入不同的刷脸支付操作环境。支付方式与科技的融合也使得支付场景多样化，网络支付的形态日渐丰富。例如，在交通出行领域，基于感应识别、数据联网交换等技术的 ETC（Electronic Toll Collection，电子不停车收费系统）发展迅速，截止到 2019 年 12 月 10 日，全国 ETC 客户累积达 1.85 亿人，2019 年全年新增 1.05 亿人，全国高速公路出入口客车 ETC 平均使用率达到 70.0%。此外，基于各类支付场景，各大商业银行开始推出“无感支付”，2019 年 8 月，中国建设银行（以下简称“建行”）重庆市分行与中国石化重庆石油分公司携手推出“无感支付加油”；9 月，中国工商银行（以下简称“工行”）在北京、浙江、四川、吉林、山西、上海、贵州、山东八地同步正式发布围绕智慧出行的“工银无感支付”产品，该产品包含“车牌付”“扫码付”“免密支付”，可以针对合作方的具体需求提供定制化的解决方案。

互联网支付业务走出国门，境外业务快速发展。近年来，随着对外开放的发展，国民出境需求以及“一带一路”沿线国家数字化发展的需求的增加，越来越多的互联网支付企业大力拓展跨境业务。例如，2019 年 2 月，支付宝全资收购英国跨境支付公司万里汇（WorldFirst）后，在全球的金融机构合作伙伴数目已超过 250 家；5 月，网易支付上线跨境收款平台“收结汇”业务，旨在助力境内卖家实现资金的收款与结汇，支持自有电商业务出海。与此同时，监管层也逐步放开了支付机构境外业务的限制，2019 年 4 月，国家外汇管理局颁布《支付机构外汇业务管理办法》，使得跨境电子商务结算更加便利。

“断直连、交备付”完成，互联网支付新秩序、新格局逐渐形成。随着“断直连”的落实、备付金 100%集中交存的完成，2019 年支付监管高压态势持续，新的支付行业秩序在逐渐形成。首先，在政策上，2019 年 3 月，中国人民银行发布《关于进一步加强支付结算管理防范电信网络新型违法犯罪有关事项的通知》（银发〔2019〕85 号），提出健全紧急止付和快速冻结机制、加强账户实名制管理、加强转账管理、加强特约商户与受理终端管理等 21 项针对性管理措施，筑牢金融业支付结算安全防线，各类支付机构也纷纷更新服务协议，跟进并落实监管要求。其次，监管部门不断开展专项检查，防范化解支付领域风险。据不完全统计，2019 年中国人民银行对第三方机构开具了 115 张罚单，罚没金额约 1.66 亿元，达到了历年之最。

## 第二节　互联网银行及直销银行

尽管 2019 年是互联网金融行业的寒冬，但是银行业发展互联网金融并没有放慢脚步，而是继续稳步发展。这一年，无论是传统商业银行还是新兴互联网银行，都以“科技立行”为共识，具体来看：

互联网银行继续高速发展。2019 年，我国第一家互联网银行——微众银行成立整整五年。五年时间，凭借技术赋能、创新为先的基因，微众银行为客户提供了更具竞争力的价格、更便捷的服务、更优质的体验。与此同时，各家机构业务量及客户数量也在不断增加，以微众银行为例，截至2019年末，服务的个人客户突破2亿人，法人客户达90万家，管理贷款和管理资产余额双双突破4400亿元。

强化业务创新，提升小微客户服务广度和深度，一直是互联网银行发展的重点。纵观2019年，各家互联网银行不断深挖金融科技，开展技术攻关，围绕线上普惠业务，服务小微群体。从年报数据来看，2019年，各家机构研发费用都大幅度增长，其中，以微众银行的13.72亿元为首，研发费用占营业收入比重近10%，网商银行的研发费用也高达5.51亿元，相比上年增加了近50%。技术投入的增加随之带来的便是创新产品的推出，例如，网商银行通过打造基于区块链的供应链金融服务平台及资产管理平台，实现了小微企业从上下游应收账款管理、保理融资与担保、资产证券化流转的全生命周期区块链化；以O2O融合为特色的苏宁银行与途虎养车、美团、狮桥等各大平台合作，通过API技术将金融业务的基础功能植入场景，让银行无处不在。

数字时代引领直销银行转型发展。直销银行作为传统银行拥抱互联网的试验田，已成为商业银行发展互联网金融业务的重要利器。据《2019中国电子银行调查报告》统计，我国共计有116家直销银行，主要银行的直销银行客户数较上年都有不同幅度的增长。例如，2019年，中国民生银行直销银行客户数突破2900万人，集团战略客户超300家，徽商银行徽常有财用户突破1900万人。获得客户流量的同时，位于头部的几家直销银行也在不断创新。中国民生银行直销银行作为国内首家直销银行，在2019年推出全新的直销银行3.0版本，从“4朵云+1范式”的服务模式升级为“4朵云+开放式+链接器”的BBC开放式综合金融云服务模式，依托敏捷开放共享的金融服务平台，提供无感化的金融服务。江苏银行推出直销银行5.0版本，创新构建场景金融新生态，一方面，重点突出“爱学习”“车生活”和“爱健康”等生活场景类服务，构建“金融+教育”“金融+用车”“金融+医疗”的网络金融生态圈；另一方面，推出水电气缴费、账户资金监管、社保缴纳等生活场景类服务，满足企业（B端）、个人（C端）、政府（G端）的各类金融需求。

## 第三节 互联网证券

随着资管新规的不断推进、银行理财子公司的陆续入场以及保险资管权益比例的不断提升，居民的理财需求日益高涨，而证券行业经纪业务同质化严重，佣金费率下行趋势明显，积极向财富管理转型成为券商发展的重点。具体如下：

坚持完善平台建设，稳步推进向财富管理转型。互联网平台的打造一直是券商互联网化的重要途径，2019年以来，多家券商仍然以平台建设为突破口，迭代升级自营App，甚至打造自有的财富管理业务平台，将互联网化的重点不断向财富管理倾斜。例如，中信证券深度应用人工智能、大数据等科技，自主打造集“产品销售、投资顾问、资产配置”为一体的财富管理平台，依托智能引擎，通过数据驱动、金融科技驱动实现财富管理升级。2019年，其财富客户数量、财富客户资产均有较大规模增长。华泰证券将面向客户的移动服务平台“涨乐财富通”与面向投资顾问的工作云平台“AORTA”在迭代升级中实现贯通，财富管理业务形成了总部驱动的平台化发展模式，专业化及个性化得到了提高。同时，面向机构客户，华泰证券推出“行知”App 2.0 版本，实现了机构需求和业务资源的高效传导、互动。

加大信息科技投入力度，积极构建金融科技生态。在金融科技重塑证券业的大背景下，券商对信息科技的重视与日俱增，纵观 2019 年各家券商年报信息，可以发现绝大部分券商的信息技术投入金额均继续加码。在已披露信息技术投入费用的券商中，共有 20 家券商的信息技术投入超过 1 亿元，华泰证券和国泰君安两家券商信息科技投入超过了 10 亿元，东方证券的信息技术投入同比增幅更是达到了 61.16%。金融科技的高投入也给各家券商带来了积极的影响和可观的收益。据统计，2019 全年券商移动端平均月活规模已超 1 亿人，其中，华泰证券“涨乐财富通”月活数突破 770 万人，位居证券公司类 App 第一名；广发证券的股票、基金成交量为 11.07 万亿，同比增长 33.37%，手机证券用户数超过 2720 万人，较 2018 年末增长约 23%。在金融科技和数字化转型的风口浪尖，券业金融科技生态正在逐渐形成。

第三方证券类服务机构迅猛发展，致力于打造新型金融信息服务商。虽然这类互联网企业没有券商的监管牌照，但却在证券市场取得了较高的知名度，深受投资者的喜爱。以东方财富、同花顺等为首的新型互联网金融信息服务提供商受益于证券市场的发展及自身的科技基因，覆盖了证券市场中不同类型的客户群体，且互联网证券业务活跃度也远远高于传统证券公司。例如，截至 2019 年末，同花顺金融服务网注册用户约 49637 万人，每周活跃用户数约为 1640 万人。种类繁多的机构投资者及庞大而活跃的个人投资者，促进了第三方证券类服务机构产品和服务的推出及更新迭代，使得互联网金融信息服务生态圈的建设成为可能。

## 第四节　互联网保险

近年来，随着保险科技的不断发展，各大保险机构纷纷发力于互联网保险业务。据银保监会相关数据显示，截至 2019 年 6 月，国内已经有众安在线、泰康在线、易安财险和安心财险 4 家专业互联网保险公司，超过 100 家保险公司开展互联网保险业务。纵观 2019 年互联网保险的发展，具体情况如下：

保费收入增长较快，但互联网保险渗透率仍然偏低。Wind 数据显示，2017 年以来，我国互联网保险保费收入一路攀升，2019 年全国互联网保险保费收入接近 2700 亿元，同比增长 42.7%，互联网保险保费收入迅猛增长。然而，互联网保险渗透率仍然较低，以 2019 年为例，2019 年全国保险保费收入高达 42645 万亿元，互联网保险保费收入仅占 6.4%，可见，互联网保险市场仍有很大的发展空间。

互联网人身险发展相对较好，行业集中程度较高。如图 1－1 所示，近五年来，无论是互联网人身险还是互联网财产险都呈现上升趋势，但是互联网人身险发展明显好于互联网财产险，尤其是 2019 年，互联网人身险出现了飞跃式的增长，增速高达 56%。此外，互联网人身险行业集中度较高，据中国保险行业协会发布的《2019 年度互联网人身保险市场运行情况分析报告》显示，从各公司年度规模保费来看，2019 年开展互联网人身保险业务的公司中，国华人寿以累计 379.8 亿元的规模保费位列首位，前十家公司累计实现规模保费 1624.8 亿元，占互联网人身保险总规模保费的 87.5%。

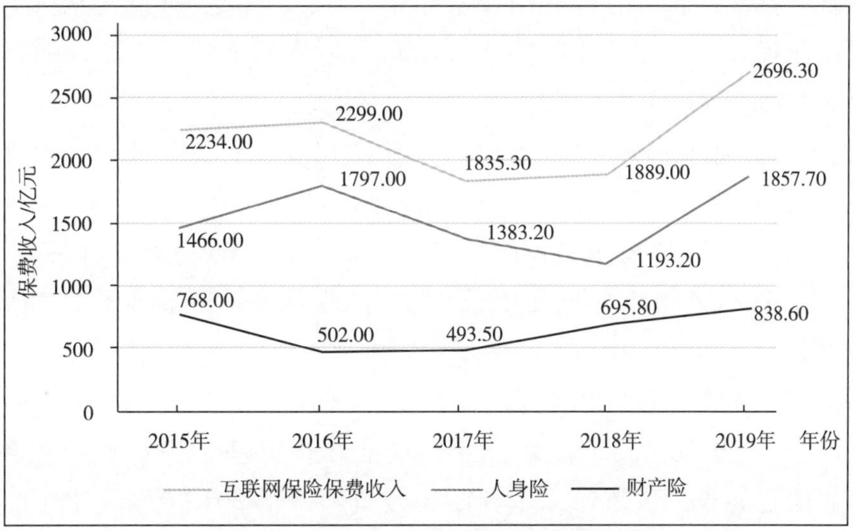


图 1-1 2015—2019 年互联网保险保费收入

（资料来源：Wind 金融终端）

第三方平台优势明显。互联网保险主要通过保险公司自营平台和第三方平台销售，2019 年，互联网保险的销售渠道仍然以第三方平台为主。据《2019 年度互联网人身保险市场运行情况分析报告》显示，在互联网人身险中，2019 年通过第三方平台累计实现规模保费 1619.8 亿元，占互联网人身险总保费的 87%，主要原因在于，第三方平台相较于保险公司自营平台拥有更多的场景，平台获客能力更强。

行业监管趋严，准入门槛提升。2019 年 12 月，中国银保监会保险中介监管部牵头起草的《互联网保险业务监管办法（征求意见稿）》开始向业内征求意见，此次新规延续了严监管的态势，强调互联网保险业务经营需要“机构持牌、人员持证”，正面规定第三方平台业务范围限于保险产品展示、说明、与保险机构自营网络平台网页链接，这给第三方平台的互联网保险经营带来了新的挑战，行业或将面临重新洗牌。此外，新规列出了多种违规惩戒行为，将会对互联网保险的长期顽疾进行针对性治理，并对互联网保险中介的信息安全提出了更高的要求，行业准入门槛也大幅度提升。

## 第五节 互联网基金销售

自 2003 年华安基金首次进行互联网销售以来，互联网基金销售已经度过了 16 个年头，政策及市场环境的变化都牵动着基金销售的兴衰。2019 年，公募基金业绩飞速增长，基金销售市场火爆，互联网基金销售业绩尤为突出。具体来看：

互联网基金销售业务增长较快，第三方平台成为互联网基金销售主要渠道。据东方财富网数据显示，截至2019年末，我国网销基金净值为116824亿元，同比增长10.1%，互联网基金销售增长较快。拥有流量和科技基因的第三方平台在2019年业绩表现亮眼，以天天基金网为例，2019年基金全年销售金额仅次于2015年，高达6589.1亿元，超过了工商银行5892亿元的代销规模，且在一年间共上线140家公募基金管理人、7861支基金产品，实现基金认（申）购及定期定额申购交易约7178万笔。

平台差异凸显，自有平台定位成型。2019年，无论大型基金公司还是小型基金公司都确立了平台的发展方向，平台差异凸显。在共性上，各基金公司都表现出了对合规改造以及核心交易流程改造的需求。据道乐科技的研究报告显示，头部基金公司在2019年的App平均迭代次数是9.14次，较2018年同比增长4%，这也从侧面反映了头部基金公司对自有平台的重视程度较高。

智能投顾为行业提供新的发展机遇。2019年10月24日，中国证券监督管理委员会（以下简称“证监会”）发布《关于做好公开募集证券投资基金投资顾问业务试点工作的通知》，给基金行业的智能投顾发展带来了新的突破口，截至2019年末，国内已有8家机构申请试点并完成备案，各家机构纷纷“摩拳擦掌”，拿出看家本领开展智能投顾业务。华夏基金和南方基金最早行动，在2019年12月便顺利推出了投顾服务系列产品，按照不同诉求、不同风险偏好为各类个人投资者提供不同的基金组合方案。华夏财富推出“线下投顾＋线上查理智能理财管家”，配备了10款具有鲜明风险收益特征的基金组合；南方基金与天天基金合作，发布了全新投顾品牌“司南智投”，帮助客户进行调仓等操作。

## 第六节　P2P网络借贷

2019年是P2P网络借贷行业在绝望中寻找希望的一年，行业出清转型是总基调。监管部门多次发声表示网贷平台整治仍将以出清为主要目标，引导平台退出和转型。据网贷之家数据显示，截至2019年12月底，网贷行业正常运营平台数量下降至343家，相比2018年底减少了732家，与网贷平台鼎盛时期的6610家相比更是凤毛麟角。拥有正常运营平台数量排名前三位的是北京、广东、上海，数量分别为94家、69家、28家。浙江紧随其后，正常运营平台数量为15家，四地占全国总平台数量的60.06%，P2P网络借贷行业区域集中度仍然较高。

2019年全年网贷行业成交量约9649.11亿元，相比2018年（17948.01亿元）减少了46.24%，几近腰斩，全年成交量创近五年新低。单月成交量呈现上半年高、下半年逐渐走低的态势，四季度成交量维持低位。成交量逐步走低与部分大平台逐步转型、监管“三降”、出借人对行业谨慎的态度密不可分。随着成交量的逐步下降，行业贷款余额也同步走低，截至2019年底，网贷行业总体贷款余额下降至4915.91亿元，同比2018年下降了37.69%，这主要是由于2019年行业清退力度加大，多家大平台开始业务转型，停止发标。2019年，部分平台为了提高出借人留存率都进行了加息活动，使得行业总体综合收益率略有提高，约为9.89%，相比2018年上升了8个基点（1个基点=0.01%）。然而，出借人留存率并未因为综合收益率的提高而提高，2019年网贷行业出借人数与借款人数分别约为726万人和1156万人，较2018年分别下降45.44%和41.97%。在行业清退过程中，中小平台的发标规模愈发下降，大体量平台集中度更高，而这些平台更倾向于发布长期项目标的，从而带动行业平均借款期限拉长，2019年网贷行业平均借款期限为15.42个月，相比2018年拉长了2.77个月。

2019年，伴随着平台清退工作逐步发力，多地发布消息称将取缔辖内全部P2P网贷业务，其中对于中小平台以清退为主，而大平台多以转型小贷、网络小贷、助贷、消费金融等为主要方向；此外为加强征信体系建设，加大失信人的惩戒力度，对逃废债行为产生一定程度的制约，不少平台将全面完成征信接入。未来，相信在“监管试点”依然保留的背景下，伴随着不合规业务的逐步出清，网贷行业终会在监管的精心呵护下度过当前的阵痛期，迎来稳定运行的明天。

## 第七节 互联网消费金融

2019年经济环境波动、行业外部监管政策发生巨变，互联网金融治理、扫黑除恶、三方数据治理、金融乱象整治对持牌消费金融行业带来巨大影响，互联网消费金融行业急速进入严监管时代。纵观2019年我国互联网金融行业的发展概况，具体如下：

互联网消费金融交易规模仍在持续上涨。虽然受到行业严监管的影响，2019年互联网消费金融交易增长率有所降低，但交易规模仍在大幅度增长，据Wind数据显示，2019年我国互联网消费金融交易规模为33983亿元，同比增长75%，互联网消费金融市场不断拓展（图1-2）。

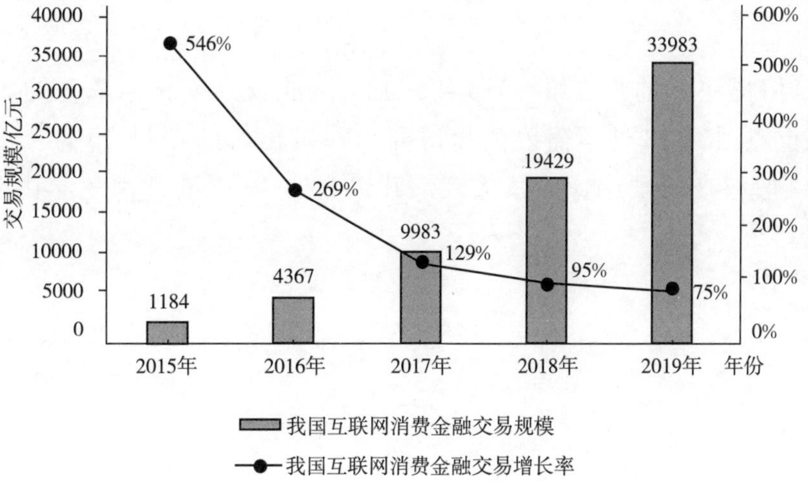


图1-2 2015—2019年互联网消费金融交易规模及增长率

（资料来源：Wind金融终端）

消费金融牌照再度开闸。在消费升级、监管鼓励金融创新和金融不断开放的大背景之下，2019 年监管机构开始发放消费金融牌照，持牌机构逐步增多。例如，5 月，度小满金融出资 4.5 亿元成为哈银消费金融第二大股东；11 月，平安集团获批在上海筹建平安消费金融有限公司，重庆农村商业银行获准参股设立重庆小米消费金融公司。随着入局者的逐渐增多，互联网消费金融行业赛道逐渐拥挤，竞争越发激烈。

监管政策骤然收紧，行业利差缩小。2019 年 10 月，最高人民法院会同最高人民检察院、公安部、司法部联合制定印发了《关于办理非法放贷刑事案件若干问题的意见》，文件中对“非法放贷”进行了明确界定，指出单次实际年利率超过 36%即为“非法放贷”。此外，根据最高法审判案例，年利率 24%内保本保息，年利率 36%内保本，已经成为行业共识，多数持牌消费金融公司为配合监管整治要求，主动将年利率压缩至 24%以内，行业利差缩小。

## 第八节 互联网股权融资

随着互联网金融风险专项整治工作深入攻坚，互联网股权融资行业持续收敛，2019 年我国互联网股权融资平台继续大幅度减少，根据众筹家信息披露数据显示，截至 2019 年末，我国在运营的互联网股权融资型平台共有 23 家，占众筹平台总数的 34.33%，与 2018 年末相比，股权型平台总数减少了一半以上，分月度来看，1—12 月，股权型平台总数呈现逐月下降的特点（表 1 - 1）。

**表 1 - 1 2019 年我国众筹平台及股权型平台数量** （单位：家）

| 月　份 | 1月 | 2月 | 3月 | 4月 | 5月 | 6月 | 7月 | 8月 | 9月 | 10月 | 11月 | 12月 |
|---|---|---|---|---|---|---|---|---|---|---|---|---|
| 众筹平台总数 | 145 | 141 | 145 | 119 | 110 | 105 | 98 | 92 | 87 | 72 | 70 | 67 |
| 其中：股权型平台 | 51 | 49 | 46 | 43 | 41 | 39 | 36 | 35 | 32 | 25 | 24 | 23 |

数据来源：众筹家。

在监管方面，值得注意的是，继 2018 年之后，《股权众筹试点管理办法》再次被列入“力争年内出台的重点项目 13 件，需要抓紧研究、择机出台的项目 15 件”之一。措辞也从 2018 年的“制定《股权众筹试点管理办法》”，升级为 2019 年的“力争年内公开发布《股权众筹试点管理办法》”。

# 第二章　安徽互联网金融行业发展环境

## 第一节　经济环境

2019 年，面对风险挑战明显上升的复杂局面，安徽省经济运行保持总体平稳、稳中有进、进中向好的态势。地区生产总值达到 37114 亿元，居全国第 11 位；按可比价格计算，比上年增长 7.5%，远高于全国水平 6.1%；人均 GDP 58496 元，比上年增加 4418 元。良好的经济环境为安徽省互联网金融发展创造了坚实的基础。

区域经济协调发展。2019 年，合肥都市圈①生产总值 23402 亿元，比上年增长 7.7%；皖江城市带承接产业转移示范区②生产总值 24365.5 亿元，比上年增长 7.5%；皖北六市③生产总值 10864 亿元，比上年增长 7.2%。区域经济的均衡发展是保证经济稳定以及可持续发展的重要保障，使得互联网金融的外部溢出优势能够充分发挥，促进各区域互联网金融机构实现信息共享、优势互补，提升协同服务能力，为进一步提高互联网金融在安徽省内的渗透率提供了良好的条件。

服务业平稳增长，现代服务业增势良好。2019 年，安徽省服务业增加值增速快于 GDP 0.2 个百分点，占 GDP 比重达 50.80%，高于第二产业 9.5 个百分点（图 2－1）。其中，金融业增长 8.7%，其他服务业增长 10.1%，以互联网信息技术、商务服务等新兴行业为代表的规模以上其他营利性服务业营业收入增长 20.9%，远高于整体服务行业水平。近年来，安徽省对服务业加大资本投入，积极推进大数据、云计算、人工智能等前沿技术的金融科技手段在服务行业的应用，全面提升现代服务业发展的基础能力，为创新金融业务提供技术支持和业务补充，进而对互联网金融的发展起到促进作用。

经济新动能加快成长。2019 年，安徽省内新兴产业快速增长。新增高新技术企业 1200 家以上，高技术产业增加值增长 18.8%，比规模以上工业高 11.5 个百分点；战略性新兴产业产值增长 14.9%，比规模以上工业高 8.2 个百分点。近年来，安徽省深入推进供给侧结构性改革，促进新兴主导产业快速发展，5G、云计算、大数据等新兴互联网技术不断产生，加快了互联网和金融产业的深度融合，为互联网金融的发展提供了技术支撑。

---

① 合肥都市圈包括合肥、淮南、六安、滁州、芜湖、马鞍山、蚌埠 7 个省辖市以及安庆市的桐城市。

② 皖江城市带承接产业转移示范区是指合肥、芜湖、马鞍山、安庆、滁州、池州、铜陵、宣城 8 个省辖市以及六安市的金安区和舒城县。

③ 皖北六市是指淮北、亳州、宿州、蚌埠、阜阳、淮南。

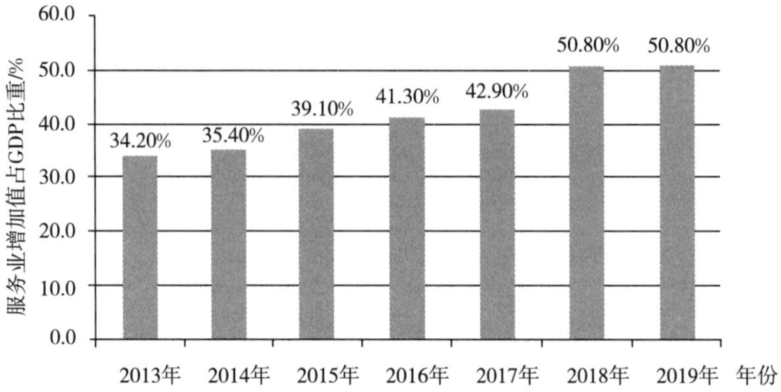


图 2－1　2013—2019 年服务业增加值占 GDP 比重

（资料来源：《安徽省统计发展公报》）

居民收入稳定增加，消费水平逐步提高。2019 年，安徽省常住居民人均可支配收入 26415 元，比上年增长 10.1％。全年城镇常住居民人均可支配收入 37540 元，增长 9.1％，比全国高 1.2 个百分点；人均消费支出 23782 元，增长 10.5％。农村常住居民人均可支配收入 15416 元，增长 10.1％，比全国高 0.5 个百分点；人均消费支出 14546 元，增长 14.1％。可支配收入的增加促进了居民理财意识的提高，使得居民更注重对财富的管理；而且随着居民消费水平的提高，线上化特征日益明显。居民生活、消费场景的线上化暴露出传统金融业态的局限，催生出巨大的线上金融服务需求。这些都成为互联网金融产生及发展的重要推动力。

长三角互联网平台互联互通、资源共享。2019 年 12 月，《长江三角洲区域一体化发展规划纲要》正式发布，包含沪苏浙皖区域内 27 个城市，着重强化区域协调、科技融合发展、基础设施互联、生态环境共保、公共服务共享、一体化发展机制探索，将长三角一体化发展正式上升为国家战略。由于长三角产业发展目前正面临着迫切的数字化转型需求，国家工业和信息化部专门发布《长三角工业互联网一体化发展示范区建设规划》，将国家首个工业互联网示范区落地长三角。2020 年 1 月 9 日，为了加速推动“长三角工业互联网一体化发展示范区”建设，苏浙沪皖四地经信部门签署了《共同推进长三角工业互联网一体化发展示范区建设战略合作协议》。通过示范区的建设有助于打破区域行政划分和市场壁垒，实现区域内科技、人才、资本、土地等要素资源集聚和共享，这对安徽互联网金融发展是一个千载难逢的重大机遇。

## 第二节　金融环境

互联网金融是对传统金融的有效补充，其本质仍属于金融行业，因此互联网金融的发展离不开金融环境的助力。2019 年安徽省金融市场运行总体平稳。财政收入符合预期，全年财政收入 5710 亿元，比上年增长 6.5％，其中地方财政收入 3183 亿元，增长 4.4％。货币信贷平稳运行，2019 年社会融资规模增量 7255.4 亿元，比上年增加 1157.5 亿元，小微企业贷款余额增长 11％，上市公司通过境内市场累计筹资 446.3 亿元，比上年减少88.8 亿元。金融市场稳中求进，2019 年，安徽省新增境内外上市公司 7 家、“新三板”挂牌企业 15 家，省区域性股权市场挂牌企业增加到 5291 家，其中新设立科创专板挂牌企业 2043 家。截至 2019 年末，全省上市公司 105 家，上市公司市价总值 12809.3 亿元，比上年增长 63.5%。全年保险业原保险保费收入 1348.7 亿元，比上年增长 11.5%。随着金融市场的逐步完善，市场上投资主体的活力会进一步释放，对互联网金融的需求以及信赖度也会有进一步的提升，这将有力推动互联网金融发展。

安徽省金融领域持续开放创新。2019 年 2 月，G60 科创走廊九城市与上海证券交易所（以下简称“上交所”）签订战略合作协议，根据协议，将在上交所设立“上证 G60 科创走廊综合指数”和“上证 G60 战略新兴产业成分指数”；为加强金融创新合作，上交所还在长三角地区设立 10 个资本市场服务基地或工作站。三省一市（江苏省、浙江省、安徽省、上海市）共同签署《长三角科创板企业金融服务一体化合作协议》，建立区域科创企业上市协同机制和长三角科创板后备企业资源库，鼓励支持符合条件的区域内科创企业对接科创板。截止到 12 月 31 日，共有 205 家企业申报科创板，其中三省一市共计 88 家，占比 43.14%。随着长三角区域金融服务一体化高质量发展，安徽省的金融基础设施体系以及科技创新能力将会不断提升，为互联网金融发展稳固基础。

坚决守住不发生系统性金融风险的底线。2019 年安徽省压降地方法人金融机构不良资产，稳妥化解持牌金融机构风险、企业重大债务违约风险。加强政府隐性债务动态监测，规范政府举债融资机制，政府债务风险继续下降。近年来，随着安徽省对各类金融业务领域的监管覆盖和对风险管理制度的逐步完善，安徽省金融环境得到了较大程度的改进，为互联网金融健康发展创造了良好的条件。

扫黑除恶专项斗争向纵深推进，深化整治金融市场乱象。2019 年是扫黑除恶专项斗争承上启下、深挖根治、全面纵深推进的关键之年。安徽省各地各部门积极贯彻落实党中央、国务院关于扫黑除恶专项斗争的战略部署，以“大学习大对标、大彻查大清除、大协同大联动”六大行动为载体，以“黑恶积案清零、问题线索清零”为目标，聚焦“办案、打伞、断财、治乱”，加强统筹协调、突出立行立改、细化职责分工、狠抓措施落实，各项工作有力有序推进，斗争成果进一步显现。2019 年安徽省深入推进互联网金融风险整治，8 月 2 日，省互联网金融协会发布《关于清退未纳入实时数据监测网贷平台的通知》（即“皖互金整治办 44 号文”），规定皖籍未纳入实时数据监测的网贷平台将面临退出。截至 2019 年末，安徽省网贷在营机构数、存量业务规模分别下降 90%和 87%。

## 第三节　技术环境

互联网金融的发展源自金融领域的科学发展与技术创新，它通过行业内部的技术变革带动其他产业在经营模式、生产流程及产品创新等方面发生转变，从而带来新的价值增长。因此技术环境与互联网金融的发展息息相关。

2019 年安徽省科技创新策源地建设取得新进展。在综合性国家科学中心的竞争中，合肥从南京、武汉、西安等一众科教重城中脱颖而出，成为继北京、上海之后第三个获批建设综合性国家科学中心的城市。合肥重点推动国际大科学计划和国际大科学工程，加速推进联合实验室、技术研发和成果转化平台建设，成立类脑智能领域唯一的国家级工程实验室，争创量子信息科学国家实验室、国家智能语音创新中心，开工建设合肥超算中心。随着合肥综合性国家科学中心建设的推进，安徽省涌现出全球首颗量子通信卫星“墨子号”、全球首条量子保密通信网络、全球最薄 0.12 毫米触控玻璃等一批“安徽原创”“安徽首创”的重大成果，这使得安徽省科技创新能力得到大幅度提升，为互联网金融产业创新发展提供强大的知识储备和技术支撑。

数字技术驱动金融创新。近年来，数字化、信息化、互联网化正在向智能化演进。2019 年安徽省深入推进数字化战略，在全省推广应用工业机器人 5100 台，新增智能工厂和数字化车间 120 个，“皖企登云”企业达 5100 家，传统产业智能化、网络化升级加快，数字经济不断深化。在人工智能、大数据、云计算和区块链等技术的推进下，数字技术正在改造传统经济在工业和服务业的分割局面，推动产业边界的跨越和融合。传统金融机构积极尝试探索通过金融科技手段，从提升投研能力、扩大获客领域、提升运营效率、强化风险控制等方面推动金融企业经营发展与战略管理规划。金融业与数字技术的结合，推动金融业信息化增效服务，提高金融业信息化和自动化水平，支撑了传统金融向互联网金融经营模式的转型升级。

强化创新能力。2019 年安徽省深入实施新时代“江淮英才计划”等各类人才计划，引进扶持高层次科技人才团队 50 个。完善创新发展支撑体系，建成安徽创新馆，组建运行安徽省科技成果转化引导基金，将科技融资担保覆盖所有县域。技术合同成交额稳定实现进大于出，科技成果转移转化活跃度日益增强。创新能力的提高，为传统金融机构构建互联网思维提供了必不可少的条件，加速了互联网金融在安徽省内的发展与扩张。

长三角科技创新共同体助力互联网金融发展。长三角区域“三省一市”的科技创新在全国具有举足轻重的地位。这里有上海张江和安徽合肥两个综合性国家科学中心、上海科技创新中心以及五个国家自主创新示范区。“三省一市”的研发投入、研发人员数、重大科技基础设施数均约占全国的 1/3，而且研发投入每年同比增长超过 10%；“双一流”高校数占全国 1/5，国外三大机构论文收录数量占全国的 26%，专利授权量占全国 40%；国家级高新技术企业数约占全国的 1/3，有研发机构的规模以上工业企业数量约占全国的 1/2；经济体量占全国 1/5。长三角区域创新共同体通过大数据、人工智能等战略性新兴产业，共享关键技术创新平台，推动创新共同体之间深入合作，打造产业技术转化协同创新体系，在产业层面持续推动科技向善，助力科技创新成果服务企业需求，从而为互联网技术运用到金融服务中提供支持。

## 第四节　政策环境

在互联网金融快速发展的同时，该领域的风险也逐渐暴露，由于其没有脱离传统金融的功能和本质，又具有“信息化”“网络化”等独有特征，其风险在金融部门内部的传播速度更快、波及范围更广，因此为了控制互联网金融风险造成严重的负外部性，营造良好的政策环境十分重要。作为防范和化解金融风险的重点领域，互联网金融方面的监管政策受到国家高度重视。2020 年 2 月 21 日，中国人民银行（以下简称“央行”）在召开 2020 年金融市场工作会议时强调，在 2020 年彻底化解互联网金融风险，建立并完善互联网金融监管长效机制。2019 年，银保监会也多次发文提及“互联网金融风险专项整治”，对促进行业规范发展具有重要的指导意义。

金融科技顶层设计日臻成熟。2019 年 8 月，《金融科技（FinTech）发展规划（2019—2021 年）》的出台，明确了科技创新的边界和发力方向，指导金融业秉持“守正创新、安全可控、普惠民生、开放共赢”原则，充分发挥金融科技赋能作用，实现金融与科技深度融合、协调发展。在监管规则方面，建立健全金融科技监管基本规则体系，加快打造包容审慎的金融科技创新监管工具，平衡好安全与创新的关系，为金融科技创新划定刚性法规底线，设置柔性管理边界，预留充足发展空间，营造良好的发展政策环境。

监管趋严，保障互联网金融规范发展。2019 年，“建立长效机制，防范化解风险”仍然是监管机构的工作重点。针对行业中存在的非法放贷、高利贷、暴力催收、侵犯公民隐私等问题，监管机构持续发文，强化监管，切实保护消费者合法权益。安徽省紧跟党中央国务院、互联网金融协会等上级决策部署，深入开展互联网金融风险专项整治，加大互联网保险规范力度。2019 年 8 月 2 日，安徽省互联网金融协会召集 P2P 网贷会员单位共同学习互联网金融风险专项整治工作指示精神，并发布《关于清退未纳入实时数据监测网贷平台的通知》，深入推进网络借贷专项整治，推动不合规网络借贷机构良性退出。

聚焦小微，回归本心。2019 年“两会”后，国家给出明确信号，聚焦小微企业融资的突出问题，下大力气解决中小企业融资难、融资贵问题。随后，中国银行保险监督管理委员会（以下简称“中国银保监会”）在《关于 2019 年进一步提升小微企业金融服务质效的通知》中提出对银行业金融机构扶持小微企业的具体要求。为贯彻落实党中央、国务院和中国银保监会支持民营经济发展、做好小微企业融资服务战略部署，安徽银保监局发布《关于支持民营经济发展做好小微企业续贷业务的指导意见》，推动辖内银行保险业金融机构进一步支持民营经济发展，切实缓解小微企业融资难、融资贵问题，提升小微企业金融服务质效。2019 年出台的主要政策见表 2-1 所列。然而，仅靠国有银行等传统服务还远远不够，还需多管齐下，特别是要充分利用民间资本力量，为安徽省互联网金融的发展提供多元化的应用空间。

**表 2-1　2019 年出台的主要政策**

| 时　间 | 发布机构 | 文　件 | 要　点 |
|---|---|---|---|
| 2 月 15 日 | 国家互联网信息办公室 | 《区块链信息服务管理规定》 | 旨在明确区块链信息服务提供者的信息安全管理责任，规范和促进区块链技术及相关服务健康发展，规避区块链信息服务安全风险，为区块链信息服务的提供、使用、管理等提供有效的法律依据 |
| 7 月 1 日 | 中国银保监会安徽监管局办公室 | 《关于支持民营经济发展做好小微企业续贷业务的指导意见》 | 推动辖内银行保险业金融机构进一步支持民营经济发展，切实缓解小微企业融资难、融资贵问题，提升小微企业金融服务质效 |

（续表）

| 时间 | 发布机构 | 文件 | 要点 |
|---|---|---|---|
| 8月2日 | 安徽省互联网金融协会 | 《关于清退未纳入实时数据监测网贷平台的通知》 | 推动安徽省P2P网贷机构完成实时数据接入工作，未纳入实时数据监测的网贷机构应稳妥有序退出市场 |
| 9月2日 | 互联网金融风险专项整治工作领导小组、网络借贷风险专项整治工作领导小组 | 《关于加强P2P网贷领域征信体系建设的通知》 | 支持在营P2P网贷机构接入征信系统；持续开展对已退出经营的P2P网贷机构相关恶意逃废债行为的打击；加大对网贷领域失信人的惩戒力度；加强宣传和舆论引导 |
| 10月22日 | 最高人民法院、最高人民检察院、公安部、司法部 | 《关于办理非法放贷刑事案件若干问题的意见》 | 为依法惩治非法放贷犯罪活动，切实维护国家金融市场秩序与社会和谐稳定，有效防范因非法放贷诱发涉黑涉恶以及其他违法犯罪活动，保护公民、法人和其他组织合法权益 |
| 11月8日 | 中国互联网金融协会 | 《关于增强个人信息保护意识依法开展业务的通知》 | 引导会员机构增强个人信息保护意识，坚持合规、审慎经营，防范并纠正违反个人信息保护规定的行为 |
| 11月15日 | 中国互联网金融协会 | 《关于进一步加强网络借贷资金存管工作的通知》 | 通过测评的商业银行要严格按照相关规章制度和网贷资金存管标准开展网贷资金存管业务，未通过测评的商业银行不得再继续开展网贷资金存管业务 |
| 12月3日 | 中国互联网金融协会 | 《移动金融客户端应用软件备案管理办法（试行）》 | 各试点机构应于2019年底前通过客户端软件备案管理系统完成第一批试点客户端软件的材料提交和备案申请，协会完成备案审核工作后择期发布第一批通过备案的客户端软件清单 |
| 12月27日 | 中国人民银行 | 《中国人民银行金融消费者权益保护实施办法（征求意见稿）》 | 金融机构向金融消费者催收债务，不得采取违反法律法规、违背社会公德、损害社会公共利益的方式，不得损害金融消费者或者第三人的合法权益。金融机构委托第三方追讨债务的，应当在书面协议中明确禁止受托人使用前款中的追讨方式，并对受托人的催收行为进行监督 |

总体来说，2019年安徽省对非法集资、非法放贷、暴力催收等非法金融活动进行了严厉打击，对P2P、现金贷等高风险机构进行了集中清理整顿，稳步推进了互联网金融风险专项整治。在强监管下，安徽省互联网金融“野蛮生长”的时代落下帷幕，规范化、牌照化、合规经营成为常态。随着互联网金融平台合规性、规范性的提升，安徽省互联网金融未来的发展不可限量。

# 第三章　安徽银行业互联网金融业务发展情况

党的十九大制定了面向新时代的发展蓝图，提出要建设网络强国、数字中国、智慧社会。在这一战略的引领下，大数据、区块链、人工智能等新技术蓬勃发展，由此催生了银行业产品和业务模式的深度变革。积极拥抱新技术，打造强有力的信息科技体系，为业务提供敏捷可用的基础能力支撑，建立自身的金融科技发展战略，全面推进数字化转型，从战略、应用、组织、数据与技术等多个层面构建数字化能力，已经成为安徽银行业的共识。在这样的背景下，安徽银行业持续发力，推动着互联网金融业务快速发展。

## 第一节　安徽银行业互联网金融业务发展现状

2019 年安徽银行业互联网金融市场继续保持着快速发展的态势。在这一过程中，数字化转型、开放银行建设等正在成为业内外人士高度关注的热点，围绕组织架构调整、产品创新、渠道创新、场景建设、科技投入等方面的举措频频推出。

### 一、数字化转型战略方向明确，组织架构调整渐成体系

尽管数字化转型已成为行业共识，但由于自身条件和所处环境的不同，省内各银行对数字化的具体认知和目标要求仍存在着明显的差异。国有银行及头部的股份制银行实力雄厚，金融科技应用起步高，对数字化转型的认识已经较为清晰化、具体化，正加快步伐从数据分析场景、系统平台建设、组织人才转型等方面着手，全面构建符合自身特点的数字化转型路径。例如，中国农业银行（以下简称“农行”）在 2019 年初制定了“推进数字化转型再造一个农业银行”的战略构想，提出按照“互联网化、数据化、智能化、开放化”的思路，坚持以客户为中心，以金融科技和业务创新为驱动，推进产品、营销、渠道、运营、风控、决策等全面数字化转型和线上线下一体化深度融合，着力打造客户体验一流的智慧银行、“三农”普惠领域的最佳数字生态银行。2019 年，农行也首次在其年报中对数字化转型问题进行了专题讨论与分析。中国银行的数字化发展之路则围绕“1234 - 28”战略展开，即以“数字化”为主轴，搭建企业级业务与技术两大架构，打造云计算平台、大数据平台、人工智能平台三大技术平台，聚焦业务创新发展、业务科技融合、技术能力建设、科技体制机制转型四大领域，重点推进 28 项战略工程。早在 2017 年就明确了“金融科技银行”定位的招商银行，在 2019 年对公司章程进行了修订，提出设立“金融科技创新项目基金”专项用于金融科技投入，由此，招商银行也成为国内首家将金融科技投入写入公司章程的银行。

聚焦安徽省本土银行，数字化转型才刚刚起步。首先，以徽商银行为例，2018 年徽商银行成立大数据部，在年报中首次明确提到推动数字化转型发展的目标。2019 年，徽商银行进一步强调，高质量发展必须加快数字化转型，以“数字化”为核心基因，将数字化转型的任务落实到各产品、各条线，实现“全客群、全渠道、全产品、全流程”的战略目标。这标志着徽商银行的数字化转型已经迈开了第一步。再来看新安银行，这家成立于 2017 年 11 月的安徽省首家民营银行，为了打出自己的特色，提出了“AI 智能、数字普惠”的差异化定位，确立了“人工智能绿色银行”的战略目标，旨在以科技为基础打造全国第一家 AI 人工智能可持续发展银行。相比之下，省内大部分农商银行和村镇银行对数字化问题仍停留在模糊的概念认知阶段，缺乏对数字化转型的系统规划。2019 年 4 月，安徽省农村信用社联合社（以下简称“安徽省联社”）提出未来三年要加快金融科技布局，推动农商银行将金融科技逐步上升为全行战略，以金融科技引领战略转型，以数字化转型推进业务与科技深度融合。在安徽省联社的积极倡导和推动下，部分农商银行开始注重对数字化转型的认知，并将其落实到具体的行动，例如，歙县农商银行举办了“数字化转型”专题培训班。

推进数字化转型不仅仅需要技术的支持，也需要合理的组织管理来提供保障。近年来，围绕银行战略转型的组织架构调整的探索从未停止，以 2019 年各银行围绕组织架构调整的行为来说明，一是加强顶层设计，统筹推进并管理全行的战略转型。如兴业银行在总行设立数字化转型办公室，统筹推进数字化转型战略的制定和实施；农行在总行设立了数字化转型推进委员会和数字化转型办公室，并在业务部门设置数字化转型统筹处和一级分行数据分析团队；招商银行将总行战略规划与执行部更名改组为金融科技办公室，负责推动和管理金融科技的统筹安排。二是强化中台职能，让技术与业务实现最大化的衔接。例如，招商银行按业务类型、服务客群重新配置研发团队。总行层面，将原来的“一部三中心”改为“一部六中心”，保留了测试中心和数据中心，撤销了原研发中心，新设零售、批发、基础设施、数据资产与平台四大研发中心；分行层面，在信息技术部内设金融科技室，增设金融科技专岗，同时在公司、零售条线新增数据分析专岗。通过这些调整，确保研发资源能实时响应并最大化贴合业务。

## 二、产品创新日益活跃，业务覆盖面显著拓展

2019 年安徽银行业互联网金融与上一年相比有一个显著的特点：产品创新层出不穷。从国有大行到农村商业银行，各类市场主体都在为了迅速抢占市场不断推出自己的互联网金融产品。例如，农行安徽省分行以乡村振兴带头人和成熟模式营销为核心，创新推出了“信易贷”“农银徽商贷”“宜居 e 贷”“中药 e 贷”等产品，与省税务局合作推出了针对企业的“纳税 e 贷”；招商银行合肥分行基于与安徽省税务局和安徽省直公积金的数据连接，推出了“国税闪”和“公积金闪”两大产品；始于 2016 年 7 月试点的“金农信 e 贷”在 2019 年 4 月正式发布，目前，安徽省农金系统重点打造的这款大数据产品已经覆盖了全省 83 家农商银行。

由于互联网金融技术天然具有的普惠性、便捷性和开放性等特征较好地满足了商业银行

发展零售金融业务的需求，因此前几年商业银行的互联网金融业务主要围绕线上支付、互联网贷款、在线开户、业务查询等一般性的零售金融业务展开。伴随着产品创新的日益活跃，可以看到，安徽各银行的互联网金融业务正加快向供应链金融、跨境支付、交易银行等对公业务领域拓展。一是完善对公电子渠道建设，加快推动对公业务向线上迁移，如中信银行合肥分行结合对公业务线上化发展趋势，推出新版对公手机银行 App 服务，提升客户体验；二是创新线上对公产品，实现科技赋能对公业务，如药都农商银行于 2019 年 6 月成功上线“金农信 e 链”，推出中药材存货质押、应收账款质押、订单融资和保理等业务，有效解决中药行业供应链上下游中小企业融资难题。再如徽商银行 2019 年相继上线“融医通”“融链通”“电商通”以及电子保函等多款交易银行产品，为客户带来了更便捷的产品体验；三是打造线上对公平台，提升数字化对公服务能力，如 2019 年 7 月徽商银行正式推出交易家平台，打造了统一对公服务门户，为企业客户提供账户管理、支付结算、投资理财、贸易融资、电子票据、财资管理、国际业务等全方位的一站式综合金融服务。

## 三、线上线下数字化速度加快，全渠道转型方向日渐明确

渠道是银行业战略转型的关键因素，“得渠道者得天下”。2019 年，以数字化重塑渠道能力，实现渠道、客户、产品和服务流程的互相适配，是安徽银行业渠道建设的核心内容。

一是线上渠道移动化。近年来许多商业银行都提出了“移动优先”战略，在这一战略的带动下，手机银行、微信银行等移动渠道一直保持着高速发展态势。据中国金融认证中心发布的《2019 中国电子银行调查报告》显示，2015—2019 年，网上银行个人用户占比上升了 16%，而手机银行和微信银行个人用户占比却分别上升了 32%和 24%（图 3-1）。手机银行 App 已经成为领先银行的第一流量入口，如招商银行 App 登录用户数已经占到全行日均流量的 90%以上。具体到安徽省，人口基数相对较大、存量客户数量多为移动金融业务发展提供了有利的条件。例如，农业银行安徽分行的个人掌银活跃客户数占比在系统内排名第 8 位；截至 2019 年 12 月底，招商银行合肥分行的招行 App 累计下载量突破 200 万次，月活跃用户突破 100 万人；徽商银行 2019 年的手机银行交易笔数和交易金额分别较上一年同比增长 38.71%和 98.02%。

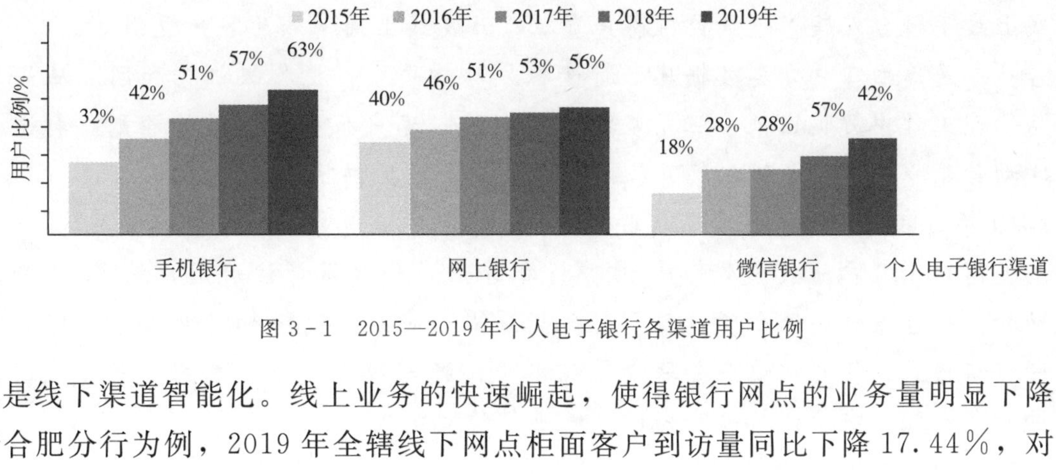


图 3-1　2015—2019 年个人电子银行各渠道用户比例

二是线下渠道智能化。线上业务的快速崛起，使得银行网点的业务量明显下降。以招商银行合肥分行为例，2019 年全辖线下网点柜面客户到访量同比下降 17.44%，对公业务

和零售业务的约当笔数分别同比下降5.45%、14.76%。与此同时，网点柜面服务发生结构性变化，由原来的基础交易性业务转向具有复杂性、特殊性的业务和实物交付类业务，由一般性客户服务转向个性化的客户关系管理。2019年招商银行合肥分行全辖办理现金类业务自然笔数同比下降59.59%，而账户类业务同比上升34.02%。客户行为和需求的变化趋势推动银行网点智能化转型的步伐。银行加大科技投入，为网点配备智能设备，由智能导览、远程预约、智能填单、远程智能柜员、智慧柜员、自助银行、多媒体信息发布、大堂移动办公、运行监控等系统组成的网点智能化运行模式从城市到农村、从国有大行到中小银行全面铺开。据《中国农业银行年报》披露，截至2019年末，该行2.2万家网点全部实现智能化。

三是全渠道布局开始起步。随着银行与客户的接触渠道日益多样化，线上线下海量信息零散割裂在各个渠道，客户信息和体验的不一致成为一大痛点。打通数据和信息在各个渠道的无缝交互，并同时利用多维数据进行深度挖掘，既能为客户创造完美的服务体验，也能进一步地帮助银行进行更精准的客户关系管理。越来越多的银行开始将渠道建设的重点转移为对线上和线下各渠道进行重新定位和优化，变替代关系为互补关系，以客户体验为基础整合渠道，最终实现渠道间客户交叉引流、信息实时共享、服务无缝对接。

### 专栏3-1 推进运营模式变革 构建邮储特色创新体系

2019年，中国邮政储蓄银行安徽省分行（以下简称“安徽邮储银行”）以中央经济工作会议提出的“巩固、增强、提升、畅通”八字方针为指引，坚持互联网金融优先发展战略。在渠道建设方面，着力推广手机银行和微信银行，打造线上金融生态圈；积极推动金融科技创新应用，增强微信平台建设能力。

在手机银行推广方面，安徽邮储银行通过公交、饮料机等便民场景营销培养用户交易习惯，提高月活跃客户规模；在微信平台建设方面，安徽邮储银行基于微信平台重点打造了在线CRM系统，形成“银行—商户—客户”闭环系统，有效促进B端和C端、线上线下融合发展。一是挖掘商户资源，开发线上商圈，为客户提供O2O生活服务平台；二是建立客户分类数据库，打造积分权益平台，把各级机构和网点从烦琐的宣传品管理工作中解脱出来；三是坚持“端到端”客户旅程体验设计原则，打造“邮粉”联动营销平台，为各级机构开展内外部人脉营销提供了平台支撑。

2019年，线上商圈累计发展入驻167户平台商户，其中在线销售类商户34户，到店买单类商户103户，缴费类商户30户；积分权益平台累计注册用户约20万户；通过联动营销平台累计实现个贷放款5亿元。未来，安徽邮储银行将继续努力探索客户关系管理新模式，提升零售业务联动营销水平；畅通线上线下、端到端对接渠道，打造邮储特色金融生态圈，推进全分行零售业务转型发展。

## 四、场景建设成效显著，开放银行落地实施

2019年，随着国家支持ETC发展的政策密切出台，ETC成为市场的风口，370万的ETC新增用户规模引发了省内各家银行的抢客大战：免费安装ETC设备、通行费优惠、送油卡、送礼包等各种营销活动层出不穷。从线上到线下，从广告宣传到全员营销，从网点柜台到高速路口，这场白热化的银行间的竞争从年中一直持续到年末。从表面上看这场竞争中各银行抢夺的是与ETC绑定的银行卡市场，但实质上抢夺的是围绕车主和ETC相关联的场景金融，如智慧停车、旅游出行等带来的拓展市场（图3-2）。

2019年安徽各银行互联网金融场景建设进一步推进，亮点频出。一是“引进来”，自建平台，打造自己的金融生态圈。例如，2019年2月，安徽邮储银行上线的“邮储食堂”会员权益平台，通过应用“线上＋线下＋物流”的新零售模式，整合邮政速递物流资源，融入客户的“衣、食、住、行”等各类生活场景，打造金融服务生态圈。二是“走出去”，跨界合作，拓展场景范围。如中国农业银行安徽省分行继续加大场景金融建设力度，从政务民生、消费零售、产业链三大领域创新推进，实现智慧出行、无感加油、智慧食堂、一手房保证金和智慧校园等场景建设突破，共建设互联网场景项目269个，全年累计净增互联网消费场景商户数1533户，带动批量获客、活客。三是“稳固住”，深耕场景，打造特色品牌。例如，中信银行在原有的“环球一站通”基础上进一步推出“信视界”出国金融平台，将出国金融服务进行整合优化，通过整合政府机构、同业和垂直行业的资源，主动与出国业务相关的外部企业结成开放联盟，为客户提供优质的“金融＋非金融”服务，服务内容更为综合，服务渠道更为灵活，打造出独具特色的出国金融场景。

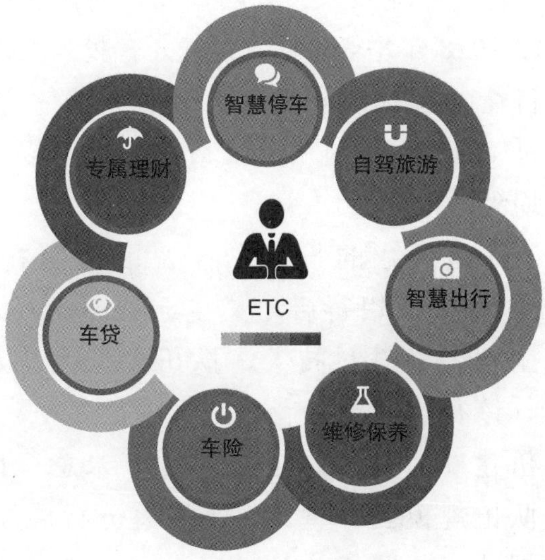

图3-2　与ETC相关联的场景

金融场景生态的建设不仅需要连接，也需要开放。近年来国内关于开放银行的讨论越来越多，业界实践的真正开始时间是在2018年下半年，浦发银行、建设银行、招商银行相继发布了自己的开放银行平台。2019年开放银行建设进一步推广，10月23日，中信银行在合肥召开了开放银行零售产品发布会，推出了三大零售银行开放产品——“开薪易”代发业务平台、“信视界”出国金融平台和“无卡”个人账户体系，并展示了其开放银行的建设成果。与中信银行不同，徽商银行则将其开放银行建设重点放在了交易银行上，7月26日该行首个开放银行平台——交易家平台正式上线运营，这标志着徽商银行的开放银行建设已经落地实施。目前，国内对开放银行的探索主要聚焦在业务和产品开放，依托API/SDK等技术，以用户服务场景为触点，通过线上“零接触”的方式为消费者提供各类金融产品与服务。

## 五、科技投入力度继续加大，行业分化趋势明显

2019年8月，央行《金融科技（FinTech）发展规划（2019—2021年）》正式发布，这份文件的出台将社会各界对金融科技的关注提高到了年度最热点。纵观2019年，各银行对金融科技的投入也达到了前所未有的力度。招商银行成为国内第一家将金融科技投入比例写入章程的银行，在其新发布的公司章程中专门新增条款规定："每年投入金融科技的整体预算额度原则上不低于上一年度本行经审计的营业收入（集团口径）的3.5%；其中，投入经董事会授权成立的'招商银行金融科技创新项目基金'的预算额度原则上不低于本行上一年度经审计的营业收入（集团口径）的1%。"2019年，招商银行金融科技投入资金93.61亿元，较2018年增长高达43.97%，投入资金占营业收入的比例为3.72%。据统计，包括招商银行在内的16家全国性上市银行2019年科技总投入超千亿元，其中工农中建四大行投入均超过100亿元，建行投入最高，达到176.33亿元。纵向来看，各银行资金投入规模的增长率均为两位数。

不止是资金的投入，各大银行也在为金融科技广纳贤才，科技人员大幅增加。2019年，交通银行启动了"金融科技万人计划"、FinTech管培生工程、存量人才赋能转型工程等金融科技人才队伍"三大工程"，聚力打造高端科技人才队伍。截至2019年末，该行境内金融科技人员3460人，同比增加59.15%。邮储银行则制订了两年科技队伍建设的目标计划：2019年末总行信息科技队伍规模翻一番，2020年末全行信息科技队伍规模翻一番。农行在总分行层面建了1000人的科技项目经理队伍以及450人的数据分析师队伍。

尽管科技投入总量普遍增加，但2019年各银行在科技投入方面的结构性分化越来越明显，行业内的马太效应正在加速形成。受制于自身条件，中小银行的金融科技投入主要集中在应用领域，立足自身禀赋优势，不断尝试通过引进外部技术、同业合作开展科技研发等手段提升科技支撑能力，但从总体来看，中小银行普遍存在着基础科技能力严重不足的问题。与之相对应的是，实力雄厚的国有大行和全国性股份制银行在研发领域频频发力，纷纷组建金融实验室，打造各类研发中心，设立金融科技子公司，提升自主创新能力。如交通银行搭建全集团创新孵化研究平台，成立交通银行实验室，建设更开放、更灵活的软硬件环境，在数据、模型、算法等方面为人工智能、区块链、大数据、5G等研发项目提供孵化支持，部分研发成果已展现科技赋能成效（图3-3）。工行在总行成立银行业首个"金融科技研究院"，旨在开展金融科技新技术前瞻性研究及技术储备、重点金融科技领域战略规划布局和创新应用。研究院下辖涵盖区块链、大数据、人工智能、云计算、分布式、5G、物联网、信息安全等技术领域的金融科技创新实验室，全年获得专利授权54项，累计获得专业授权达603项。中国光大银行在北京建设了近5万平方米的数据中心和研发中心，并先后设立了青岛、合肥、广州异地研发中心和北京、上海总分联合研创中心。毫无疑问，在基础研发领域的投入将为这些银行的金融科技发展打下坚实基础，通过构建面向未来的科技架构和平台，使银行抢占数字化时代的发展先机。

图 3-3 交通银行五大实验室

## 第二节 安徽银行业互联网金融业务发展面临的主要问题

“我们也在不断试错中颠覆自我认知：跟随客户走入新的生态场景，却发现自己才是陌生人；努力打造数字化经营能力，却发现基础设施的筋脉还不通畅；想要搭上科技变革的快车，却感觉组织进化速度还跟不上；想让组织更加轻盈，却发现文化的不够开放和包容让我们步履蹒跚。”招商银行（以下简称“招行”）行长田惠宇在招行 2019 年年报中致辞的这一段话，令人印象深刻。事实上，这不仅是招商银行在数字化转型发展过程中面临的困境，同样也是整个银行业正在面临的困境。具体到安徽银行业的互联网金融发展，当前面临的主要问题集中在以下几个方面。

### 一、数字化思维尚未真正建立

如前所述，尽管向数字化转型已成为共识，但安徽银行业机构在数字化能力建设上还存在着明显的不足。横向来看，安徽银行业机构的数字化能力建设水平整体上仍落后于北上广江浙渝等先进地区，其中，本土银行的数字化能力建设水平显著落后于国有大型商业银行、股份制商业银行和新型互联网银行；纵向来看，相较于 2018 年，安徽银行业机构的数字化能力提升并没有形成质的改变。究其原因，在战略目标定位不明确、转型路径不清晰、组织机制僵化等突出问题的背后，真正的根源是这些机构缺乏数字化思维。推动数字化转型无法仅靠金融科技，更重要的是靠管理思想的转变。国内外先进银行的经验也充分证明，数字化转型的难点，并不在于引入先进的金融科技，而在于通过对组织、制度和机制的改造，建立开放共享、融合创新、弹性敏捷的管理机制、组织体系及文化氛围，最终以数字化手段对接客户的数字化需求。

目前来看，安徽银行业机构的数字化转型大多还停留在以单一部门、单一项目驱动的局部变革上，以业务为中心、以部门为本位的传统管理理念严重制约着数字化转型的进程、方向和效果。一方面，银行的传统经营模式是围绕网点等物理渠道的“坐商”式经营，依靠网点布局和人员投入来吸引客户，重点关注产品销售，而较少关注客户体验，难以洞察客户的真正需求，更谈不上对客户进行精细化管理；另一方面，大多数银行仍然执行层级分明的金字塔形管理机制，各部门、各条线的垂直化管理使得部门间壁垒重重，各部门往往都拥有自己独立的系统、流程、数据和考核机制，部门权利扩张往往高于全行利益之上，跨部门、跨条线的协同机制欠缺。此外，数字化转型可能带来的业务模式颠覆、部分岗位减少、局部工作量短期内急剧提升等问题，会直接影响局部和部分个体的实际利益，由此形成的转型阻力也不容小视。

“动荡时代最大的危险不是动荡本身，而是仍然用过去的逻辑做事。”因此，如何统一全行对数字化转型本质与价值的认知，真正从客户需求出发，对经营理念、服务模式、业务流程、组织架构和管理机制等全链条进行梳理重构，将数字化思维贯穿于经营管理的各项工作，是当前安徽银行业机构迫切需要解决的现实问题。

## 二、科技和人才的投入不足

银行数字化转型离不开科技基础能力的支撑，离不开科技投入和人才投入的双轮驱动。从全球来看，国外银行科技支出占营业收入比例普遍在10%及以上，并且每年都保持了一定比例的增长，例如摩根大通、富国银行、花旗银行每年的科技投入都在数十亿美元。尽管国内银行业近年来持续加大科技投入，但和国际领先的商业银行比较来看，科技投入仍远远不足。科技投入不足进而导致国内银行普遍将注意力放在系统引进、平台搭建等技术应用层面，较少投入对基础算法、系统架构等底层技术的研发。具体到安徽省，这一问题更加突出。从银行内部不同管理层级来看，金融科技投入基本集中在总行层面，分支机构能够获得的投入十分有限，以科技投入一直领先的招商银行为例，2019年全行科技投入总额为93.61亿元，而合肥分行的投入大约只占0.16%。与国有大型银行、全国股份制银行相比，由农村商业银行（以下简称“农商行”）、村镇银行组成的本土银行普遍资金实力薄弱，在技术研发、创新和试点上的投入意愿更是极为有限。

银行数字化转型不仅需要技术的支撑，更需要人才的支撑，尤其是需要既懂金融又懂技术的复合人才的支撑。2019年8月，中国人民银行印发的《金融科技（FinTech）发展规划（2019—2021年）》对加强人才队伍建设提出明确的要求：“围绕金融科技发展战略规划与实际需要，研究制定人才需求目录、团队建设规划、人才激励保障政策等，合理增加金融科技人员占比。”国内高校金融科技相关专业课程的开展刚刚起步，要实现大规模的专业人才供给尚需时日。因此，面对数字化人才需求的激增，科技人才供给不足、质量不高的短板在短期内还很难解决。据普华永道发布的《2018中国金融科技招聘趋势》中估计，国内金融科技人才缺口超过150万人。除了总量不足，人才分布的不均衡也是另一个棘手的问题。金融科技人才特别是高端金融科技人才的分布极不均衡，这一问题显著集中在地处北上深广等国内一线城市的国有大行和全国性股份制银行，而多数中小银行处在二三四线城市甚至更偏远地区，在人才争夺上处于极为不利的地位。人才招聘难，将招聘来的人才留住更是难上加难。银行传统的KPI考核机制、层层汇报的审批制度、要求严格的合规管理、相对固化的职业晋升等问题的存在，再加上传统银行缺乏依据科技业务和科技人员特点进行管理的经验，使得金融科技人才在工作中难以形成认同感和归属感，银行人才流失率一直居于高位。据《2020春招就业市场追踪报告》显示，47%的金融科技人员在过去的一年以内更换过工作。

“工欲善其事，必先利其器。”如何加大科技和人才投入是安徽银行业机构推进数字化转型进程中必须要持续面对的重大问题。这要求各银行一方面要根据自身的现实条件和转型战略，量力而行，确保金融科技资金的可持续性投入；另一方面要系统地建立金融科技人才的引入、培养和留用机制，拓展金融科技人才的职业发展通道，设置合理的考核指标，加大对金融科技人才的培训力度，营造适宜的人才环境。

### 三、数据治理能力有待提高

银行数字化转型的核心必然围绕着数据展开，即通过对数据的采集、整合、应用、管理，充分挖掘数据并实现数据价值，推动业务模式转变，最终提升银行经营管理效率。这要求银行必须建立高效的数据管理体系，统一数据标准，加强数据质量控制。

然而现实情况却不容乐观，数据“不够用、不好用、不会用”问题较为突出。据《中小银行金融科技发展研究报告（2019）》显示，中小银行的数据治理基本处于萌芽期，高达91%的中小银行尚未开展有效的数据治理工作。最初建设的银行数据库往往只是为了满足监管和报表报送的要求，数据仅仅是经营过程中的“副产品”，大多数银行对其缺乏应有的重视。再加上不同监管部门有不同的监管口径，导致银行内部数据往往依部门和条线而割裂，数据质量参差不齐，缺乏统一的规范和治理体系。所以，尽管银行积累了金融生态中几乎所有环节的数据，但数据的准确性和完整性欠缺，时效性和适应性不足，导致数据的真正价值难以发挥，数据“不够用、不好用、不会用”的现象较为突出。为了解决这一问题，部分中小银行开始借助外力，从第三方机构引入数据及分析技术，但由此带来了新的问题：数据使用成本剧增，形成了较明显的财务压力。

一方面是银行数据治理不力，导致数字化转型缺乏必要的数据基础；另一方面，是监管层不断加大对数据治理的监管要求。2020年1月9日，银保监会安徽监管局披露了对安徽凤阳农商行的一张罚单，罚单事由是“未能根据要求有效开展数据治理工作，数据治理存在严重缺陷，严重违反审慎经营规则”。以“数据治理”为关键词在银保监会官网查询，发现该罚单是有史以来监管层面对银行开出的第一张有关“数据治理”的罚单。在内外部双重压力下，如何结合自身的战略发展加强数据治理，提高数据质量，充分发挥数据价值，也是安徽银行业机构当前急需解决的核心问题之一。

### 四、风险形势仍不容乐观

风险是所有金融活动的内在属性，管理风险是现代商业银行的核心功能。数字化转型的本质是通过大数据、互联网、云计算、人工智能等信息技术手段与传统金融服务的融合创新以促进银行的高质量发展，虽然改变了金融交易的载体、渠道、技术和效率，但没有改变交易对象、支付、资产定价与交易的功能，没有改变金融业的风险属性。近年来受宏观经济环境影响，金融市场波动性加大，不良贷款率抬升，商业银行面临的风险形势较为严峻。在这样的背景下推进数字化转型，一方面迎合了防范风险的现实需求，另一方面银行也需要警惕由此带来的新风险。

这些新的风险点主要存在于：一是战略风险。数字化转型并没有明确统一的方向和路径，银行需要根据自身的现实情况进行科学规划，若战略制定不当或战略执行不力，会面临着较大的战略风险。二是技术风险。现阶段的金融科技尚处于快速发展和不断变革中，技术的更新迭代节奏较快，若银行选择了那些本身仍不够成熟的技术，不仅会面临着技术漏洞被恶意利用的风险，而且会面临着技术被淘汰的风险。三是操作风险。比如金融科技的广泛应用在提升业务经营效率的同时，也让更多的操作过程变得不透明、不可视。比如在新技术应用过程中，可能会改变客户关系、流程节点、管理关系，而这些改变可能和法律法规相冲突。四是数据风险。数字化转型促使银行变得更加开放，多渠道的合作、多场景的引入让数据安全问题日益凸显，再加上随着国内各项法律及监管要求的不断完善，对涉及金融消费者权益的数据安全和隐私保护的标准的要求越来越高。

专业的风险管理能力可以更好地支撑新业务、新模式，帮助银行增强发展的韧性和打造面向未来的竞争力。因此，牢牢守住风险底线，同时将金融科技浪潮带来的新算法、新技术手段更好地融入风险管理中，打造专业化、数字化和精细化的风险管理体系，是安徽银行业机构实现数字化转型的关键。

## 第三节　安徽银行业互联网金融业务监管情况

科技与金融的高度融合已经深度渗透到整个银行业的方方面面，从智慧柜台、手机银行到开放银行，从互联网存款、互联网理财到互联网贷款，从无感支付、大数据风控到智能投顾，金融科技在带来银行业态巨大变革的同时，也带来了全新的金融风险，并对现有监管模式构成冲击。转变传统理念，更新监管规则和管理方式，利用金融科技提升监管效能，成为监管部门亟待解决的全新课题。2019 年，银行业互联网金融领域的监管重点围绕以下几个方面展开。

### 一、防风险治乱象，净化金融环境

防范风险仍是 2019 年金融领域的关键词，金融监管部门围绕这一主线实施相关政策。

2019年初，央行召开了金融稳定工作会议，在稳中求进的工作总基调下，对化解影子银行风险、清理整顿金融秩序、打击非法金融活动、完善防控金融风险的政策工具箱等重点领域的风险防范做出部署。2019年，全国银保监系统共发出1531张行政处罚决定书，其中安徽63张，数量位居全国第十。强监管之下，安徽银行业的市场乱象整治取得阶段性成效，金融运行整体稳健，金融风险总体可控，守住了不发生系统性金融风险的底线。

在经历了2017年、2018年连续两年的市场乱象专项治理行动后，为巩固前期整治工作成果、防止市场乱象反弹回潮，5月17日，银保监会发布《关于开展"巩固治乱象成果 促进合规建设"工作的通知》(以下简称《通知》)，明确了2019年整治工作的三大目标、四个原则和四项任务。银行业依然是2019年乱象整治工作的重点领域，《通知》针对银行业，明确了涵盖股权与公司治理、宏观政策执行、信贷管理、影子银行和交叉金融业务风险、重点风险处置五大领域共计16条的整治重点及其工作要点，具有很强的操作性。其中，在互联网金融业务方面的整治重点主要包括：与非持牌机构业务合作不规范、网络借贷资金存管相关业务不规范；违规为无放贷业务资质的机构提供资金发放贷款等多项内容。

2019年，安徽省地方金融监督管理局的全年工作紧紧围绕防范化解金融风险攻坚战这一核心任务，将重点放在互联网金融风险整治整改、取缔违法违规金融活动、持续关注重点领域风险等，同时加强对地方法人银行机构的监管。此外，安徽省地方金融监督管理局还对全省小贷公司开展全面摸底和集中清查整治行动，开展典当、融资租赁、商业保理领域整治金融乱象专项行动，持续清理未经许可设立的机构，推动"僵尸型"机构退出市场。2019年，累计取消74家小贷公司经营资格，清理"僵尸型"融资担保机构105家，共吊销注销125家典当、融资租赁、商业保理三类机构营业执照，吊销注销退出行业12家，进一步出清行业风险，净化省内金融环境。

## 二、建立金融科技监管基本规则体系

作为技术驱动的金融创新，金融科技能够形成对金融市场、金融机构和金融服务具有重大影响的商业模式、技术应用与流程或产品。近年来，金融科技的发展不断提速，对传统金融监管构成重大挑战，在此背景下，如何构建监管科技应用框架，健全监管的基本规则体系，为金融科技的发展营造更好的环境成为迫切需要解决的问题。

作为金融科技业务的主管部门，央行早在2017年就成立了金融科技委员会，主导金融科技工作的研究规划和统筹协调。2018年12月，央行会同相关部门，在北京市、上海市、江苏省等10个省市启动金融科技应用试点。2019年，"制定金融科技发展规划与监管规则"被列入央行年度重点工作，8月，《金融科技(FinTech)发展规划(2019—2021年)》(以下简称《规划》)正式出台，首次明确了央行未来三年金融科技工作的指导思想、基本原则、发展目标、重点任务和保障措施(图3-4)。这是央行第一次单独针对金融科技出台的顶层设计文件，其意义深远：一方面，《规划》明确了金融科技的定位，肯定了科技的引领和驱动作用，以及其在提高金融服务效率、风控水平及监管效能等方面的价值，同时还明确了大数据、云计算、人工智能、网络身份认证等核心技术及相对应的场景化应用，从而为金融机构的科技转型指明了方向和路径；另一方面，《规划》针对不同业务、不同技术、不同机构的共性特点，明确金融科技创新应用应遵循的基础性、通用性、普适性监管要求，划定金融科技产品和服务的门槛和底线，为建立金融科技监管基本规则体系奠定了基础。10 月，央行会同市场监管总局联合发布《金融科技产品认证目录（第一批）》《金融科技产品认证规则》，第一批目录包括客户端软件、安全芯片、嵌入式应用、可信应用程序、声纹识别系统、云计算平台等。

图 3-4 《金融科技（FinTech）发展规划（2019—2021 年）》之重点任务

与此同时，金融科技应用试点工作也取得较大进展。2019 年 12 月 5 日，央行在其官网发文，表示支持在北京市率先开展金融科技创新监管试点，探索构建符合我国国情、与国际接轨的金融科技创新监管工具，引导持牌金融机构在依法合规、保护消费者权益的前提下，运用现代信息技术赋能金融提质增效，营造守正、安全、普惠、开放的金融科技创新发展环境，这意味着中国版的金融科技“监管沙盒”在北京正式落地。尽管安徽没能成为金融科技创新监管的排头兵，但相信随着试点工作的推进，北京等地在金融科技监管方式的成功经验将能为安徽接下来的工作提供很好的借鉴。

## 三、加强金融消费者权益保护

近年来，互联网金融领域的金融消费者权益保护问题日益突出。据黑猫投诉与微博联合发布的《2019 消费者权益保护白皮书》显示，金融支付成为年度消费者投诉最多的行业，投诉量达 29.80%。2019 年央视“3·15”晚会对个人信息收集和互联网金融乱象的曝光，将人们对金融消费者权益保护问题的关注提升到前所未有的热度。

为了在制度上补漏，监管层连续出台多个文件（图 3-5），重拳整治侵害金融消费者权益的行为。2019 年 10 月 10 日，银保监会出台《关于开展银行保险机构侵害消费者权益乱象整治工作的通知》，要求银行保险机构对照所列侵害消费者权益乱象、银行业和保险业部分共性问题，全面排查，逐一整改。11 月 1 日出台的《银行业保险业消费投诉处理管理办法（征求意见稿）》，要求改变投诉处理“头痛医头，脚痛医脚”的状况，建立健全溯源整改机制。11 月 4 日，中国银保监会发布《关于银行保险机构加强消费者权益保护工作体制机制建设的指导意见》（以下简称《指导意见》），要求银行保险机构加强消费者权益保护工作体制机制建设，包括将消费者权益保护融入公司治理各环节，明确部门履行消费者权益保护职责，强化消费者权益保护决策执行和监督机制，建立消费者权益保护审查机制，完善消费者权益保护内部考核机制，加强和完善消费者权益保护信息披露机制六个方面。12 月 25 日，《关于进一步规范金融营销宣传行为的通知》出台，以此统一金融营销宣传行为监管尺度，保护金融消费者合法权益。两天后，央行发布了《中国人民银行金融消费者权益保护实施办法（征求意见稿）》（以下简称“新规”），新规延续了 2016 年版的《金融消费者权益保护实施办法》的总体框架，并按照强化金融机构义务、加强信息安全保护、明确工作职责分工的原则，对旧规进行了系统性的修订完善。新规首次从监管层面确定了“金融消费者”的概念，并在金融信息的收集、使用、处理等方面进行了细化，同时新增了部分规定，例如鼓励金融机构在技术可行的前提下，基于金融消费者的请求，将其金融信息转移至金融消费者指定的其他金融机构。

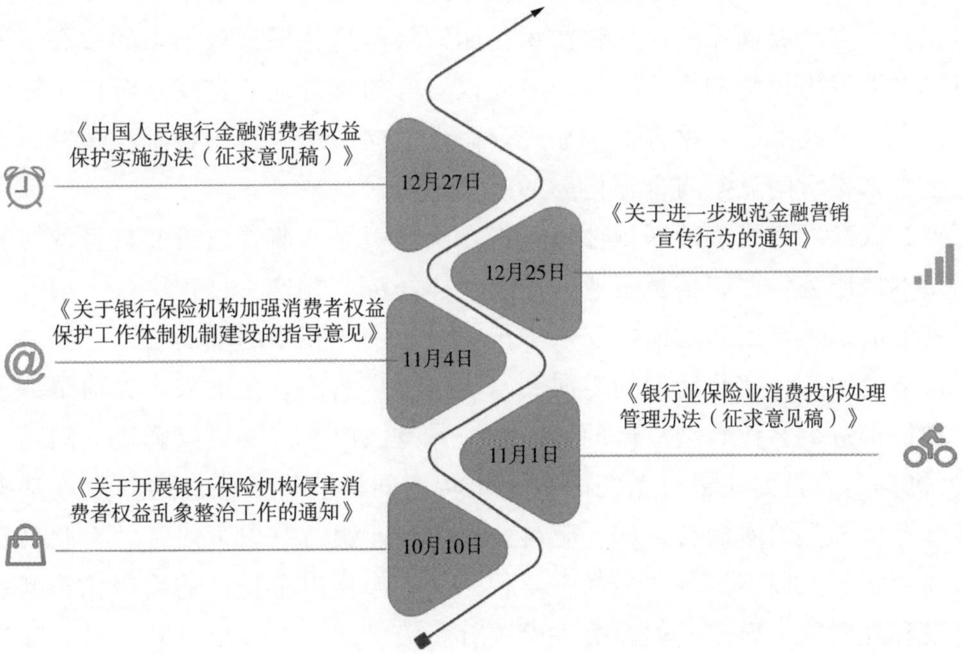


图 3－5　2019 年出台的金融消费者权益保护相关制度

一系列监管文件的出台，搭建起金融消费者权益保护的制度框架。在此基础上，监管部门一方面通过加大宣传与教育，提升金融消费者素养；另一方面通过规范银行业机构的经营行为，督促银行业机构主动承担金融消费者保护的主体责任，双管齐下，逐步建立健全金融消费者保护的体制机制。

## 第四节 安徽银行业互联网金融业务发展趋势与展望

随着云计算、大数据、人工智能、区块链等新一代信息技术在金融领域的广泛应用，金融科技正在以迅猛态势重塑金融行业生态，“无科技不金融”成为行业共识，Bank 4.0[①] 的数字化时代正在到来。在这一趋势推动之下，安徽银行互联网金融也将进入新的转型发展阶段。

### 一、数字化转型进程加快，银行间差异拉大

2020 年，伴随着金融科技赋能和思维模式转变，银行业的数字化转型将继续向纵深推进。在经历了局部领域的爆炒概念和盲目追风之后，绝大多数银行的数字化转型将更加务实、更接地气。各类银行将立足于自身规模、客户结构、业务品种等禀赋特点，扬长避短，沿不同路径走差异化发展之路。可以预计，2020 年各银行对金融科技投入仍将保持高速增长，对高端金融科技人才的争夺也会更加激烈。

包括大型国有银行和股份制银行在内的全国性银行将继续保持领先地位，数字化转型不再仅停留在高层的会议和报告上，而会切实影响到每一位员工的行为，从战略、应用、组织、数据与技术等多个层面系统地构建数字化能力将是这些银行接下来的核心任务。在金融科技战略布局方面发力较早的招商银行、平安银行等相继进入“自建＋合作＋输出”的全景模式，不仅自身的科技赋能效果进一步显现，而且面向中小银行的金融科技输出力度也有望增强，这也会带来银行间竞争与合作格局的改变。

以城商行、农商行为代表的区域性银行将在国家引导、监管政策和自身发展的三重压力下，主动回归本地服务，回归信贷主业，回归实体经济，在这一过程中，金融科技将成为区域银行转型突破的最关键因素，助推安徽本土银行数字化转型的全面展开。经过几年来坚持不懈的探索，徽商银行数字化转型的方向和路径进一步明确，接下来，如何统一思想，理顺内部机制，加快推进数字化转型战略的落地实施，是徽商银行要重点解决的问题。此外，拥有 83 家法人机构的农村商业银行系统的数字化转型同样值得关注。那些发展基础较好、实力较强、转型意愿强烈的农商行，如合肥科技农村商业银行（以下简称“合肥科农行”）、亳州药都农村商业银行（以下简称“药都农商行”），有望推出全局性的数字化转型战略，并在线上渠道建设和互联网金融产品创新等方面进行积极尝试，以寻求突破。可以预计，受制于自身资源禀赋局限和转型经验缺乏，农村商业银行的数字化转型之路较其他银行可能会更为艰辛，更加任重道远。

---

① Bank 4.0 是美国学者 Brett King 在其著作《Bank 4.0》中提出的概念。在 Bank 1.0 时代，银行完全依赖于物理网点提供传统银行服务；在 Bank 2.0 时代，银行通过 ATM 机提供自助银行服务，延伸物理网点的触角；在 Bank 3.0 时代，以移动银行服务或银行 App 服务为标志，客户可随时随地获得银行服务；在 Bank 4.0 时代，银行服务完全脱离物理网点和以物理网点为基础的渠道延伸，也不再依附某个具体金融产品，而是直接嵌入到日常生活场景中，即“Banking Everywhere，Never at a bank”。

## 二、场景争夺更加激烈，数字化中台建设继续探索

随着数字化进程从零售业务拓展到对公业务，银行对公业务的服务理念发生重大转变，传统的对公业务只关注企业的生产经营，只为企业财务部门的需求提供解决方案，而现在的对公业务则是基于场景思维，强调金融服务不仅要融入企业的工作场景与业务经营中，还要融入企业所有员工的生活场景中，依托各类场景所提供的生态服务，提供覆盖从企业经营管理到员工工作生活的全方位金融服务解决方案。可以预计，未来银行间围绕场景的争夺还会愈演愈烈，C 端场景经过几年来的不断开发，竞争早已进入白热化状态，对公业务的数字化转型必然加剧 B 端和 G 端的场景争夺。在 B 端，应深度对接企业、员工以及上下游企业的需求，升级企业服务，增强客户黏性，构建差异化的场景平台与细分领域的金融解决方案，满足 B 端企业的个性化需求。在 G 端，通过金融科技输出，为政府各领域提供全方位的专业应用服务，从而提升政府综合治理能力，推动政务数据资源的整合与开放共享（图 3－6）。

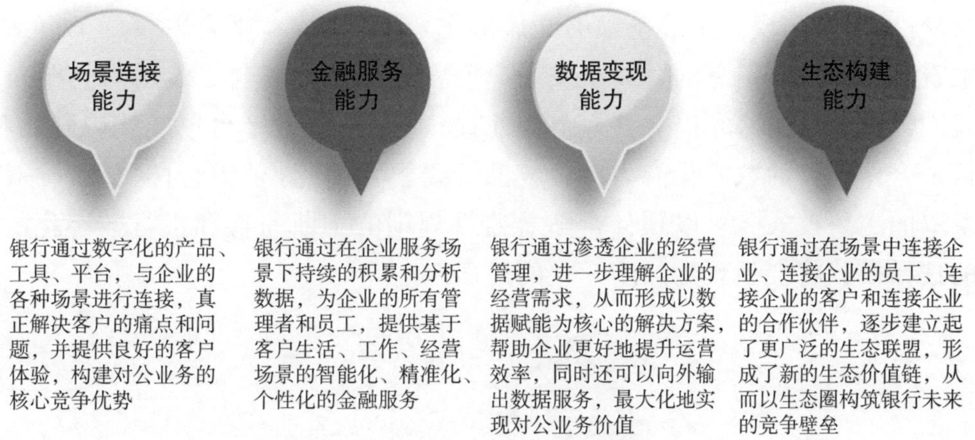


图 3－6　对公业务数字化转型的四大能力建设

随着前端金融服务的场景化、多维化和高频化特征愈加明显，银行业面临各种高频发、数据海量、要求强一致性且需要强大横向扩展能力的业务场景也越来越多，这也要求银行具备快速的产品开发能力，相应地对 IT 设施服务能力和运营能力的要求也越来越高。这就要求银行的 IT 部门必须逐步与业务部门融合，从后台支撑变成产品中台，以推动前台的一线业务更敏捷、更快速地适应瞬息万变的市场。因此，加大银行中台能力建设，已经成为银行业的共识。例如农行的“iABC”战略提出“薄前台、厚中台、强后台”的 IT 架构体系，要求推进零售营销中台、对公营销中台、信贷中台、运营中台、数据中台和开放银行平台六大中台建设。目前，虽然中台能力建设仍处于探索初期，行业仍未有统一认识，但是可以预计，随着“金融服务将无处不在”的银行 4.0 时代的到来，银行中台能力建设将不局限于一套系统的建立，而是着眼于银行整个组织架构的敏捷度以及整体生态的思维方式。

## 三、开放银行的探索和实践更加多元

从概念萌芽到如今成为业界关注的热点话题，开放银行只用了短短的几年时间，越来越

多的银行和金融科技公司开始落地实施，加快布局。这是因为开放银行模式真正体现了银行数字化转型的内在逻辑。初期的数字化更多体现的是银行自身的需要，是基于提升管理效率而实施的流程数字化，而开放银行体现的则是真正以客户为中心，围绕客户行为数字化去经营。2019 年 6 月，中华人民共和国工业和信息化部（以下简称“工信部”）发放了首批 5G 商用牌照，标志着 5G 时代正式到来。从移动互联到万物互联，从消费互联网到产业互联网，开放银行将在应用场景和发展空间上拥有更多的想象。

从全球先进银行的实践来看，开放银行大体有三种模式（图 3－7）：一是“银行即服务”模式。商业银行把银行产品和服务打包，通过 API、SDK、H5 等技术连接到其他银行及金融机构、非金融机构第三方平台等合作伙伴的场景中，实现产品和服务的开放。银行不再只是一个发生金融交易的物理场所，而是成为无所不在、可以随时随地嵌入任何场景的一类服务。二是“开放账户信息”模式。在开放银行产品和服务的基础上，实现银行与合作伙伴间客户的共享。三是“共享收益平台”模式。在共享产品、服务和客户的基础上，形成一体化的泛银行生态系统，实现银行、合作伙伴与客户的多方共赢。这三种模式的开放程度依次递进，“银行即服务”模式是最基础的开放形态，“共享收益平台”模式的开放程度最高。从现阶段来看，由于账户信息的开放涉及用户金融隐私和数据合法使用的问题，“开放账户信息”模式的大面积应用必须以立法规范为前提；“共享收益平台”模式因开放程度高，相应地对银行及合作伙伴的数字化能力有着较高的要求。因此，“银行即服务”是目前国内银行实践所采取的主要模式。可以预计，随着监管规则的不断完善和银行数字化能力的提升，开放银行的选择模式将会呈现更加多元化的局面。

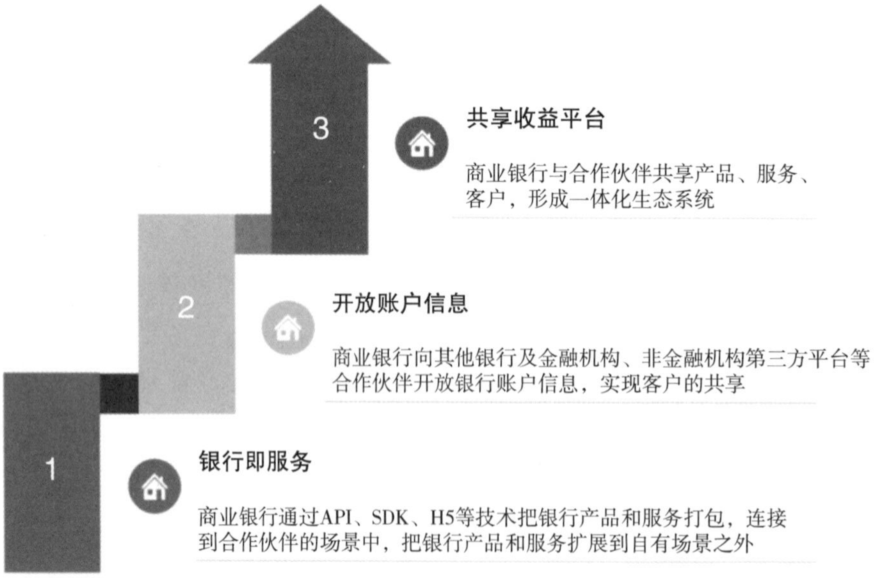


图 3－7 开放银行的三种模式

## 四、持牌监管力度加强，区域政策或将出台

近年来，在监管部门的一再强调下，金融业务必须持牌经营这一理念得到了进一步贯彻落实和深化。2019 年 10 月底，中国人民银行将支付技术产品认证拓展为金融科技产品认

证，发布了《金融科技产品认证目录（第一批）》和《金融科技产品认证规则》，明确了金融科技产品认证的基本模式为“型式试验＋获证后监督”。11月，发布《关于发布金融行业标准 加强移动金融客户端应用软件安全管理的通知》，意味着未来移动金融客户端App将要通过中国互联网金融协会实名备案审核。可以预见，未来所有对外提供的金融科技产品和服务都需要通过产品认证或审核，门槛大大提升，这无疑有利于巩固商业银行持牌经营的有利地位，但同时也意味着那些以金融创新为名的灰色业务将难以为继，强监管将逐步扩大到对整个金融科技生态的监管。

2019年末，北京启动金融科技创新监管试点，探索构建包容审慎的中国版“监管沙盒”。2020年1月初央行发布《盘点央行的2019：金融科技》，明确法定数字货币顶层设计、标准制定、功能研发、联调测试等工作在2019年已基本完成，这意味着数字货币试点工作呼之欲出。这些消息的出台会引发很多地方政府关于发展数字金融的思考。未来，安徽省也有望根据本地资源禀赋和发展定位，推出促进数字金融发展的相关政策。尤其是集综合性国家科学中心、国家自主创新示范区、国家创新型试点城市、国家系统推进全面创新改革试验等多个国家级创新品牌于一身的合肥市很有可能会谋求机会，积极争取成为数字货币或“监管沙盒”的试点城市。

# 第四章 安徽证券业互联网金融业务发展情况

2019 年，证券市场呈现回暖趋势，整体盈利能力有所增强，但“马太效应”也更为明显，头部券商相对领先。即使如此，安徽省两家券商积极顺应行业趋势，在数字化转型已成为行业共识的背景下，本土券商持续加大信息技术投入，逐步提升数字化治理能力；高度重视金融科技对行业发展的影响，促进科技与业务深度融合；不断优化综合服务平台建设，深耕客户体验，同时创新多种产品，满足不同层次客户需求。

## 第一节 安徽证券业互联网金融业务发展现状

过去几年，证券行业一直在经历变化：从证券经纪商向综合投行转变，从通道业务向资本中介业务转变，从零售交易向财富管理转变，依旧躲不开整个行业收入和利润连续三年下滑的现状。在金融科技迅速发展的背景下，混业经营和金融行业的加大开放，让券商不得不进行数字智能化变革，以抵抗各个维度的竞争和冲击。安徽本土的两家证券公司也紧随行业发展潮流，强调数字化、智能化的战略转型，加大金融科技投入，深耕用户需求和平台体验，用技术拓宽产业边界，打破运营效率天花板。

### 一、数字化转型持续推进

包括互联网、云计算、大数据、人工智能在内的科技创新，给传统证券行业引入了新的产业元素、竞争关系和商业模式，科技与证券的结合已从原来简单的“拼接”转变为深度的“融合”，基于数字发展的智能化运营已经成为证券行业发展的新方向。安徽本土的两家证券公司也紧跟互联网证券的发展趋势，积极探索科技赋能，强调数字化、智能化的战略转型。例如，华安证券在 2019 年提出了“逐步加强研发力量，通过数字化、精细化运营，降低营销成本，提升营销服务效率，打造‘数字华安’”的重要战略定位。公司以此为导向，围绕科技规划、应用开发、大数据与数据治理、人工智能与新技术探索等方向，有序推进数字化转型。国元证券提出了“大数据推动，精细化营销”的理念，利用中后台数字化运营，根据大数据驱动，辅以多重客户标签分类，从粗放式营销管理向基于数据智能的精细化营销转变。同时，围绕“智能交易科技”“智能资产配置”“专业投顾在线服务”“客户体验升级”四大核心单元，对服务体验进行优化升级，为投资者提供便捷、高效的智能财富管理服务。

### 二、综合服务平台建设进一步优化，提升用户体验和业务产能

券商服务平台是连接公司资源和客户需求的桥梁，安徽本土的两家证券公司都坚持“平

台建设是基础，内容和运营为重点”的基本认识，在持续推进“App＋微信＋网站”三位一体的综合服务平台建设优化的基础上，积极尝试线上平台的运营，让交易型客户获得更好体验，让财富管理型客户获得更多有价值的服务。

5G时代即将来临，伴随个股期权开户、新三板开户等业务需求，国元证券2019年建立了互联网双向视频能力平台，成为公司发展金融科技的一项基础设施。该平台支持多业务快速接入和高清晰度双向视频通话功能，为今后非现场办理各项业务打下了技术基础。下一步基于视频平台的高清晰视频数据，人脸识别、声纹识别等生物识别技术可以得到更加深入的应用，从而提升客户体验、提高工作效率。国元点金App在2019年以来完成12次版本升级，共计新增103项功能，优化64项功能。在营销活动的助力以及各分支机构的通力合作下，国元点金App的新增注册用户数、交易客户服务覆盖率、客户活跃度等各项指标均取得显著增长：新增注册用户年增长51.46％，在公司两款App总注册用户中占比达73.07％；手机端客户委托占比达到61.37％，较年初提升了13.37个百分点；最高日活较2018年末增幅为81.77％；最高月活较2018年末增幅为48.24％。2019年，国元点金App还致力于优化投资顾问专业服务，看直播，读观点，与金牌投顾一对一互动，在线订阅投资组合。投顾组合、观点客户阅读量56万次。投顾直播室运行3个月，阅读人数近10万人，阅读量超过30万次。

除此之外，国元证券充分利用微平台，整合公司优质内容，加强宣传，促进线上线下营销联动。官网全年稳定运行，积极跟进新业务，访问量超过5500万次，在宣传企业形象、传播企业文化、披露公司信息、销售理财产品、服务各类客户等方面发挥了重要作用。金融商城不断优化，全年共升级迭代17次，累计升级或优化功能79项，大大扩充了商城支持销售的产品种类，同时提升了商城首页的可运营空间，给客户带来优质的购买体验。云柜台新增7项业务功能，使得在线业务办理类型达到28项，累计一年办理业务78万笔，同比增长152％，非强制临柜业务的线上化比例持续提高。投教子网站于一季度完成平台的优化升级，并持续通过投教内容和投教平台运营促进线上投教基地浏览量等指标提升，为公司申报省级互联网投教基地工作提供了支持。

本土的另一家公司华安证券也秉承着科技服务客户、科技赋能业务的理念，依托“三端一微”的运营推广，整合公司业务能力、服务资源，重塑业务流程、提升服务效率，不断提升平台用户体验、增强用户黏性。华安徽赢App在2019年升级大小版本共计12次，重视交互与沟通，持续优化体验，在产品、服务和运营等方面满足各类群体的多元化需求。在产品设计上，以客户为中心，不断在业务和技术上创新突破，提供极速行情交易、“赢家智投”等系列辅助决策工具，如筹码分布、相似K线、龙虎榜等；在服务上，针对越来越多的客群偏好使用IM在线对话工具的现象，推出智能客服系统，平均500毫秒极速响应，7×24小时不间断服务。同时设计打造了可爱活泼具有亲和力的“赢宝”IP形象，让用户拥有更多的沉浸式交互体验；在客户互动方面，将科创板概念与“锦鲤”热点紧密结合，开展“开板有鲤”活动——在华安徽赢开通科创板交易权限即可享受抽中锦鲤大奖的机会，获得众多客户的支持与喜爱；在投资者教育上，徽赢App将时下流行的网络热词、话题融入投教作品中，让投教内容撕下枯燥的标签，寓教于乐，受众面更加广泛。

## 三、产品创新日益活跃

金融科技正加速渗透证券行业，两家证券公司也紧跟金融领域信息技术变革趋势，借助金融科技手段提升产品与服务（图 4－1）。手机 App 是证券公司践行金融科技的重要载体，2019 年，华安徽赢 App 将智能投资服务系统嵌入更多场景中，推动 App 服务围绕客户，向更加智能化、人性化的方向发展。2019 年徽赢“赢智能”系列智能投资服务工具新上线智能盯盘、智能选股和智能账单等创新应用。智能盯盘基于 AI 盯盘、预警系统、推送系统、云指标平台及后台管理等模块，为客户提供全市场行情异动监控，通过事先设定好的盯盘条件，实时监控盘中情况，解决客户无暇看盘的痛点；智能选股通过权威的大数据算法语义分析，为客户提供策略选股和多因子选股模式，结合客户选择的预置选股条件从 A 股市场筛选出客户所需股票；智能账单为客户提供“$T-1$”日的资产分析、月度账单和年度账单功能，涵盖股票、理财、基金的详细收益情况，深入分析交易行为，帮助客户梳理投资历程。国元点金 App 也在智能服务上持续发力，新加入“筹码分布”“北上资金分析”“行情龙虎榜”等智能化工具。在券商财富管理转型的大背景下，国元证券深挖客户资产配置需求，经过近半年的开发与迭代，上线了“国元智投”功能，提供了一套公募基金智能配置模拟交易平台，让客户可以享受到智能化、千人千面的基金产品配置服务。在为广大投资者提供标准化服务产品的同时，国元证券也不忘追求差异化服务，对“增值服务”做了探索和尝试。国元点金 App 以指标类服务和资讯类服务作为抓手，在 2019 年 11 月建成“脱水研报”和“云参选股”两项付费服务，同时完成了“九点特供”“主题策略”“狙击龙虎榜”“公告全知道”“机构研选”等服务内容的储备。

图 4－1　2019 年华安徽赢 App 和国元点金 App 创新产品

## 四、数据治理能力逐步提升

互联网时代下，数据成为券商增强内外竞争力的关键，只有及时准确地获得客户在内部和外部的交易、行为、媒体偏好、社交内容等信息数据，才能更好地以客户为中心，深化运营和服务，精准定位和营销。国元证券自 2019 年以来，利用已建成的移动运营统计分析平台，逐步实现了对 App、微信、官网等多渠道的客户行为的数据采集、统计和分析。在原有业务数据的基础上增加了对客户行为数据的积累，为更加精准的客户画像提供了新的数据资源。2019 年，国元“金数据”在配合新业务发展和线上平台运营方面加大开发力度，助力分支机构高效完成营销服务。同时，数据分析实验室三期在情绪化指数功能、股价预测模块、基金组合配置、股票投资策略等研究中均取得了不错的进展。而华安证券在元数据、数据标准、数据质量三个方面也取得了阶段性进展，搭建完成数据治理平台和数据补录平台，随着数据治理工作的深入开展，将逐步加强各级经营管理机构数据治理和应用能力，充分发挥数据资产价值。

在人工智能方面，国元证券智能客服在 2019 年通过十几万次问答的训练，目前已经形成了涵盖超过 3700 条答案的专业化的智能金融知识库，机器人的在线客服完成率超过 83%，客户满意率达到 92%，取得了良好的应用效果。华安证券从风控投研的角度出发，整合公司内部和外部数据，建立了企业智能分析平台，对客户的身份及关联关系进行深度穿透识别，为业务部门提供企业的 360°全景信息，对客户风险进行实时监控预警。为助力公司财富管理转型，金融科技部还设计了智能理财规划引擎，通过智能化手段结合传统金融工程方法打造一体化客户财富管理流程。

## 五、金融科技投入力度显著加大，推动券商可持续发展

随着证券行业进入转型发展的新阶段，新兴信息技术也在重塑证券行业生态，加大对金融科技的投入已经成为行业共识。2019 年，国元证券公司 IT 人员总计 143 人，与 2018 年相比增加 21 人；公司持续加强信息技术研发力量，面向客户的应用研发团队中正式员工从 19 人增长到 24 人，增长 26%；外包人员从 37 人增长到 43 人，增长 16%；公司 IT 人员薪酬总计 4185 万元，较 2018 年增加 35.44%；外包人员人力成本 905 万元，较 2018 年增加 25.17%；信息系统软件采购支出 2868 万元，与 2018 年相比增加 94.84%。真金白银的投入所带来的效果也很明显：自主开发实现需求的快速响应，最快可以一周内完成，且支持个性化需求的开发，App 也实现了月度迭代。同样，华安证券在 2019 年成立“金融科技部”，负责对公司金融科技建设进行统筹规划。公司金融科技相关人员从最初的 10 人，发展到目前的 35 人，翻了近三倍，总资金投入达 6000 万元。这也让华安证券收获了“产出”：徽赢 App 交易量约占公司总交易量的 30%、交易人数占比 53%，初步发挥了平台聚合作用。

在人才培养方面，国元证券信息技术总部成立了以年轻员工为骨干的区块链、人工智能、5G、大数据等金融科技专项研究小组，负责跟踪了解金融科技的发展前沿技术以及相关技术在行业内的应用情况，负责在公司内部对金融科技相关知识进行普及，以保证公司能够及时了解和跟进外部的技术进步，防止在金融科技领域与一线券商出现代差。华安证券构建了技术职级管理体系框架，通过社会招聘吸纳成熟人才，通过校园招聘构建后备力量，通过顾问、特聘等形式引进行业尖端智慧，通过外包等形式增强基础型开发力量，建立健全金融科技人才梯队，形成能上能下、能出能进、高效有序的管理机制。

除此之外，为给客户提供尽可能丰富、及时的服务，国元证券还联合了外部机构主体，与科大讯飞签署协议，计划在智能客服、语音门户、智能回访等领域开展合作；与 Wind 资

讯达成战略协议，对互联网金融、大数据在大资管、大经纪、大投研等业务领域的广泛运用展开深度合作；与中国科学技术大学统计金融系继续合作“数据分析实验室三期”，相关研究成果申请了4项发明专利。

## 第二节　安徽证券业互联网金融业务发展面临的主要问题

2019年省内的两家券商虽然在积极探索科技赋能，加强智能工具运用，提升综合服务能力，但在业务发展过程中依然面临着困境，主要有以下四个方面。

### 一、业技融合的发展路径不明确，金融科技文化意识有待加强

券商加大金融科技平台建设，重塑业务条线商业模式，加速金融科技领域布局，已经成为业界共识和行业方向。然而，金融科技的技术种类繁多，结合各个不同的业务场景，其应用方式也并不相同，要利用金融科技手段全面赋能证券行业，需要全面的发展路径规划，将业务变革与技术创新逐步融合在一起。头部券商积极拥抱科技并进行自我革新，已经初见成效，自主研发率不断提升，技术与业务更加深入融合。如中泰证券自主研发的XTP极速交易系统已成为业内股票程序化交易的第一品牌，在性能、稳定性方面位居行业顶尖水平，能够完美契合量化交易客户的多样化需求。而目前安徽本土的两家证券公司在金融科技规划中仍存在着定位和方向上的不清晰、对塑造金融科技文化的重视程度不够等问题，由此导致公司业务条线与IT条线难以真正融合，IT架构存在碎片化现象，科技赋能作用得不到真正发挥。

### 二、信息科技投入不足，人才短板效应突出

对于未来的“财富大战”，券商纷纷表示科技赋能依然还是主要“抓手”，因此他们在金融科技领域的投入也毫不吝啬。从投入金额来看，华泰证券和国泰君安两家券商在2019年的信息技术投入超10亿元，分别达到14.25亿元和11.17亿元。广发证券、海通证券、国信证券、招商证券、中信建投证券、东方证券和申万宏源2019年的信息技术投入都在5亿元以上。其中华泰证券信息技术投入位居第一，占营业收入比重达5.73%。相比之下，国元证券2019年信息技术投入为1.49亿元，华安证券2019年信息技术投入为0.9亿元，远远落后于头部券商。

此外，作为典型的智力密集型行业，证券行业人才的数量与专业能力是关键要素。随着数字化转型步伐加快，数字应用水平提高，证券行业对技术人才的需求更为紧迫。然而与北上沪深等发达地区相比，安徽区域内金融科技人才的供给存在明显的短板现象，尤其突出的是中高端金融科技人才供给严重紧缺。这导致金融科技人才成为制约安徽本土券商数字化转型的重要因素。以华泰证券为例，截至2019年，其IT人数数量已超过2000人，占在职员工比例近8%。与之相比，国元证券IT人员总计143人，占在职员工比例不足5%，而华安证券IT人员总计35人，占在职员工比例不足2%。

## 三、数据治理能力薄弱，数字化引领乏力

数据是金融的核心，是券商发展互联网金融业务的重要驱动力，大数据技术作为新一代智能金融浪潮的三大基础技术之一，已经成为构建数字化时代竞争优势的高地。但是本土两家证券公司的数据治理能力还有待提升，主要表现在：一是数据获取来源不全面、数据完整性欠缺。如一些细分业务未完全实现数字化运转，使得公司运营相关统计指标信息缺失。二是数据保存不善造成数据丢失或损坏，或者各种数据管理工具共存，形成数据冗余导致使用不便。三是数据时效性不足，如各类报表的生成时间更新速度慢，无法对管理运营提供及时反馈。四是大部分数据长期沉淀在各个系统中，数据应用局限于数据采集的初步使用阶段，停留在描述型分析和诊断型分析，只有很少一部分数据可能会涉及预测型分析和规范型分析，数据资源存在一定的浪费，更深层次的价值尚未被发掘。目前虽然两家证券公司已经对加快数字化转型达成共识，但是数字化转型机制尚不健全，对于数字化赋能业务的认识还有待进一步提高，导致执行不足，影响转型进度和效果。数字化转型不仅仅是IT的转型升级，业务条线与IT的沟通是以系统为单位，以项目为触点的。缺乏业务视角的沟通互动机制，导致数字化对业务发展的引领支持不足。

## 四、互联网证券风险问题较为突出

随着金融产品网销模式和第三方互联网支付的兴起与发展，互联网证券交易规模迅速扩大，在给互联网证券业带来机遇的同时，也使得行业面临着极大的风险，主要体现在以下两个方面。

### （一）网络诈骗现象层出不穷

以虚假信息为核心引发的网络诈骗现象屡见不鲜，严重扰乱了证券市场的秩序。当前市场环境中主要有以下几种网络诈骗形式：一是“非法荐股”，指无资格机构和个人向投资者提供证券投资分析、预测或建议等直接或间接有偿咨询服务的活动。其行为模式主要包括网络直播荐股、微博微信荐股、软件荐股、培训荐股等。二是“股市黑嘴”，指通过编造、传播虚假信息或误导性信息，影响股票价格，甚至操纵市场等以牟取非法利益的机构和个人。其行为模式主要包括编造传播证券虚假信息、蛊惑交易、抢帽子交易、利用信息优势操纵等。三是“场外配资”，指以投资者支付的保证金数倍的比例向其出借资金，组织投资者在特定证券账户上使用借用资金及保证金进行股票交易，并收取利息、费用或收益分成的活动。其行为模式主要包括系统分仓、出借账户、虚盘配资、点买配资等。此外，还存在相关“黑群”“黑 App”，即不法分子借助微信、QQ、微博等工具创建群聊，或开发线上 App 等，用于宣传、引流或招揽投资者，从事上述违法活动。

当前，“投教平台”、李鬼“券商”、荐股博客、荐股“老师”等非法证券投资咨询事件仍然数不胜数，严重损害了持牌证券投资咨询机构的声誉和广大投资者的利益，冲击行业的健康发展。

### （二）互联网技术漏洞不容忽视

互联网信息技术的快速发展，一方面拓宽了证券业务的经营渠道，提高了交易效率，为

互联网证券业的发展提供了技术支撑力，但是另一方面，互联网证券业对网络技术的依赖性较强，这也对行业的发展带来了极大的挑战。一是新技术不成熟、不稳定带来的风险。某些新技术尚处于初步发展阶段，应用的过程中存在着风险隐患，一旦在系统运行过程中发生故障，极有可能造成“黑天鹅”事件的发生。二是信息泄露风险。由于证券市场用户基础规模庞大，平台数据体量大，如果数据信息系统保护机制不完善，就会造成大量用户私人信息泄露或丢失，从而产生信息安全问题。2017 年，长江证券、国泰君安证券、中信建投期货都曾发生黑客非法入侵系统事件，导致 400 余万条客户信息泄露，极大地损害了客户权益和个人隐私。三是技术系统本身存在漏洞。2019 年 3 月 19 日，广发证券交易系统出现全国性故障，导致部分股民因错过交易机会而遭受财产损失。除此之外，还存在着安全应急技术薄弱、技术发展与人员素质不匹配、“胖手指综合征”等问题。

## 第三节　安徽证券业互联网金融业务监管情况

互联网信息技术的发展是证券市场发展的重要动力，但风险也是伴随互联网金融创新全过程的产物。为维护市场稳定、保护消费者利益，新的监管要求层出不穷。在互联网金融监管政策趋严的同时，监管手段也在不断升级。大数据、人工智能等科技手段驱动风控系统不断迭代，监管科技成为构筑互联网金融安全体系的基石。为切实保障市场安全稳定运行，提高监管合规度和透明度，证监会不断完善证券市场信息化建设，着力增强基础标准化建设。同时，监管部门不断加大打击非法证券经营活动的力度，加强公众宣传工作，净化资本市场环境。

### 一、全面铺开监管科技的建设工作

2008 年金融危机后，我国进入了监管改革的新阶段。随着现代信息技术的发展，传统监管手段落后，已无法满足金融创新和证券业互联网业务的需要。在此背景下，监管科技应运而生。

自 2017 年起，证监会开始强化科技监管工作，一方面研究制定了相关法规，加强对金融科技创新应用的引导；另一方面启动监管科技建设工作，利用新兴技术持续提高监管水平。

2018 年，证监会正式印发《中国证监会监管科技总体建设方案》（以下简称《方案》），这标志着我国完成了监管科技建设工作的顶层设计，并进入了全面实施阶段。该《方案》的实施，能够完善各类基础设施及中央监管信息平台的建设，实现业务流程的互联互通和数据的全面共享，形成对监管工作全面、全流程的支持。同时，大数据、云计算等科技手段能够进行实时数据采集、实时数据计算和实时数据分析，实现对市场运行状态的实时监测，使证监会可以及早发现、及时处置各类证券期货违法违规行为。此外，运用人工智能技术，可以为监管提供智能化应用和服务，优化事前审核、事中监测、事后稽查处罚等各类监管工作模式，提高主动发现问题的能力和监管智能化水平，促进监管模式创新。监管科技是维护证券基金行业智能生态的重要一环，而《方案》表明证监会已经开始有序推进监管科技的应用，着力用现代科技手段来提升监管效能和智能化监管水平。

2019 年，证监会继续高度重视运用科技手段支持监管工作，着力提升监管科技化、智能化水平。在该年 3 月，证监会已基本建成监管科技 3.0 的规章制度体系，编制完成证监会大数据平台建设技术指引等规范性文件。建立高效运转的监管大数据平台可以辅助监管人员对市场总体情况进行监控监测，及时发现涉嫌内幕交易、市场操纵等违法违规行为。同时，证监会还加大基础设施建设，建立行业研究平台。一是成立证券期货行业金融科技研究发展中心。由深交所建设运营的证券期货行业金融科技研究发展中心（以下简称“金融科技中心”）是聚焦金融科技创新发展的行业公共研究平台，从 2018 年开始组织协同行业力量，共同开展行业金融科技专题研究。2018 年、2019 年两年“金融科技中心”共开展 83 项专题研究，包括人工智能、大数据、区块链等前沿技术领域在行业中的技术预研、方案验证和创新应用。证监会依托金融科技中心，建立行业课题研究的共建共享机制，能够大力推动监管科技成果落地，助力资本市场持续创新发展。二是成立证券基金经营机构监管科技实验室。2019 年 4 月 26 日，全国首个金融监管科技实验室“中山大学管理学院-广州商品清算中心金融监管科技联合实验室”正式建立。实验室通过设立实验测试系统，开展有关建模、模型验证和系统测试的研究，向上级部门提交决策咨询报告和智力支持，从而起到了防范化解区域性金融风险的作用。监管科技实验室的建立对金融风险的监测、预警，以及情景应对措施等方面做出了自身的独特贡献。三是启动深交所南方数据中心二期建设，借助南方中心等基础设施，推进监管科技前沿技术的研发、应用与推广，整合行业资源，形成发展合力，为资本市场高质量发展提供有力的技术支撑。

## 二、持续完善资本市场信息化建设

自从《国务院关于进一步促进资本市场健康发展的若干意见》指出要“推进资本市场信息系统建设”后，我国监管部门相继发布和出台了一系列相关政策法规和资本市场信息化建设安全总体规划。为有效规范行业机构安全运行维护和风险管理工作，切实保障市场安全稳定运行，2019 年证监会还在不断强化资本市场信息化建设工作。

### （一）加强行业标准化建设，完善行业标准体系

2019 年 9 月 30 日证监会发布并实施《证券期货业软件测试规范》，该标准的发布明确了对于证券期货业软件测试工作的要求，加强了对测试活动过程和结束的约束，使得行业软件测试过程趋于规范化。同年 11 月，《证券期货业数据模型 第 1 部分：抽象模型设计方法》（以下简称《方法》）出台并实施。该《方法》的出台，改变了证券期货业没有统一数据模型的现状，形成真正意义上统一、完备的具有通用性、稳定性和扩展性的资本市场多层次数据模型，为推动实施行业数据治理打下坚实基础，促进行业标准化、规范化发展。

### （二）加大行业信息化基础设施建设

信息系统是证券市场基础设施的重要组成部分。为适应资本市场发展的新要求，2019 年 6 月证监会出台了《证券基金经营机构信息技术管理办法》，对信息技术治理、信息技术

合规管理、信息系统安全、信息技术服务机构等方面提出了要求。彼时，《期货公司监督管理办法》（以下简称《办法》）修订版出台，修订后的《办法》完善了期货公司信息系统管理规定，明确信息系统合规运行的制度要求。这两项办法的实施有利于保持经营机构信息系统的健壮性与先进性，确保经营机构业务合规、有序开展，维护资本市场安全稳定运行。

（三）严厉打击非法证券经营活动

防范化解互联网金融风险正成为防范金融风险的重要内容。虽然当前互联网金融风险总体可控，但非法证券经营尤其是非法证券投资咨询问题依旧突出。对此，监管层接连释放出互联网金融监管将更加严格的信号，进一步加强主动监管、行为监管。

为保护投资者利益、维护证券市场正常秩序，证监会组织开展非法证券投资咨询专项整治行动，从 2018 年 9 月开始开展专项整治，2019 年继续深入推进。专项整治行动将网络非法荐股作为整治重点，对相关黑色产业链重拳出击，重点打击“股市黑嘴”“场外配资”及“黑群”“黑 App”，遏制资本市场“毒瘤”的蔓延。

与此同时，证监会一直持续引导股民理性投资，强化宣传工作。2016 年中国证监会建立了投资者教育基地。彼时，证监会完成了首批 13 家全国证券期货投资者教育基地命名工作。2018 年 1 月，证监会又公布了第二批全国证券期货投资者教育基地名单。2019 年度中国证券业协会官网共公布 7 期《非法仿冒证券公司、证券投资咨询公司等机构黑名单》，共曝光 151 个非法仿冒机构网站、含有非法内容的网页，565 个含有非法内容的博客。

一直以来，安徽省也在积极响应国家监管部门的号召，组织开展各项活动，提高广大投资者对非法证券活动风险的识别能力和防范能力。2019 年上半年，安徽证监局与安徽证券期货业协会共同举办多场“防非投保进高校”宣传活动，介绍证券期货行业知识，揭穿非法金融活动伎俩，揭示从事非法金融活动风险，提高大学生对证券期货市场的认识。2019 年 12 月，安徽省证券期货业协会联合中国证券业协会及两家互联网投教基地共同承办 2019 年中国证券业协会打非宣传月健康跑活动，重点围绕非法证券投资咨询等开展防非打非宣传教育；同月，安徽监管局在网站上披露《安徽辖区涉嫌非法从事证券期货业务的机构及网站名单》，提醒广大投资者警惕互联网非法荐股风险。此外，安徽省监管部门也依法查处非法证券经营活动，加大打击力度，将监管落到实处。例如，2019 年 9 月，刘某及其团队挂靠上海证券之星综合研究有限公司安徽分公司开展荐股分成业务，构成非法经营证券业务的行为，证监会依法查处并及时披露行政处罚决定。又如，2019 年 12 月，安徽省绩溪县人民法院审结一起非法经营证券案，杜某、张某等 9 人未经国家有关主管部门批准，非法经营证券、期货业务，构成非法经营罪，证监会依法给予严惩并处罚金。

## 第四节 安徽证券业互联网金融业务发展趋势与展望

随着新一代网络信息技术的迅猛发展，证券业传统经纪业务面临挑战，券商以科技赋能为核心，业务模式出现新变革。数字经济渗透到证券业各个领域，行业正逐步完善数据治理体系，加快数字化转型进程。同时加强各业务条线技术应用，提升合规风控水平。

## 一、金融科技赋能证券投顾，推动证券业务模式转型

改变依靠经纪业务通道盈利的被动业务模式，根据客户需要开展财富管理业务，已成为当前证券行业的重要发展方向。利用金融科技赋能证券投顾行业，为投资者提供一站式的投资理财服务，正在引领着财富管理行业的未来。近年来，大中型券商纷纷将目光投向附加值更高的高净值客户、机构客户，加速向财富管理、业务机构化、智能化转型，业务模式由“产品销售导向”转为“财富管理增值导向”。同时，智能投顾中人工智能、区块链、大数据等前沿技术的注入，使得其在业务创新、场景应用、风控、投研等方面实现了质的飞跃，成为券商财富管理转型的重要切入点。

未来，本土券商也将紧随这一趋势，围绕财富管理价值链，改善产品结构，尝试发行结构化分级产品，满足不同层次客户需求。构建客户财富管理体系，打造集多项功能于一体的综合服务平台。加大科技投入力度，实现大数据、人工智能等前沿技术与业务的深度融合，打通底层系统和数据，无缝衔接客户资源，推动财富管理业务向线上化、数字化、智能化和集成化转型。

## 二、数据治理体系不断完善，数字化转型成为浪潮

高质量的数据治理是推动证券业互联网金融深度发展的关键一环。2019 年，《证券基金经营机构信息技术管理办法》《证券公司数据治理指引（征求意见稿）》和《数据安全管理办法（征求意见稿）》等文件的相继出台，进一步完善了证券公司数据治理的合规要求。国泰君安、华泰证券等头部券商都紧随数字化潮流，在数据治理的道路上不断探索与实践。同时，《金融科技（FinTech）发展规划（2019—2021 年）》的出台，也明确了信息技术与业务深度融合的要求，证券行业应当着力于通过数字化转型提升内部管理水平，实现金融科技与业务发展相互促进、良性循环。

由此可见，接下来本土证券行业将会不断提高数字化应用水平，拓展数字化应用的深度和广度。在深度方面，充分挖掘数据水平，通过提高数据共享水平来增强数字化治理能力，加快数字化运营转型，加强内部数据标准化整合，构建数据中台；在广度方面，不断扩展前沿技术的应用场景。同时行业标准也将不断提高，将逐步建立完善人工智能、区块链、云计算、大数据等数字技术在证券行业的应用标准和技术规范，实现数据治理制度合规。

## 三、加强各业务条线技术应用，提升合规风控水平

金融科技在本土券商的广泛应用不断冲击着传统合规风险管理的范围和框架，金融科技的跨市场、跨行业、跨机构、跨区域特征使得风险的传染性更强、传播渠道更多、波及范围更广、扩散速度更快、监控与应对更困难，这对本土券商利用金融科技进行合规风控管理的能力提出了更高的要求。未来本土券商将会把金融科技融入业务系统，提升系统计算能力，解决压力测试、情景分析和风险监控的计算难题，实时获取市场行情、监控业务风险状态，

多维度、多层次、多视角生成风险报表，主动识别、预警、控制风险。其次，树立数据驱动意识，通过大数据平台充分认识证券市场中各参与者的行为及其联系，利用深度学习技术分析参与者行为数据，在数据公开、科技共享的背景下提高合规管理水平。最后，加强技术合作与共享，强化金融科技在信息披露、投资交易、风险监测预警、违法行为监控等领域的应用，全面提升合规风控水平。

# 第五章　安徽保险业互联网金融业务发展情况

2019年，我国的互联网保险依旧保持了高速发展的势头。保险科技的发展，带来了更多的新技术和新模式，为互联网保险的发展提供了良好的技术支持和环境保障；而相关政策的逐渐完善，保障了互联网保险的健康有序发展。

在外部冲击和行业内生力量的驱动下，2019年安徽省保险业互联网金融业务飞速发展，线上保费收入水平较2018年有了较大幅度的提升。省内各家保险机构基于自身资源、技术、场景等优势，在产品设计、营销宣传、核保理赔等方面不断探索，数字化程度显著提升。

## 第一节　安徽保险业互联网金融业务发展现状

在经历了近些年的快速增长之后，新兴的互联网保险行业在2018年增速放缓，经过市场的规范与调整，行业整体在2019年实现了恢复性增长。在大的行业发展引领下，安徽省互联网保险市场也呈现出勃勃生机，科技应用水平的提升、经营主体的增加、新产品的问世等为行业整体注入了新鲜血液，行业发展日趋理性和规范。

### 一、转变传统经营理念，科技赋能已成为行业共识

随着保险基础设施不断地完善与突破，“保险＋科技”的服务模式日趋成熟，各保险公司均将科技作为驱动转型发展的重要力量，不少保险企业更是将科技提升到公司战略规划的高度，充分突出科技的引领作用。2019年，在上市保险企业发布的年报中，“保险科技”“数字化”“新技术”等关键词成为高频词汇：中国平安更新了集团品牌标识，将“金融＋科技”更加清晰地定义为核心主业；中国人寿深入践行“科技国寿”发展战略，建成大数据、实时计算、智能语音、人脸识别、深度学习五大人工智能平台，将智能技术融入各个经营环节；中国人民保险（以下简称“中国人保”）亦高度重视数字化转型和“保险＋科技＋服务”商业模式的持续推进，并将其作为战略目标里的经营方针之一。

为了推动安徽保险市场向高质量发展转型，2019年省内保险企业也逐渐开始转变经营理念，构建互联网思维。国元保险多次在工作会议中提出要强化科技信息支撑，通过深化大数据、人工智能、5G等科技手段在技术研究、承保、理赔、客户服务等环节的运用，推动线上业务发展，提升业务流程的信息化和智能化水平。中国人寿财产保险股份有限公司安徽省分公司（以下简称“安徽国寿”）在“长三角一体化”国家战略和“重振国寿”集团战略部署下，建设中国人寿安徽金融中心，积极推进保险业务科技化、综合化发展，旨在利用大

数据等高科技来保障互联网保险业务的发展，统筹推进公司数字化转型与创新布局，实现安徽国寿的跨越式发展。中国人民保险集团股份有限公司安徽分公司（以下简称“安徽人保”）亦围绕集团“数字化转型”的战略总目标，实施创新驱动战略，致力于为客户提供全流程、一体化的互联网服务，全力打造“创新型，高品质”的智能化保险公司。

## 二、各类主体不断涌入，市场竞争趋烈

随着大数据、人工智能、区块链等新技术在保险行业应用的不断渗透和深入，保险科技正在重塑行业市场格局。广阔的科技发展空间以及持续的政策利好，吸引着不同基因的企业参与其中。在安徽市场上，体现为随着保险科技的不断崛起，更多主体涌入保险生态，保险行业呈现参与主体多元化，市场竞争更加充分的趋势，其主要表现为两个方面：一是各大保险企业与互联网公司展开深度合作，发力互联网保险业务；二是互联网公司自身布局保险业务。2019 年 8 月 1 日，国务院办公厅发布《关于促进平台经济规范健康发展的指导意见》，明确表示允许有实力、有条件的互联网平台申请保险兼业代理资质。利好政策的出台使得拥有巨大用户流量和先进技术优势的互联网巨头纷纷涉足保险领域，直接推动了市场竞争的加剧。据不完全统计，目前腾讯、百度、京东、美团、滴滴、唯品会、小米、苏宁、国美等互联网平台都建立了自己的保险板块（表 5－1），互联网保险市场主体进一步扩容。随着各传统保险公司和互联网公司纷纷布局互联网保险，安徽省互联网保险市场逐步成熟，行业竞争格局不断升级。

**表 5－1　主要互联网平台目前所持保险牌照一览**

| 平台名称 | 目前所持保险牌照 |
| --- | --- |
| 腾讯 | 众安保险、和泰人寿、微名保险代理、香港英杰华、腾诺保险经纪 |
| 蚂蚁金服 | 众安保险、信美相互人寿、国泰财险、杭州保进保险代理 |
| 百度 | 黑龙江联保龙江保险经纪 |
| 京东 | 京东安联财产保险公司 |
| 美团 | 重庆金诚互诺保险经纪 |
| 滴滴 | 中安风尚保险代理、现代财险 |
| 今日头条 | 北京华夏保险经纪 |
| 新浪微博、申通快递 | 新浪人寿 |
| 360 金融集团 | 广东众康永道保险经纪公司 |
| 唯品会 | 广东品诺保险代理、国富人寿 |
| 小米 | 小米保险经纪 |
| 苏宁 | 苏宁保险销售 |
| 国美 | 国美保险经纪有限公司 |

## 三、渠道能力不断提升，自有平台逐步建立

2019 年以来，银保监会多次出手对第三方平台进行监管并强化保险机构的主体责任。2019 年 4 月银保监会发布《2019 年保险中介市场乱象整治工作方案》，重点任务之一便是强

化整治与保险机构合作的第三方网络平台的保险业务。因此各大保险机构除了与第三方网络平台合作，拓展互联网销售渠道，也逐步着手建设或升级自营销售渠道，其中包括综合平台、移动、微信端在线商城等。2019 年，中国人保、中国太平、中国人寿等保险公司陆续上线一站式、全场景的客户综合服务平台。中国人保在 2019 年 4 月 11 日推出全新升级的“中国人保”App（图 5－1），从客户视角设计了统一的注册登录、个人中心、保单管理、在线客服以及综合的在线商城、理赔报案等功能模块，将 App 打造成为一站式综合金融生活服务平台，并通过线上核心服务资源，为客户提供保单服务和增值服务，吸引客户进入公司互联网平台。

图 5－1　人保 App 功能模块
（资料来源：中国人民保险集团官网）

除此之外，保险机构依托官方微信公众号、抖音号等自媒体账号融入各类社交、娱乐场景，为保险意向用户提供多样化的保险服务，满足不同用户的保险保障需求。例如，2019 年中国人寿致力于升级打造自媒体矩阵（图 5－2），在原先“两微（官方微信、官方微博）一抖（官方抖音）”的基础上，又增加了今日头条、新浪看点、一点资讯、百家号、企鹅号、搜狐号、网易号、快手、领英等自媒体号，对多产品线服务进行全新整合，提供更

图 5－2　中国人寿自媒体矩阵
（资料来源：中国人民人寿保险官网）

多智能服务，极大地提高了中国人寿品牌渗透率。

聚焦到安徽，保险机构的渠道升级也在不断进行中。一是积极搭建网络平台，发展互联网业务。例如，中国太平洋财产保险（以下简称“太平洋产险”）安徽分公司在 2019 年 7 月上线微信公众号平台，并积极拓展开发了“太平洋车生活”“太贴心”“专享赔”等线上小程序，实现渠道、产品、客户的有机连接，为安徽地区客户提供选保险、查保单、办理赔、享服务等专属保险服务。二是升级改版网络平台，优化用户体验。2019 年以来，太平财产保险（以下简称“太平财险”）安徽分公司、平安寿险安徽分公司、太平洋产险安徽分公司等对企业微信平台进行了升级改版，拓宽了智慧服务范围。以平安寿险为例，通过对现有资源进行合理规划和有效整合，将优化升级后的菜单划分为“徽耀平安”“品牌动态”“客户服务”三个版块，新增多项线上功能，为客户提供更为便捷的服务，同时也进一步宣传展示了公司形象，扩大平安寿险在皖的品牌优势（图 5－3）。保险机构的渠道升级不仅为安徽省保险市场提供了更多元、更高品质的产品和服务，同时也为安徽省互联网保险业务的进一步发展奠定了基础。

图 5－3　平安人寿安徽分公司微信公众号功能板块

## 四、布局场景化运营，逐步积累竞争优势

发展互联网保险不仅在于单纯的渠道创新，还需要依托互联网平台积极拓展场景，以促进产品创新，不断构建形成新业态、新生态。近年来的实践表明，互联网保险产品在内容、服务上的创新更有助于拓展其发展空间，依托新业态、新场景增设的险种取得了明显突破。例如，相较于传统的车险等业务，依托淘宝等电商平台而设计的退货运费险、携程等订票平台上的航班延误险、摩拜平台的骑行意外险等“网红产品”的出现，获得了市场的认可和一致好评。据 2019 年中国保险行业协会报告显示，退货运费险已经成为销量最大的互联网非

车险种，全年累计保单数量约150亿件，超过总体互联网非车险保单数量的50%。随着科技推动行业发展的加快，各类保险机构纷纷布局场景化运营，逐步建立保险生态系统。例如平安致力于通过“一个客户、多种产品、一站式服务”的综合金融经营模式，打造平安金融保险生态，围绕广大用户的“医、食、住、行”需求，布局了综合金融、医疗健康、汽车服务、房产服务、智慧城市五大生态圈（图5-4），搭建了互联网保险平台，以实现保险与生活中各种场景的链接。

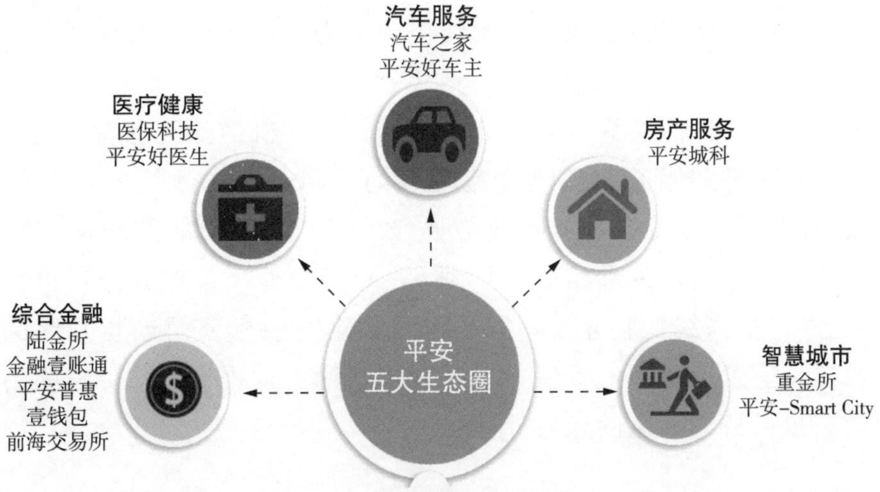


图5-4　平安五大生态圈一览

（资料来源：中国平安保险集团官网）

除了保险公司以外，拥有互联网保险牌照的科技公司也相继推出多样化、垂直领域的服务，保险生态的服务能力得到了极大的丰富。2019年，“互助+保险”作为互联网保险行业的新模式，为互联网保险接入了全新的场景。其模式主要是先通过互助生态场景聚集客户，建立联结，激活其风险保障需求，最后通过自有保险平台形成转化。除了以蚂蚁金服、水滴保险为代表的流量型头部公司深耕“网络互助+互联网保险”的组合之外（图5-5），美团、苏宁、滴滴、百度、小米等互联网巨头们也纷纷涌入互助市场，促进了整个保险生态的繁荣，为互联网保险市场的发展增添新动力。新场景、新生态的构建，都使得安徽互联网保险市场的渗透率逐步提升，推动其不断向前发展。

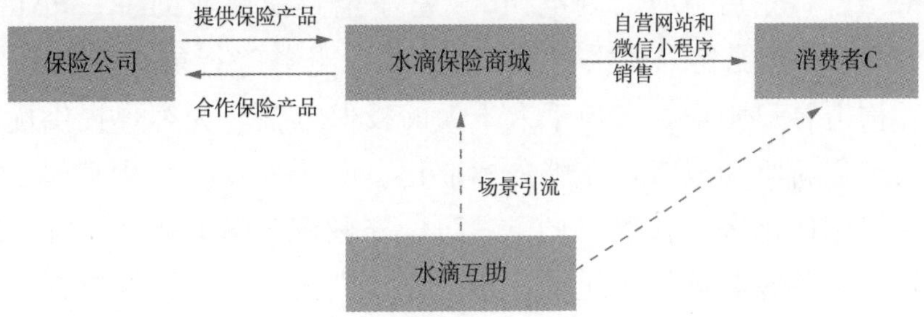


图5-5　“网络互助+互联网保险”运行模式（以水滴保险为例）

## 五、深耕底层技术，提升保险服务能力

保险科技的深度应用，为保险公司更全面的市场能力搭建提供了支撑。借助于各类科技产品的应用，保险公司对客户的认知、需求的挖掘和服务能力的支持都有了较大的改善，市场获取能力不断加强，服务精准度也将不断提升。2019 年，安徽市场中经营互联网保险业务的公司全面贯彻高质量发展理念，深入推进改革转型，不断利用新科技手段转变发展方式，在拓展业务、优化管理、售后服务等方面突出科技优势，增强可持续发展能力。2019 年，国元保险充分运用保险科技手段，加大线上服务力度，实现“医保通”系统与各统筹地区的医保结算系统的互联互通、信息共享，参保患者在定点医疗机构出院时可以享受多险种、全流程的“一站式”即时结算。异地非联网结算医疗机构就医患者可通过国元保险“皖事通”平台，自助办理理赔服务和理赔全流程查询。同时，在微信公众服务号“国元保险e”上线道路救援自助功能以及自助车险理赔服务系统，通过功能的增加和完善不断优化了客户体验，为客户提供更优质的理赔服务（图 5－6）。此外，各地分公司也积极借助科技力量开展“线上服务”，提高线上服务效率。如国元保险安徽分公司创新开展保险服务，开通农险绿色服务通道，通过远程线上投保、远程视频查勘、远程专家指导三大措施为农产品稳产保供及农业生产提供持续稳定的保险保障。

图 5－6　微信公众服务号“国元保险 e”新增功能

除了国元保险，2019 年安徽市场其他保险公司也积极利用创新技术，不断完善客户服务：太平保险凭借“秒赔”项目、“太平全国通”项目、健康管家、电子投保、先赔后审等一系列特色服务，为安徽客户提供及时、全面、温馨的保险服务；富德生命人寿将先进的科技与保险服务紧密结合，先后上线“闪电访”“富小宝智能展业助手”、AI 智能服务，同时推出全新升级的 95535“智能化”客服体系、“快赔”服务等智能化工具；平安人寿创新建立智能核保模型，构造客户画像，实现千人千面的投保审核，为客户提供优质的差异化核保服务；安徽人保实施创新驱动战略，在服务标准化、电子保单、警保联动、“AI＋”等领域也做了很多努力，持续优化客户体验（图 5－7）；安徽国寿客户服务中心启用智慧柜员机，通过引入人脸识别、电子签名等技术元素，为客户提供业务办理、保单查询、电子打印等全面的智能服务；中国大地保险（以下简称“大地保险”）安徽分公司持续推进客户增值服务能力建设，完善汽车后服务、生活服务、尊享服务近 13 项增值服务，为众多客户提供近 50

万次增值服务。这些创新举措推进安徽互联网保险市场全面提速，为行业的长远发展注入源源不断的强劲动力。

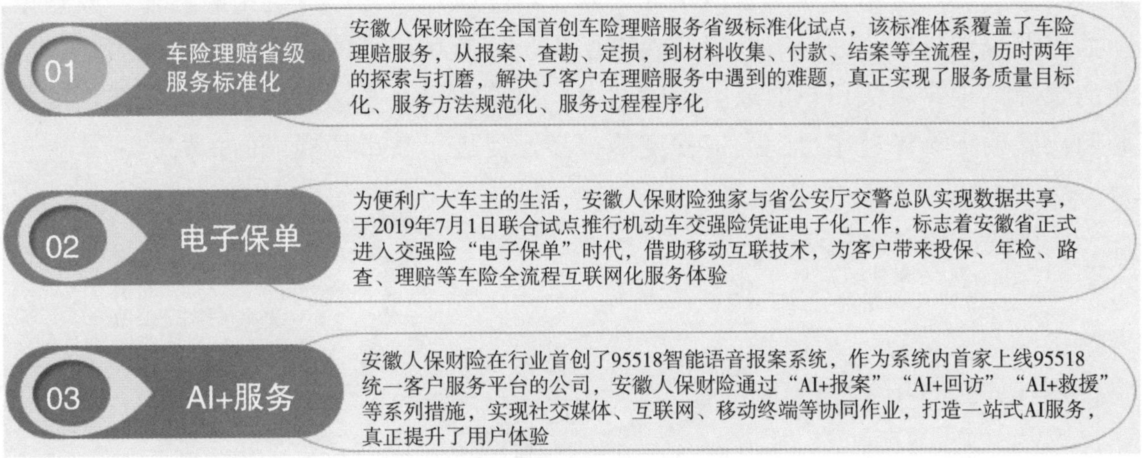


图 5－7 安徽人保创新服务举措

（资料来源：安徽人保微信公众号）

## 六、产品日益丰富，健康险增速强劲

随着保险科技应用的不断深入发展，互联网保险市场呈现产品多元化趋势。2019 年，互联网财产保险市场进入新的转折点，互联网非车险保费规模首次超过互联网车险（图 5－8），财险的业务结构更趋向于均衡发展。在车险业务增长进入瓶颈期背景下，不少保险企业在逐渐加大对非车险业务的投入，试图改变以往车险一家独大的业务结构。

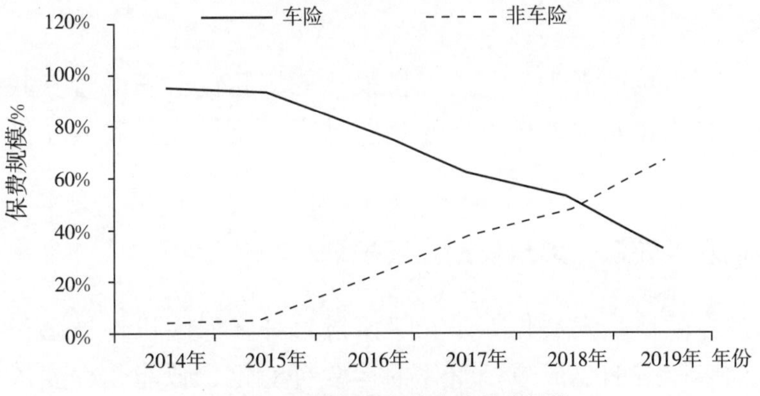


图 5－8 互联网财产险险种保费规模

（资料来源：中国保险行业协会）

聚焦安徽市场，由于近年来各大保险公司的分支机构纷纷入驻，依托总公司带来的创新产品趋多，互联网非车险产品日益丰富。例如小额、碎片化场景式退货运费险、航延险、航意险、账户资金安全险、意外健康险等产品在安徽市场崭露头角，其中尤为突出的是健康险业务。2019 年以来政策的支持使其持续升温，各种创新产品层出不穷，创造了一系列受大众欢迎的保险产品，针对互联网生态主流年轻人群的医疗险和重疾险业务领域更是成为各大保险企业的必争之地。例如，腾讯微保联合泰康在线、镁信健康推出的“药神保”打通了药品供应链，创新性实现药品实物赔付；平安健康旗下的“i 康保百万医疗险（慢病版）”依托自建的保险用户健康管理平台和智能核保系统，将投保范围放宽至符合健康告知标准的高血压、糖尿病患者，同时结合“健康信用分”概念，在医疗服务产业链不断延伸，鼓励记录用户运动数据及身体指标，并给予一定的费率优惠。创新型产品的日益丰富，为用户提供了更多元化的选择，逐步激活用户的风险保障意识，培养用户互联网保险的购买习惯，使得安徽省互联网保险的市场渗透率得到一定程度的提高，促进了其市场规模的扩大。

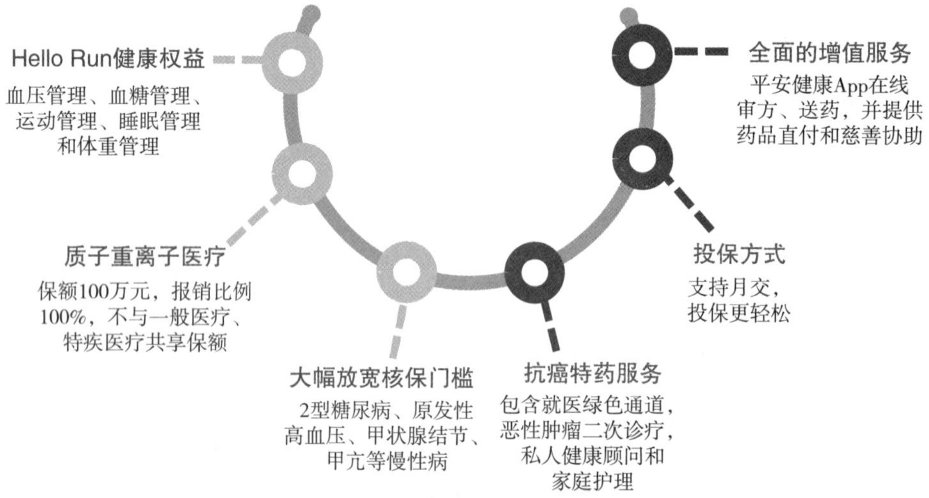


图 5－9 “i 康保百万医疗险（慢病版）”产品特色

（资料来源：平安保险官网）

## 第二节 安徽保险业互联网金融业务发展面临的主要问题

尽管行业整体有了长足的进步，但与经济发达区域相比，安徽省互联网保险业务在发展过程中仍存在着服务智能化水平较低、产品创新动力不足、技术和人才投入较少、合规意识有待提升等主要问题。

### 一、服务智能化水平较低，欠缺长期发展规划

目前安徽互联网保险市场发展仍处于初级阶段，许多保险机构虽已初步形成互联网思维意识，但业务转型尚未取得明显成效，整体的运营自动化、智能化程度依然偏低。其主要体现在以下方面：一是业务流程智能化服务水平不高，客户体验不好。近年来，国内头部保险企业不断推进新技术渗入投保、保单送达、理赔整个服务链条流程，提升业务智能化服务水平，追求客户体验“极致化”。与之相比，安徽省内大多保险公司仍处于尝试和探索阶段，尚未形成有效的运营模式。公司业务流程线上化、自动化程度不高，承保、理赔等很多业务仍需线下做补充。二是移动客户端智能服务水平较低，获客、活客能力仍待提升。目前，安徽省内多数保险企业虽初步搭建起自有互联网保险平台，逐步将现有业务互联网化，但是平台客户流量较小，保单服务和增值服务较少，系统可靠性和客户使用体验不完善，难以在互联网平台上积累客户资源。比如，国元保险虽设立了微信服务号“国元保险 e”以及“国元

医保通”App，但是只能提供在线投保、理赔等自助基础服务，目前还未具备一定的核心线上服务资源，具有获客场景的特色增值服务也还未开发。这些因素较大程度地制约了安徽省互联网保险行业长期的快速、稳健发展。三是对保险科技快速发展的认识不足，缺乏机构层面的整体布局和统筹规划。由于省内保险企业发展互联网保险业务在一定程度上是行业发展倒逼所致，自身缺乏主动寻求转型发展的意识，再加上资源、区域等因素限制，在互联网保险发展过程中，企业对相关建设的总体设计或长期规划的认识不足，缺乏整体布局和统筹规划，只是利用信息化解决现阶段的问题，并非应用于企业管理的全过程。而国内头部保险企业如平安保险、中国人保等则是将“金融＋科技”清晰地定义为企业的核心主业，将智能技术融入经营管理的各个环节。

相对于国内其他省份，安徽省内保险业务的竞争能力稍显薄弱，其智能化建设缺乏长期部署和技术投入不足是引发差距的关键。因此，为了获得长期、稳健的发展，省内保险企业首先应加强规划，结合公司自身情况，对公司的部门设置及职能规划等进行梳理和调整，制定适合自身业务发展的长期部署，给予保险科技创新充分保障。同时积极运用新的技术手段，创新服务模式，提高线上全流程服务能力，提升线上服务体验和效率。

## 二、产品创新动力不足，同质化现象依然存在

2019 年，安徽互联网保险市场虽呈现产品多元化的趋势，但同质化、创新不足仍是行业的一大问题（表 5－2）。多数保险机构的产品开发只是单纯地把线下产品搬到线上，只着眼于渠道创新，缺乏对产品设计本身的关注。所以在互联网保险市场上进行竞争的几乎是“无差异化”的保险产品，难以充分满足不同客群之间的“差异化”产品需求。如近两年在市场上热销的短期百万医疗险，各家公司的产品名称、保险费率、合同保险责任及除外责任等主要内容大体相似。究其原因，一是对产品创新认识不到位。在相当长的一段时期内，一些保险公司形成了“重规模、轻效益，重销售、轻产品”的粗放型经营模式，对产品创新的重要性和迫切性认识不足，没有把产品创新提升到应有的高度。二是产品创新动力不足。产品创新涉及市场调研、精算、投资、销售、核保、IT 等各个方面的协同合作，前期需要人力、资金的大量投入。受地域、资源等限制，与经济较发达区域的保险企业相比，省内保险企业难以形成真正有效的生产力。市场上产品数量虽多，但真正能够形成保费规模的产品并不多，真正形成品牌的拳头产品就更少。这些都是导致安徽省互联网保险产品市场发展相对滞后不容忽视的因素。

**表 5－2　部分互联网医疗险对比**

| 所属公司 | 众安在线 | 泰康在线 | 太平财险 | 平安健康 | 人保健康 |
|---|---|---|---|---|---|
| 产品名称 | 尊享 e 生 | 微医保 | 水滴百万医疗险 | e 生保（保证续保版） | 好医保长期医疗 |
| 承保年龄 | 30 天～60 周岁（含） | 30 天～65 周岁（含） | 30 天～60 周岁（含） | 28 天～50 周岁（含） | 30 天～60 周岁（含） |
| 基本保额 | 300 万元 | 300 万元 | 300 万元 | 200 万元 | 200 万元 |

（续表）

| 所属公司 | 众安在线 | 泰康在线 | 太平财险 | 平安健康 | 人保健康 |
|---|---|---|---|---|---|
| 保障期限 | 1年 | 1年 | 1年 | 1年 | 1年 |
| 等待期 | 30天 | 30天 | 30天 | 30天 | 30天 |
| 其他保障 | 重大疾病医疗保险金300万元；质子重离子医疗保险金100万元；（可选）指定疾病及手术特需医疗保险金600万元；（可选）恶性肿瘤赴日医疗保险金100万元；法律费用6000元 | 重大疾病医疗保险金600万元；重疾住院津贴100元/天；（可选）特需医疗；（可选）赴外医疗；国际第二诊疗意见；就医绿通；费用垫付 | 重大疾病医疗保险金600万元；可选降免赔额至5000元；异地就医交通费用补偿；就医绿色通道；质子重离子医疗 | 恶性肿瘤医疗保险金200万元；恶性肿瘤津贴保险金1万元；住院就医安排保险金（住院绿色通道）一次；恶性肿瘤第三方诊疗费用保险金（肿瘤二诊）一次；恶性肿瘤豁免保险费 | 重大疾病医疗保险金400万元；就医绿通、医疗费用垫付，质子重离子手术赔付率100%；重疾津贴1万元 |
| 产品特色 | 可选特需医疗、赴日医疗 | 国际第二诊疗意见；5种特疾特需医疗 | 可选降免赔额 | 保证续保6年；恶性肿瘤豁免 | 保证续保6年；重疾津贴；质子重离子完全赔付 |

资料来源：各平台官网。

要想形成差异化发展，企业就必须打造自身的核心竞争力。首先要深度渗透进市场内部，挖掘未开发的消费场景。现阶段，省内保险企业要以需求为导向，加强市场细分，开发具有个性的保险产品。从长远看，应建立起从上到下、总分联动的产品创新组织体系，建立健全面向市场、着眼长远的产品创新管理机制。与此同时，借鉴头部保险企业经验，紧跟最新科技发展。企业自身应集中精力，致力于提高保险产品的科技含量和专业化水平，在风险可控、安全隔离的前提下，积极运用互联网、大数据、人工智能、区块链等新技术，探索互联网保险产品创新、业务创新和服务创新。

## 三、技术和人才投入不足

技术和人才是驱动互联网保险行业高质量发展的双核动力。目前，安徽保险行业已开始战略转型，但人力资源转型、信息化转型还尚未实现。具体表现为以下两个方面：一是技术应用方面存在不足，如以大数据分析技术为支撑的精准营销、基于人工智能技术的智能服务等还未兴起；二是人员构成中技术人员占比低，互联网保险需要的复合型人才匮乏。从上市保险公司披露的数据看，截至2019年末，平安拥有近11万名科技业务从业人员、3.5万名研发人员、2600名科学家。科技人才的规模远远超过了省内保险企业的人才储备，主要是由于本土企业技术和人力的投入受到制约。此外，由于地理位置、发展状况等因素，安徽对人才的吸引力还不足以与江浙沪等地区抗衡，高端人才引进困难。

为了促进省内保险企业进行信息化转型、人力资源转型，保险公司内部应当高度重视保险和科技方面的复合型人才培养，定期开展系统性的培训，提升组织内原有人员对新技术、新流程的接受度、理解能力和运用能力，从而建立一支符合行业发展趋势的人才队伍，推动保险公司科技创新能力的提高（图 5－10）。

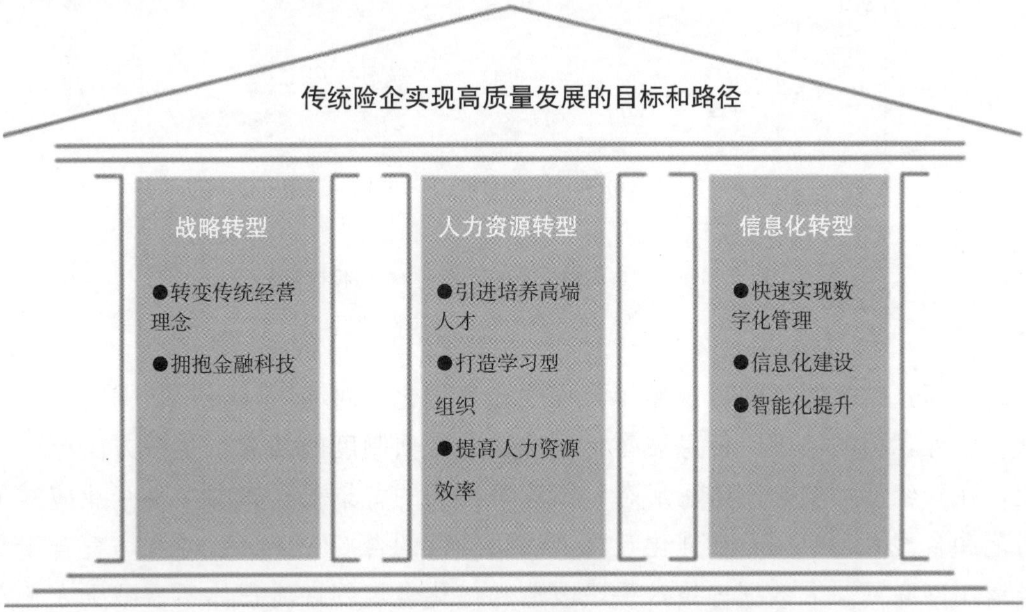


图 5－10　传统保险企业实现高质量发展的目标和路径

## 四、互联网保险乱象问题突出

从监管部门所公布的数据看，近几年有关互联网保险的投诉量呈爆发式增长。2019 年，银保监会接到互联网保险消费投诉共 1.99 万件，是 2016 年投诉量的 7 倍（图 5－11），问题主要集中反映在以下方面：一是相关机构和平台经营的合规性问题。伴随互联网保险的热潮，一些不具备相关资质的机构和平台违规开展互联网保险业务，还有的不法分子或以互联网保险的名义进行非法集资、侵占客户保险资金并对违法资金进行转移，或借保险之名违规进行其他金融活动，从而严重损害了消费者权益。二是互联网保险销售和理赔过程中的乱象。由于互联网保险涉及的平台和渠道复杂多样，投诉和纠纷案例相对更为复杂，主要表现为销售过程不合规、理赔条件不合理和拒赔条件不充分等情形。而保险产品销售过程中存在的问题更普遍，夸大宣传、诱导销售、捆绑销售等乱象频出，部分博人眼球的新险种相继推出，却偏离保险的本业和初衷，未经客户同意或告知不明晰就自动续保，对保险合同关键信息说明不充分或有歧义模糊或混淆消费者对保险产品责任、功能和特点的理解，进而使其购买不符合自身保障需求的产品等情形。

相较于北上广深等经济发达地区的保险机构，省内诸多保险企业在风险防范方面的能力较弱，合规文化尚未建立。究其根本也还是前文提到的科技力量薄弱，部分创新技术手段还未运用到企业的合规内控管理工作中。目前，在省内保险企业的合规工作中，人工操作工作

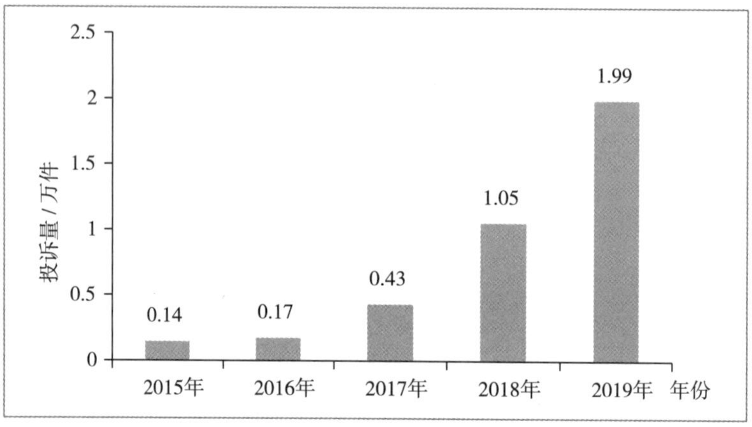


图 5－11 2015—2019 年互联网保险销售投诉情况

（资料来源：银保监会）

量比重仍然较高，技术驱动的合规操作流程改造和优化相对滞后，合规数据管理和应用水平相对较低。此外，公司治理、信息披露、反洗钱等各项制度的缺失也是一方面原因。

因此，在新经济环境、新市场形态、新竞争格局的背景下，省内保险企业应逐步建立健全风险防范和合规管理机制。在强化互联网保险经营的合规意识、引导和培育合规文化的同时，积极运用互联网、大数据等技术手段改造和优化合规管理流程体系，减少人工操作带来的风险敞口，及时防范、处置和化解风险。

## 第三节 安徽保险业互联网金融业务监管情况

互联网经济和金融科技的发展带动安徽省互联网保险行业步入了发展的快车道。大量机构和平台涌入，销售渠道的复杂性、竞争的激烈性又在一定程度上导致了互联网保险市场乱象纷繁，服务质量的良莠不齐和违规违法行为时有发生。与此同时，监管的步伐也从未停滞，2019 年围绕当前风险较为集中的领域，监管空白不断被填补，针对互联网保险业的相关制度性约束进一步加强，监管科技水平不断提升。

### 一、互联网保险监管政策日渐明晰

随着互联网与信息技术在保险行业的不断深入运用，互联网保险业务作为保险销售与服务的一种新形态，深刻影响了保险业态的发展和行业监管。近年来，监管机构在规范互联网保险业务、防范经营风险、促进互联网保险业务高质量发展、保护消费者合法权益方面不断出台监管措施，为互联网保险业务的健康、持续、规范发展奠定坚实的法律和制度基础。自 2012 年 1 月 1 日《保险代理、经纪公司互联网保险业务监管办法（试行）》（保监发〔2011〕53 号）正式施行以来，我国互联网保险业务逐渐走向规范化、专业化。2015 年《互联网保险业务监管暂行办法》发布实施，拉开了监管层规范互联网保险经营行为，鼓励互联网保险创新，注重规范发展的序幕。随着互联网经济和金融科技的发展，互联网保险领域出现了不少新情况、新问题，互联网保险监管制度的修订完善需求日益迫切。针对这些情况和问题，2019 年银保监会成立由 12 个业务部门和单位组成的互联网保险监管领导小组，由中介部牵头，会同法规部、创新业务部、消保局、财险部、人身险部等领导小组成员单位共同起草完成《互联网保险业务监管办法（征求意见稿）》（以下简称《征求意见稿》），逐步明确“机构持牌、人员持证”的持牌经营要求，厘清互联网保险业务的本质，优化互联网保险监管顶层设计，从而使得相关规则的针对性、可操作性以及与其他监管制度的协同效应不断加强，监管理念和方式也随着保险业态的发展而逐步创新（图 5－12）。

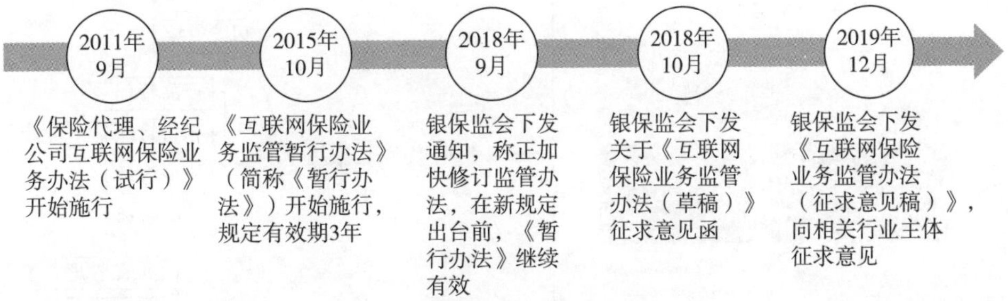


图 5－12　我国互联网保险监管历程

（资料来源：银保监会）

相较于 2015 年的《互联网保险业务监管暂行办法》，此次《征求意见稿》的内容从 30 条增至 106 条，具体包括总则、一般经营规则、保险公司业务规则、保险中介机构业务规则、监督管理、法律责任和附则，新增内容从宏观到微观对互联网保险业务的各个方面均做出明确的规定。重点规范内容包括：一是厘清把握互联网保险问题的本质；二是压实紧盯持牌机构主体责任；三是解析重构“第三方网络平台”；四是疏堵结合规范从业人员营销宣传；五是正面引导化解政策公平性；六是创新完善监管措施和手段。《征求意见稿》平衡了强监管、防风险和创新关系，厘清了业务开展边界、主体准入边界，并融合线上与线下监管标准，强化事中事后监管，强调互联网保险业务的全流程管理，为互联网保险业务的发展指明了监管方向，为新业态的发展提供了合规前进的空间。互联网保险监管政策的日渐明晰，相关条例和文件的逐渐出台，为安徽省互联网保险行业规模化发展创造了良好的环境，引导行业在创新中健康合规发展（图 5－13）。

## 二、互联网保险监管力度持续加码

2019 年是保险业巩固市场乱象治理成效、严防风险、监管持续发力的一年。无论是在罚单数量还是处罚金额上都呈现大幅度增长态势。2019 年 1 月至 12 月，全国保险监管系统累计公布了 947 张行政处罚决定书，共计罚款 14117.38 万元。从处罚力度上看，监管部门对行业的监管乱象治理愈发严格，监管尺码不断升级。针对互联网保险方面，2019 年灵犀金融、多保鱼等部分机构在未取得相关经营牌照的情况下擅自从事互联网保险业务的行为受到监管层严厉处罚（表 5－3）。种种事件表明，监管层在严格监管、规范互联网

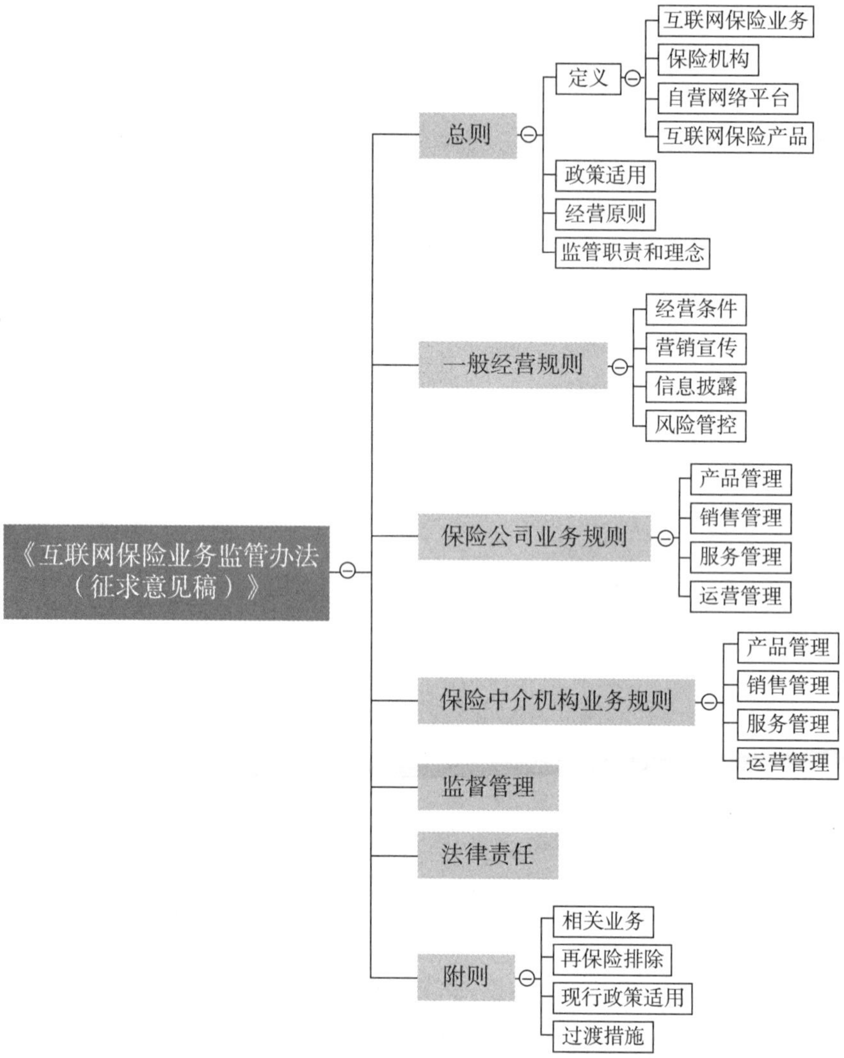


图 5－13 《互联网保险业务监管办法（征求意见稿）》体系及重点内容

保险行业发展上开启加速度。

**表 5－3 银保监会规范互联网保险业务的部分处罚决定**

| 处罚时间 | 处罚公司 | 相关互联网保险平台 | 违规行为 | 合计罚没金额 |
|---|---|---|---|---|
| 2019 年 4 月 | 信美相互 | 支付宝 | （1）未按照规定使用经批准或者备案的保险条款、保险费率<br>（2）欺骗投保人、被保险人或者受益人 | 93 万元 |
| 2019 年 4 月 | 灵犀金融 | 喂小保 | 未取得经营保险经纪业务许可证从事保险经纪业务 | 122.06 万元 |
| 2020 年 1 月 | 凡声科技 | 多保鱼 | 非法从事保险中介业务 | 195.34 万元 |
| 2020 年 3 月 | 人保寿险 | 支付宝 | （1）网销业务欺骗投保人<br>（2）未按规定使用经备案保险费率 | 80 万 |

资料来源：银保监会。

2019年以来，监管部门针对互联网保险行业乱象多次出手整顿，相关条例和文件陆续出台。4月，银保监会发布《2019年保险中介市场乱象整治工作方案》，强调要强化整治与保险机构合作的第三方网络平台的保险业务。同年10月，银保监会公布保险业侵害消费者权益乱象的表现形式，明确指出互联网业务中的保险公司、中介机构、第三方网络平台的角色定位界限不清晰，第三方网络平台经营主体与披露合作的第三方网络平台主体不一致，存在违规经营风险等问题。同时各地银保监局也出台相关文件，以规范辖区内互联网保险主体行为。北京银保监局曾下发《关于规范银行与金融科技公司合作类业务及互联网保险业务的通知》，以规范辖区内银行与金融科技公司合作类业务及互联网保险业务，促进银行保险机构加强风险管控和合规管理。监管部门的一系列动作，都表明互联网保险在向着更加规范化、专业化的方向发展。

互联网保险市场乱象整治同样也是安徽监管机构重点关注的工作之一。为有效落实银保监系统"巩固整治乱象成果促进合规建设"专项工作要求，2019年安徽银保监局通过召开工作专题会议、阶段性工作总结会、进行现场检查及督导等多种方式，全面部署专项整治工作。可以预见，在防范金融风险大背景下，强监管将持续推进，进而更好地维护行业合规向前，督促互联网保险企业发挥好金融市场健康发展的基石作用。

## 三、监管科技水平提升

当前，在金融科技浪潮的推动下，金融创新步伐加速，创新型金融业态、经营模式的出现在加快"金融脱媒"、提升金融资源配置效率、降低金融交易成本的同时，也暴露出金融监管能力不足和手段缺失等问题。随着以互联网、大数据、云计算、区块链、人工智能为代表的新兴信息科技的快速发展，作为科技与金融监管深度融合的产物，监管科技开始逐渐受到金融监管机构和金融机构的关注，并在部分领域实现了应用，为提升金融监管机构监管水平、增强金融机构合规能力提供了支持和保障，成为我国防范金融风险、构筑金融新生态的重要手段和途径。2019年银保监会在弥补监管短板的过程中，也在加大科技在监管领域的运用，持续强化自身监管队伍及监管能力建设。"加强自身能力建设""提升金融监管能力""完善改进监管方法和手段"等相关字眼频繁出现在工作文件中，如在中国银保监会下发的《互联网保险业务监管办法（征求意见稿）》中明确指出，"银保监会应在有效防范市场风险的基础上，创新完善监管措施和手段，推动建立健全适应互联网保险发展特点的新型监管机制，促进互联网保险规范健康发展"（表5-4）。

聚焦到安徽省，2019年以来，监管部门积极推进监管信息化建设，主要表现：一是加强相关人员培训工作，提升信息化素养。为全面提升安徽保险行业服务技能和业务水平，增强安徽保险从业人员的信息化意识和职业素养，安徽省保险行业协会多次组织开展系统技能培训。如2019年9月26日，安徽省保险行业协会组织开展电子政务传输系统使用培训，通过对电子政务传输系统的使用要求、电子印章及电子文件管理要求、系统主要功能、电子印章制作和管理、密钥管理以及系统的安装和维护等方面进行详细讲解，提升辖内保险机构相关岗位人员的实操能力，为实现辖内保险机构、保险协会与监管部门之间的公文传输需求奠定坚实基础。二是创新监管方式，提升监管效能。为拓宽和畅通保险消费者投诉维权渠道，升级保险消费者维权体验，安徽省保险行业协会利用信息技术手段搭建了包含投诉处理、纠纷调处和数据统计功能的综合信息服务平台。通过该平台，消费者可以将投诉信息直达相应的保险机构，一旦保险机构未能处理投诉，各地协会建立的保险纠纷调解组织将根据双方意愿介入调解，达成一站式纠纷解决。这样一来，既提高了监管的工作水平，又切实保障了保险消费者的合法权益。

表 5-4 互联网保险监管相关文件一览

| 发布时间 | 文件 | 发布机构 | 主要内容 |
|---|---|---|---|
| 2019.2.26 | 《关于加强保险公司中介渠道业务管理的通知》 | 银保监会 | 明确保险公司中介渠道管理必须做到管理责任到人、管理制度到位、信息系统健全，建立内部合规审计监督，强化保险公司对中介渠道合作主体的业务合规管理责任 |
| 2019.4.2 | 《关于印发 2019 年保险中介市场乱象整治工作方案的通知》 | 银保监会 | 一是压实保险公司对各类中介渠道的管控责任；<br>二是认真排查保险中介机构业务合规性；<br>三是强化整治与保险机构合作的第三方网络平台的保险业务 |
| 2019.8.23 | 《商业银行代理保险业务管理办法》 | 银保监会 | 要求商业银行在代理保险业务时，对取得的佣金应当如实全额入账，严禁账外核算和经营；保险企业应当按照财务制度据实列支向商业银行支付的佣金，不得以任何名义、任何形式向商业银行及其保险销售从业人员支付协议规定之外的任何利益 |
| 2019.9.28 | 《互联网保险业务监管办法（征求意见稿）》 | 银保监会 | 要求仅持牌机构自营平台可从事保险销售，压实紧盯持牌机构主体责任。同时也明确“第三方网络平台”可以与保险机构开展技术支持、客户服务和营销宣传合作，但不得从事销售咨询等相关行为 |
| 2019.10.12 | 《关于规范银行与金融科技公司合作类业务及互联网保险业务的通知》 | 北京银保监局 | 一是严格信息披露；二是规范宣传销售行为；三是加强第三方网络平台管理；四是加强销售人员管理；五是规范服务费支付；六是加强安全信息管理 |
| 2019.11.8 | 《关于加强北京地区保险专业中介机构合规管理的通知》 | 北京银保监局 | 重点围绕公司治理和合规管理、营业场所、信息化建设以及分支机构设立提出相关监管要求，从源头提高机构合规经营、专业化发展能力 |
| 2019.11.8 | 《关于加强北京地区保险机构销售、经纪从业人员管理的通知》 | 北京银保监局 | 进一步规范从业人员执业登记行为，强化辖内保险机构管理责任，持续整治市场乱象 |

资料来源：银保监会。

## 第四节 安徽保险业互联网金融业务发展趋势与展望

数字经济时代的到来，为互联网保险和保险科技的发展带来了新的机遇。人工智能、大数据、区块链、云计算等技术的发展改变了传统保险业务的形态，互联网保险业不断丰富产品供给、提升服务能力、优化客户体验、提高运营效率，保险业服务经济社会发展的能力不断增强。纵观行业整体发展，我们认为未来安徽省互联网保险行业将呈现以下趋势。

## 一、深化保险科技，行业步入转型升级加速期

在过去几年间，众多保险公司纷纷加大科技投入力度，以中国平安、中国人寿、中国人保等为代表的大型保险企业将“保险＋科技”提升到战略高度，积极布局数字化转型，行业“数字资产”理念战略进一步落地。互联网保险的快速发展为行业带来了增量市场，也带来技术驱动创新的新模式，同时也对保险业科技水平提出了更高的要求。在保险业务环节，无论是产品研发、市场营销与服务、传统产品定价等前台业务，还是风险控制、客户售后管理等后台业务，保险科技都发挥着中枢作用。与此同时，保险科技改变了风险管理模式，风险管理的精准性获得极大提高，提升承保和核保水平，定损理赔迅速准确。依托于科技在行业的广泛应用，保险业逐渐实践出一条科技驱动的发展新路径。大数据、云计算、人工智能等技术不仅重新塑造了保险行业技术服务标准，更从基础设施层面支持行业升级转型，在拓展保险保障职能、增强行业风险管理的核心能力的同时，引领行业朝着科技化、智能化、现代化的方向发展。数字化和智能技术的推进，为安徽省互联网保险行业带来了新的机遇。随着保险科技的加快发展，新技术的进一步成熟和应用，保险科技将推动保险公司走向产品定制化、服务优质化、核保精准化、理赔快响化，成为省内保险企业转型升级、高质量发展和业务持续健康发展的重要引擎（图 5－14）。

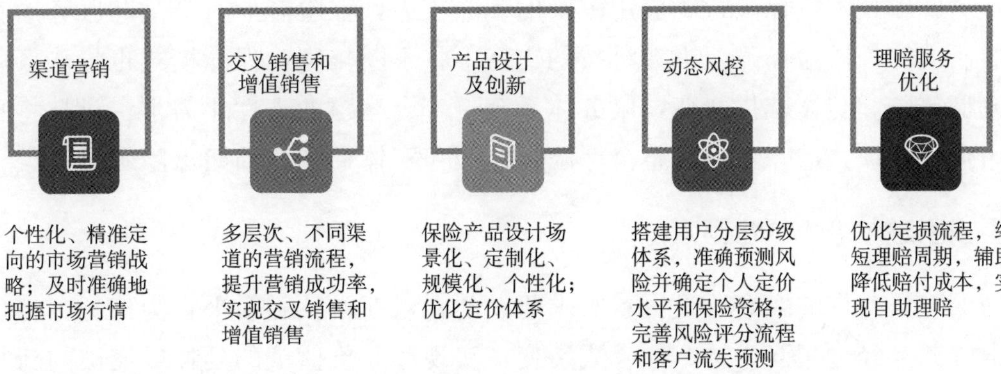


图 5－14　保险科技驱动转型五大环节

## 二、科技驱动发展，重塑行业生态

保险科技作为构建保险生态系统的技术支撑，通过人工智能、区块链、云计算、大数据等技术，实现了在数据收集、客户画像、需求分析和策略设计等方面能力的进一步提升。在新技术的驱动下，保险行业在商业模式、产品形态、服务方式、运营管理等方方面面都发生了巨大变化，保险科技推动保险行业不断向新保险演化，主要体现在以下方面：一是保险科技驱动既有业态的优化。随着保险科技与保险流程的各个环节产生了更为深入的融合，保险业得以全方位重塑。在保险科技的影响下，保险公司的商业模式将会由产品或产业链的竞争

转为生态圈的竞争，由重视销售到注重产品与服务，由粗放型经营转为精细化运营。二是保险科技驱动生态多元化。保险业的竞争不仅仅是单维度的竞争，还是一个基于价值链的、产业链的，甚至是保险产品与服务供应链的竞争。保险与场景的深度融合，日渐成为保险创新的主流模式。保险公司的触角已经不再局限于保险业务，而向上下游拓展，形成"保险+"的大生态圈。随着保险科技全方位融入人们的日常生活，保险价值链将更加完善，生态体系更加丰富多元，保险行业的多样化、专业化、场景化日趋完善和成熟。在行业变革与生态重建的背景下，保险科技必将成为下一轮保险业提升竞争力的核心。安徽省内保险企业应当把握新一轮的战略机遇，尽早布局保险科技，取得先发优势，持续赋能生态圈，打造保险市场新业态。

### 三、运营模式全面升级，产品服务创新优化

互联网保险模式较传统保险模式的优势在于其线上运作的高效率、低成本，而弊端则是无法与消费者或者客户进行直接接触，从而充分了解客户需求。为了推动互联网保险产业的进一步发展，需要从整个互联网保险产业链角度出发，在保证互联网保险产业核心优势的同时，进一步创新互联网保险线上运作各个环节，通过产品创新及服务质量的提升不断对整个运营模式进行改革与升级。未来，保险企业有望在新技术的驱动下，在两核、精算、风控、客服等方面打造一个强大、智能的后台系统，为实现市场的多样化、人性化奠定基础，从而实现运营模式的全面升级。

另外，随着新技术在保险行业应用范围的不断扩大，保险企业对产品和服务形态的创新优化也在加速进行，风险保障范围在科技的支持下将不断拓宽，保障模式也将从事后经济补偿向事前风险预防和防灾减损转变，服务体系会更符合客户的人性化需求，科技将真正带来整体模式的全面升级，进一步促进整个保险行业服务实体经济，回归保障本质。

### 四、重视引进与培养复合型人才

互联网保险是跨界的融合，是由新需求驱动的，以新科技和新平台为依托，将现有产业领域和要素资源，经过相互渗透、融合或裂变，实现产业价值链的延伸或突破的新行业。保险公司应高度重视保险和科技方面复合型人才的引进与培养，并为其制定有吸引力的激励方案及薪酬体系，同时减少制度上的限制，给予保险科技人才充分的创新空间，推动保险公司科技创新能力的提高。具体来说，未来安徽省保险机构可以从以下几个方面来解决：首先，保险公司要加强人才管理的顶层设计，从战略层面予以重视，面对行业发展及时更新或调整人才引进战略和培养方向，建立与市场相适应的培训或教育基地，定期开展系统性培训，提升组织内原有人员对新技术、新流程的接受度、理解能力和运用能力。其次，在公司内部培养能力不足时，可借助高校和第三方培训机构的力量，进行联合培养。高校培养具有理论基础扎实、综合素质高等特点，而第三方培训机构具有市场嗅觉灵敏、实践性强和效率高等特点，两者结合，可以实现优势互补。此外，保险公司还可以通过调整公司的业务结构提供更多的劳动岗位，例如拓展上下游服务，以及进入不同的细分市场等。只有这样才能促进安徽

传统保险公司实现劳动力转型发展，打造出符合行业发展趋势的人才队伍，从而为公司科技赋能提供保障。

## 五、严监管趋势延续，监管科技水平不断提升

2019 年 12 月 13 日，银保监会下发了《互联网保险业务监管办法（征求意见稿）》，首次将互联网保险监管规定上升为部门规章层面。结合互联网保险在过去五年中的变化和新特点，在《互联网保险业务监管暂行办法》的基础上，对互联网保险业务的相关主体、牌照管理、运营规则、风险和合规管理以及违规处理等方面做出细分或进一步规定，重塑互联网业务监管的基本框架。未来，随着相关监管制度和行业标准的贯彻落实，互联网保险行业的法律法规和监管体系将会趋于完善，行业监管也将趋于严格。

互联网保险领域科技迅猛发展，风险暴露与技术的关联性增加，单单监管资本不足以有效防范互联网金融风险。原有注重资本的静态监管手段，已不能适应金融科技发展的需要。为了适应金融机构的金融科技发展和应用，降低监管成本、提升监管效率、丰富监管手段、监管由“人”向“科技”的逐步转化成为必然。随着云计算、大数据、人工智能和区块链等一系列技术的应用，科技与监管需求深度融合，基于科技的数字化监管有望进一步发挥效用，监管机构在未来可能成为数据化的管理机构。借助于科技的不断应用，监管机构不断增强金融风险技防能力，提升监管专业性、统一性和穿透性，通过智能化的手段，实现对整个市场的全面、动态和高效的监督、监控和管理。未来，随着监管科技的合理有效运用，安徽省在互联网保险领域存在的监管空白、监管套利等问题将在一定程度上得到缓解，监管手段将更加丰富，管理流程也将更高效、更精准。

# 第六章 安徽互联网支付业务发展情况

在经历了国家的标准确立、牌照发放以及相关监管法律法规出台的历练之后，以央行大小额、二代支付系统为核心，各大商业银行为支撑，银联、网联做补充的现代化支付体系在我国已经基本形成。2019 年，我国互联网支付行业整体依然保持较高的增长势头，增幅稳中有降，支付在服务实体领域发挥了更为积极的作用，“支付＋”运营推动了新零售、大数据等新产业、新业态和新模式的发展，支付产业支持与服务经济发展的能力不断增强。在大的行业背景的驱动下，随着新兴技术和智能手机的不断普及，用户使用互联网支付的频率和互联网支付场景覆盖率的不断提高，安徽省互联网支付行业逐渐步入稳步增长阶段。

## 第一节 安徽互联网支付业务发展现状

2019 年安徽省的互联网支付业务依旧保持了高速发展态势，交易总额及交易笔数均稳步上升，支付业务呈现出小额、高频的趋势，非现金支付进一步渗透到经济生活之中，应用场景和商业环境日益成熟，增长潜力强劲，市场整体处于有序发展阶段。

### 一、行业竞争趋于良性，支付逐步回归本源

2019 年 1 月，随着拉卡拉、汇付、翼支付、海科通融等多家支付机构“断直连”公告的相继发布，标志着在原本交易路径环节中加入了“银联/网联”作为清算服务方，交易路径变更为“支付机构—银联/网联—收单机构商户”。而 2019 年初对于支付行业来说的另一件大事就是实现备付金 100％集中缴存。“央行 114 号文”要求自 2018 年 7 月 9 日起，按月逐步提高支付机构客户备付金集中交存比例，到 2019 年 1 月 14 日实现 100％集中交存。“断直连”工作的进行为备付金集中存管打下了坚实的基础，备付金集中在央行存管，一方面保障了清算效率，另一方面保障了备付金的安全。“断直连”与“交备付”的相继完成不仅减轻了中小支付机构在银行管道和系统对接方面的负担，为行业提供更加公平的环境，同时也有利于行业的开放和良性竞争，使支付机构有更多的精力和动力向提升用户体验、健康合规的专业方向发展，行业结构不断优化，支付机构自身可以更加专注支付业务本身，逐步回归本源。

支付基础设施如银联、网联建设日渐完善，商业银行、清算机构、支付机构等市场参与者在支付产业链中的定位分工更加明确，同时也逐步推动商业银行、清算机构、支付机构共同构建更加全面、更加高效的支付服务体系，支付清算行业开放、竞争、合作的良性竞争市场格局逐步形成。

## 二、新兴支付技术日趋完善

当前，互联网支付已经成为金融科技的应用高地。生物识别、人工智能、大数据、云计算、区块链等技术与支付业务深度融合，支付科技作为金融科技较活跃的部分之一，正在重塑人们的消费行为和习惯。

2019 年，随着支付宝“蜻蜓”和微信“青蛙”纷纷提出“补贴上百亿、投入无上限”的口号，产业各方纷纷全力投入争夺市场，银联云闪付、苏宁支付、百度闪付等相继落子布局刷脸支付，“刷脸支付元年”正式到来。前期出现的诸如眼纹、声纹识别技术，以及大规模应用于支付验证的指纹识别技术，其本质仍然是对二维码支付的辅助验证。而人脸识别作为最接地气、最可用、应用场景最多的技术，成为支付无人区里的一个“灯塔”，再进一步，还可以进行眼纹、虹膜、视网膜的辅助验证。

图 6-1 支付宝刷脸技术进程

2019 年 9 月 6 日，央行印发的《金融科技（FinTech）发展规划（2019—2021 年）》中提出，要求探索人脸识别线下支付安全应用，借助密码识别、隐私计算、数据标签、模式识别等技术，利用专用口令、“无感”活体检测等实现交易验证，突破 1∶$N$ 人脸辨识支付应用性能瓶颈，由持牌金融机构构建以人脸特征为路由标识的转接清算模式，实现支付工具安全与便捷的统一。2019 年 10 月，银联云闪付联合 60 余家银行金融机构发布的“刷脸付”，标志着刷脸支付“国家队”正式入场，其所采用的“生物识别＋支付口令”，也体现了央行反复强调的“安全＋便捷”功能的统一。

2019 年，由中国人民银行清算中心推出的“手机号码支付”是中国人民银行为支持移动支付业务发展，依托网上支付跨行清算系统开展的一项创新业务，旨在为客户营造更加灵活、便捷、可靠的支付环境。以支付宝、微信为代表的第三方支付工具，基本满足用户之间日常的小额转账需求。而支付账户间的余额流转，受制于每个支付账户余额付款交易年累计不超过 20 万元的条件，决定了该方式不适合经常使用大额转账的用户。在限额情况下，加上越来越多支付机构的转账、提现服务收费以后，大额、频繁的转账已逐步回归银行系统。用户开通“手机号码支付”业务后，只需要通过开户银行将手机号码与常用银行账号进行绑定注册，即可实现在不输入账号的情况下，通过输入手机号码自动关联银行账号完成跨行支付转账，同时支持转账、收费、缴费、红包等多种场景。徽商银行于 2019 年 5 月完成在线管道功能投产，同时积极推进分支行业务开展。11 月 14 日，徽商银行荣获由中国人民银行颁发的手机号码支付业务“推广积极机构奖”。

## 三、移动支付便民工程积极推进，支付场景实现多元化发展

2019 年，中国人民银行合肥中心支行以交通领域作为重点场景，持续推进移动支付便民工程，并取得了丰硕成果。截至 2019 年 12 月，移动支付已经实现安徽省公交场景的全覆盖；在合肥地铁 1、2、3 号线，已实现银联闪付过闸和银联二维码购票全覆盖，全年交易笔数 300 万笔；安徽高速全省 217 个收费站、1005 条人工收费车道，实现银联二维码受理全覆盖；实现通过云闪付 App 在线申领安徽高速 ETC 卡；合肥市区 7000 辆出租车实现移动支付受理；省内 70 家停车场实现银联无感支付受理，全年启动无感停车 1 折优惠活动。截至 2019 年末，安徽省已经实现了移动支付在公交、地铁、出租车、高速公路收费、停车场等多场景交通领域的广泛使用，且产品形态日趋丰富，更加贴近社会公众需求。

除此之外，安徽银联 2019 年在省内多所高校均开展了“智慧校园”工程，联合产业链各方推动智慧校园建设。“智慧校园”围绕高校师生工作、生活需要，以食堂、校内超市为主要应用场景，由安徽银联提供包括线下支付、身份识别、充值缴费等多种功能在内的校园服务；而支付宝、微信支付则主要以在线校园解决方案为主。支付宝在 App 端嵌入了“教育公益”板块，具体服务包括大学生活、中小学学习与生活、运动、亲子账户等多个细分品类；微信支付方面，则早在 2018 年便推出了以微信校园卡和腾讯校园码为核心的数字校园解决方案。我们能够看出，无论是银联还是支付宝、微信，“让校园更加智慧”已成为闭环支付场景的发展方向。

招商银行将一网通支付作为能力输出，围绕客户衣食住行，依托支付构建金融生态体系。目前，招行合肥分行一网通支付与滴滴出行、饿了么、国美在线、优酷视频、芒果等展开合作，并与近千家商户达成合作意向，全面覆盖衣、食、住、行、娱乐、医疗、教育等典型生活场景。

在安徽，互联网支付服务供给体系已基本实现多元化、多层次、多样化，服务场景广泛覆盖交通、餐饮、零售、教育、医疗、公共缴费等与百姓生活密切相关的领域，较大地满足了人民群众安全、便捷、高效的支付服务需求。

### 专栏 6－1　安徽交通移动支付便民工程成果丰硕　公交场景覆盖率全国第一

2019 年 12 月 26 日，芜湖公交全线开通银行业移动支付发布会成功举办。会议宣布芜湖市 1500 余辆公交车实现银联 IC 卡闪付、银联手机闪付、云闪付 App 乘车码等银联全系产品应用。此次活动标志着移动支付全面覆盖安徽省 16 个地市和 61 个县域的公交场景，公交场景覆盖率全国第一。

从2018年淮南公交在全省率先支持银联移动支付产品，到芜湖公交的“全省收官”，中国银联安徽分公司在中国人民银行合肥中心支行的指导下，通过与行业主管部门深入沟通、与各地商业银行通力协作，克服重重业务、技术难关，用了一年多时间，将便捷、安全的银联移动支付产品送到了全省城市公交乘客的身边。

据统计，2019年全年省内公交场景交易笔数2.7亿笔，移动支付交易笔数约6000万笔，是2018年的3.29倍。

## 四、支付服务持续下沉，三四线城市和农村市场更加活跃

中国人民银行在2019年4月发布的《2018年农村地区支付业务发展总体情况》中显示，移动支付已经成为农村地区主流支付方式。通过对近年来的数据对比分析，不难看出农村地区支付业务发展情况与全国支付服务发展的整体走向吻合，移动支付业务的增长势头迅猛，并对其他互联网支付手段产生了替代效应。随着移动支付的兴起，农村地区电商产业也得到了迅速发展。

安徽作为农业大省，农业人口数量众多，移动支付在农村地区有着广阔而巨大的市场。中国人民银行黄山中心支行以地域特色为抓手，指导歙县农商行积极对接水果种植户，针对商户“规模小、年龄偏大、销售单一”等特点，量身定制移动支付服务拓展方案，推广符合商户要求的“金农信e付”银联二维码聚合支付产品，满足农户安全快捷的收款要求；阜阳太和县作为移动支付小微生态圈的试点县域，通过快速收款码小微商户生态圈的建设，已累计拓展小微商户4000余户，覆盖全县各个乡镇。此外，在中国人民银行太和县支行的指导推动下，当地多家收单机构已累计完成将50个助农取款服务点升级为银联惠农站的改造工作，实现依托站点终端或云闪付App来受理助农取款、转账、便民缴费、涉农公共服务及其他增值业务；凤阳小岗村的12家餐饮商户、6家超市零售店、大包干纪念馆及小岗村周边景区的商圈和小微商户已全面支持银行业移动支付产品。

招商银行合肥分行在2019年着重加强与社保、商务、农业、扶贫、财政等地方政府相关部门的沟通协调，结合发展战略、网点分布、代理收缴、发放各类社保医保以及涉农补贴资金等情况，适时调整已有服务点布局，实现与信息进村入户、农村电商、精准扶贫、城乡社会保障以及农村基层党建等精准对接与合作共建，提升服务点网络价值。

以移动支付为主体的互联网支付业务让三四线城市及农村地区等下沉市场享受到移动互联网的红利，移动支付、移动电子商务向困难地区倾斜则更好地满足了广大农村地区的发展需求。

## 五、长三角轨道交通二维码实现互联互通

长江三角洲地区作为我国经济发展较活跃、开放程度较高、创新能力较强的区域之一，在国家现代化建设大局和全方位开放格局中具有举足轻重的战略地位。推动长三角一体化发展，增强长三角地区创新能力和竞争能力，提高经济集聚度、区域连接性和政策协同效率，对引领全国高

质量发展、建设现代化经济体系意义重大。2019 年，长三角地区生产总值合计 23.7 万亿元，约占全国生产总值的 23.9%，同比增长 6.4%，高于全国增速 0.3 个百分点。2019 年《政府工作报告》将长三角区域一体化发展上升为国家战略，而便捷高效的支付体系成为联通区域内各经济体之间的重要纽带。安徽省的深度融入，既能为省内的发展提供动力来源，也可以承担长三角相对发达地区的产业转移，为其他省份和地区挖掘新的创新点提供支撑。

安徽省区位交通便利，市场腹地广阔，通过长三角公共交通基础设施互联互通，可以为长三角新一轮高水平对外开放发挥枢纽作用。继 2018 年底，上海、杭州、宁波三地实现轨道交通二维码互联互通之后，2019 年 5 月 22 日，合肥连同温州、南京也加入长三角区域轨道交通二维码互联互通的队伍，实现地铁扫码乘车“一码通行”。2019 年 12 月 25 日，随着常州宣布加入长三角互联互通城市群，长三角区域成为国内首个实现地铁扫码乘车互联互通的城市群。随着更多城市地铁逐渐实现移动支付，轨道交通支付互联互通网络蓝图持续扩张，进一步加快了长三角综合交通高质量、一体化发展进程。以此为基础，长三角乃至全国范围内的支付一体化进程也将逐步展开（图 6 - 2）。

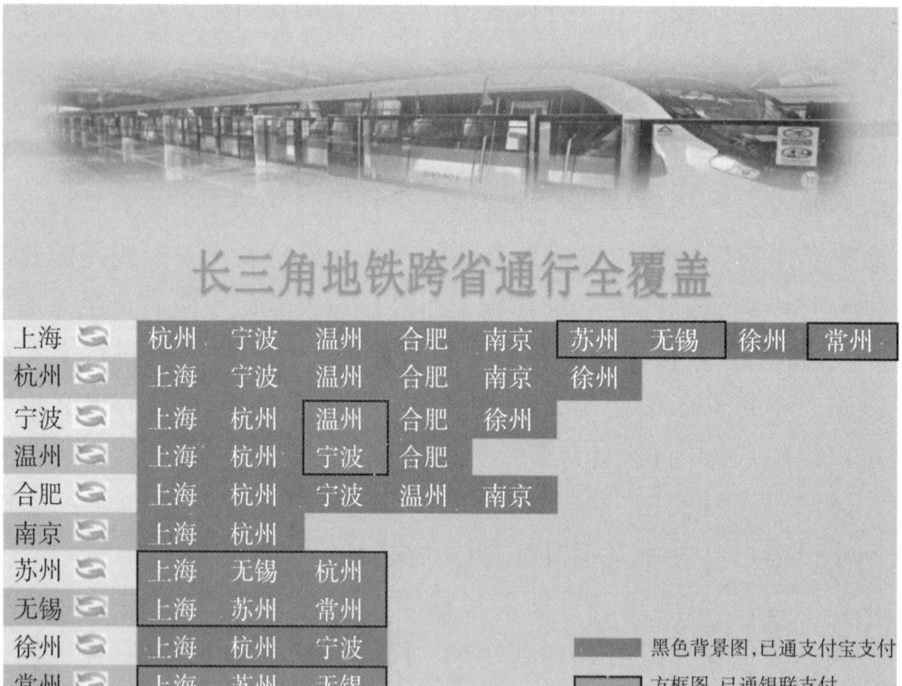


图 6 - 2 长三角地铁跨省通行覆盖情况

## 第二节 安徽互联网支付业务发展面临的主要问题

从最初的现金支付、刷卡支付到今天的扫码支付、刷脸支付，短短数年，互联网支付行业的飞速发展彻底颠覆了传统的支付方式。然而行业发展在为我们带来高效便利的同时，也带来了诸多的困惑。纵观2019年，安徽省互联网支付行业存在的问题集中在以下四个方面。

## 一、支付领域安全风险依然突出

安全性与便利性是支付的目标所在，然而两者之间又存在着天然的矛盾：强调安全，将以牺牲一定的便捷为代价；而强调便捷，也将以牺牲安全为代价。当前很多支付软件推出了人性化的设置，如小额免密支付、手势密码支付、银行卡快捷支付，以及当前非常火爆的刷脸支付等。这些功能使客户可以更方便地进行各种支付活动，但如果手机丢失，不法分子也可以通过手机进行小额支付或者小额转账，而诸如“ZAO”类换脸软件的出现，也让习惯上使用“刷脸支付”的用户感受到了资金安全的威胁。

除资金安全外，个人信息的泄露也是当前支付工具面临的一大问题。据中国银联发布的《2019移动互联网支付安全大调查报告》显示，2019年，51%的消费者在使用移动支付工具时曾经遇到过网络诈骗，发生损失的人群占比为23%。用户最常遇到的安全问题仍是个人信息泄露、账户资金被盗用和扫描到伪假条码，而排名第一的则是个人信息被泄露。由于互联网环境相对开放，金融消费者风险意识相对薄弱，智能手机终端、客户端软件的安全防护水平相对较低，不法分子利用钓鱼网站、木马病毒等恶意手段窃取支付敏感信息，实施电信网络欺诈，银行卡号、有效期、安全码等支付敏感信息作为交易要素直接应用于在线场景中，暴露在虚拟开放的互联网环境下，给金融消费者资金与信息安全带来较大威胁。此外，金融科技的发展带来金融混业化、集团化，金融集团内部的数据共享传递，有可能损害消费者对大数据的知情权、隐私权、选择权。

随着支付技术的不断进步，新的支付手段层出不穷，新的支付场景被不断开拓，如何在确保安全的基本前提下能够使用户享受到便捷高效的支付服务，依旧是摆在安徽省支付行业面前的一大难题。

## 二、科技应用能力尚有待提升

互联网支付行业经过多年发展，已经逐步进入业态相对成熟、产品相对饱和的阶段，因而在支付行业发展重心、发展生态和竞合力量的变化中，支付行业竞争与合作已经步入以新技术驱动的、以数据分析透视为主要手段的综合效能深化利用阶段。互联网支付不仅完成了现金转移，还积累了行为数据，形成多维度、广覆盖的大数据。利用这些核心动态数据进行数据挖掘，进行消费者行为分析，建立用户画像，有了新的认识消费者的方式，了解消费者的应用场景，支付领域的发展才能走向精耕细作。

就近些年安徽省内互联网支付的发展而言，目前主要精力还是集中在场景拓展、基础设施建设等方面。而随着银联、大型商业银行等机构在支付领域的发力，市场竞争将愈发激烈。当前各类机构频繁使用的“补贴”政策，也只是引流的第一步，不具备可持续性。相较于本身微利甚至是不赚钱的支付业务，通过多元化科技手段在数字时代实现互联网支付领域的开拓创新，实现行业转型升级，更加令人期待。

### 三、创新性业务难以推进、开放性思维仍显不足

作为资本和技术密集度双高的行业，互联网支付自身的发展离不开创新、开放和包容的思维，而创新本身的发展又离不开高水平技术人才以及高水平的金融科技开发与应用能力。尽管拥有中国科学技术大学、国家级高新技术产业开发区等高水平研究机构及园区，但与周边发达省份相比，开放性思维的欠缺导致的创新意识和创新能力不强、全省区域创新发展不平衡、研发费用投入不足、科技成果转化通道不畅、科技创新有效供给不足等问题依然存在。全省科技企业的数量和质量与发达区域存在较大差别，高端技术人才数量与现实需求存在较大缺口，这些问题在较大程度上导致创新性业务难以推进。

### 四、监管机构之间的配合不足

互联网支付行业涉及的业务范围及服务对象众多，因其简化了原有支付行业的交易模式，不再受到地域限制，故而其业务边界也较为模糊。在对其进行监管的过程中会涉及多方部门，需要各部门之间通过联合协作进行监管才能获得有效的监管成果。如监管部门之间不能实现协同监管，则无法掌握交易背后真实的资金流及信息流，会增加反欺诈、反洗钱的监管难度。

但就当前的监管机制来看，各监管部门之间尚未形成充分高效的监管信息共享及协同监管机制，监管信息彼此割裂，在一定程度上造成对互联网支付领域的监管真空或重复监管，监管的漏洞和盲区依然存在。

## 第三节　安徽互联网支付业务监管情况

2018 年贯穿全年的“强监管”在 2019 年继续延续和扩展。2019 年，中国人民银行、银保监会等监管部门以服务实体经济和改善民生为政策导向，以反洗钱等作为行业监管重心，逐步引导互联网支付行业回归本源。在诸多细化监管政策落实之下，新的互联网支付行业秩序逐渐巩固形成。

### 一、严监管态势延续

2019 年，监管部门针对互联网支付行业内各类支付主体、支付创新手段、金融科技应用等方面进行严格监管，并针对新问题、新情况出台了多项专项风险整治档，支付机构的违法违规行为均被从严处理。监管部门对违规机构密集开出大额罚单，彰显出规范支付行业的决心。严监管措施的实施规范了支付业务和支付市场的运行秩序，为支付产业持续健康发展创造了良好的政策环境。严监管常态化，督促市场主体恪守服务实体经济发展和改善民生的“初心”。一系列政策性文件的出台起到了防风险、促改革、正本清源的作用（表 6－1）。

**表 6-1　2019 年监管部门关于支付结算的法令法规统计**

| 日期 | 发文机关 | 文件名 | 主要内容 |
|---|---|---|---|
| 1 月 | 中国银行保险监督管理委员会 | 《银行业金融机构反洗钱和反恐怖融资管理办法》 | 从完善银行业金融机构内控制度、健全监管机制、明确市场准入标准等方面，建立银保监会银行业反洗钱工作的基本框架 |
| 3 月 | 中国人民银行 | 《关于进一步加强支付结算管理防范电信网络新型违法犯罪有关事项的通知》 | 提出更严格的在线交易监管要求，要求支付机构完善交易安全保护措施 |
| 4 月 | 中国人民银行 | 《关于印发证券期货保险机构反洗钱执法检查数据提取接口规范的通知》 | 对数据内容、数据界面等细节实施规范化管理，强调证券机构、期货机构和保险机构应优化业务系统和反洗钱系统，建立健全数据资源关联整合机制 |
| 12 月 | 中国人民银行 | 《关于规范代收业务的通知（征求意见稿）》 | 进一步明确了代收业务、代收机构的定义，明晰了代收业务与小额免密业务的边界，细化规定了付款人授权与付款人开户机构的管理、收款人与代收机构的管理、代收业务适用的场景、清算机构业务规范及相关监督管理与罚则，并将付款人授权限定为“两两授权”及“三方协议”两种模式；强调代收机构应当采取有效措施控制代收业务适用场景，不得通过代收业务为各类投融资交易、外汇交易、股权众筹、P2P 网络借贷，以及各类交易场所（平台）和电子商务平台等办理支付业务 |

根据央行官网披露数据统计，2019 年央行下发行政处罚共计 767 笔，总金额约为 3 亿元，违法类型依然是以支付结算、反洗钱及金融统计几大类为主。其中支付机构罚单数量不及银行罚单数量，处罚金额却高达 1.39 亿元，超过了银行处罚金额 1.37 亿元。2019 年 7 月 1 日，迅付信息科技有限公司由于违反了支付业务规定，被处以共计 5939.4 万元的高额罚款，此次罚款成为 2019 年度最大罚单。2019 年，中国人民银行合肥中心支行针对安徽省内支付结算领域的违规行为开出的罚单总计 39 张，罚款总金额为 675.2 万元，较 2018 年明显上升（图 6-3）。

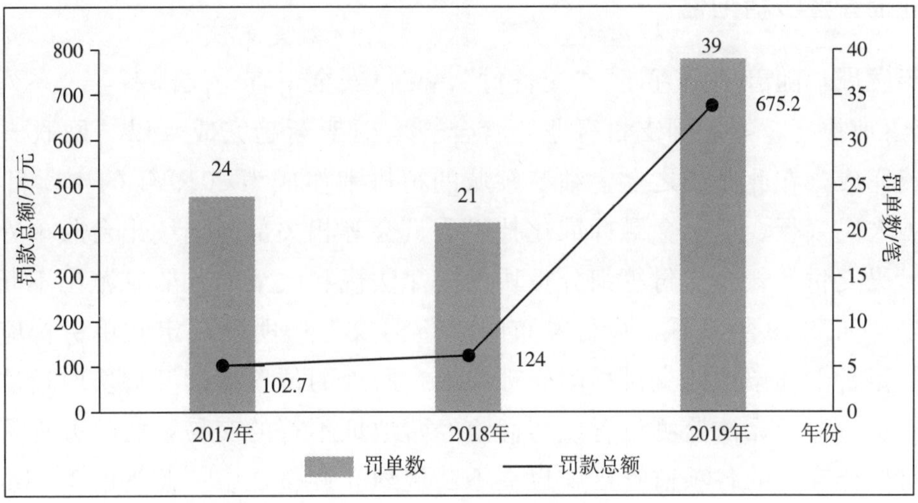


图 6-3　2017—2019 年安徽省支付结算领域的监管处罚情况

（资料来源：中国人民银行合肥中心支行网站）

## 二、反洗钱成为互联网支付领域监管重心

因洗钱活动涉及资金的转移和支付，故而银行、第三方支付机构均处于反洗钱的一线阵地，反洗钱亦是支付机构合规经营的红线。

2018年10月，由中国人民银行、中国银保监会、中国证监会制定的《互联网金融从业机构反洗钱和反恐怖融资管理办法（试行）》从明确适用范围、规定基本义务和确立监管职责三方面规范了金融从业机构反洗钱和反恐怖融资工作。2019年，随着“断直连”等工作的深入推进以及跨境支付的逐渐兴起，反洗钱领域的监管越来越严格。2019年1月29日，银保监会公布2019年第1号文件《银行业金融机构反洗钱和反恐怖融资管理办法》，从完善银行业金融机构内控制度、健全监管机制、明确市场准入标准等方面，建立银保监会银行业反洗钱工作的基本框架。2月21日，反洗钱金融行动特别工作组（FATF）全会审议通过了《中国第四轮反洗钱和反恐怖融资互评估报告》，认为中国反洗钱和反恐怖融资体系具备良好基础，同时存在一些问题需要改进。3月11日，中国人民银行发布《关于印发证券期货保险机构反洗钱执法检查数据提取接口规范的通知》，强调证券、期货和保险等非银机构应优化业务系统和反洗钱系统，建立健全数据资源关联整合机制。反洗钱监管框架进一步完善。

根据央行官网披露数据统计，2019年全年央行开具的反洗钱罚单达354张，总金额1.38亿元，超过2018年同期数据。而此间，来自第三方支付机构的反洗钱处罚出现了较为明显的攀升态势。反洗钱行政处罚共计354笔，数量低于2018年的396笔，但罚款金额合计约为1.38亿元（13805.25万元），超过2018年同期数据1.31亿元（13101.86万元）。此外，“双罚制”的特色也进一步凸显，不仅对涉事单位进行警告与处罚，同时，处罚落实到人，对相关涉事人员亦将予以追责。2019年，中国人民银行合肥中心支行开出的39张罚单中涉及反洗钱的有22张，反洗钱监管成为互联网监管的重心所在。

## 三、行业监管逐步精细化

经过多年发展，随着“断直连”“交备付”、支付安全审查、反洗钱等一系列重磅监管措施在2018年落地执行，互联网支付行业监管合规大框架渐趋完成，以“网联＋银联”的清算体系亦构建完成，在此基础之上，细节领域的精耕细作成为2019年的主要目标。2019年国务院、中国人民银行、全国金融标准化技术委员会等相关部门陆续出台收单外包业务、网络支付、条形码支付、聚合支付等细分板块的法律法规和政策档，监管范围不断细化，规范要求趋于严格。如2019年3月，央行发布的“85号文”中明确规定收单机构应当对移动受理终端（包括银行卡和条形码支付移动受理终端）所处的位置持续开展实时监测，并逐笔记录交易位置信息，对于无法监测位置或与商户经营地址不符的交易，暂停办理资金结算并立即核实；针对聚合支付的各项监管措施也在不断规划和调整之中。监管的下一步，将给予市场足够的调整空间，在刚性和弹性之间寻找最优解决方案，在精准和精细上做足功课，因时因事不断调整，提升监管的专业性、有效性和前瞻性。

# 第四节 安徽互联网支付业务发展趋势与展望

经济的快速增长、金融科技水平的提升、居民消费水平和消费升级需求的不断增长，为互联网支付市场的发展打下了良好的经济基础环境。在金融行业数字化转型的推动下，支付产业深入践行绿色发展理念，支付服务电子化全面普及，服务便捷性全面提升，多维度业务数据全面丰富，互联网支付行业将步入黄金发展时代。

## 一、5G技术应用将推动支付行业升级发展

一方面，科技应用不断提升支付服务水平，科技让支付无处不在，推动支付更加智能，带来支付数据“金矿”等；另一方面，支付科技服务和升级实体经济潜力巨大。支付积累的数据可以帮助解决中小企业融资难问题，提高实体企业经营效率。广泛的支付数字化支撑实体经济数字化，广阔的支付市场加速前沿科技的应用和升级。

2019年，5G作为新一代信息技术，对包括支付行业在内的金融业带来深刻的影响，随着5G商业化应用逐渐被提上日程，移动支付发展的技术环境正在发生变化，“5G＋物联网”的时代即将来临。对支付行业而言，5G环境下的VR（虚拟现实）和AR（增强现实）技术能够在更加复杂的交叉验证、信息综合条件下开展客户身份识别与实名制管理，这将进一步提升支付行为的安全性与效率。

除5G之外，区块链、人工智能、物联网、金融云、大数据等诸多新技术及其组合也可能为支付行业带来突破性影响。可以预计，在这样的大背景下，安徽省支付行业将迎来升级发展，支付场景、交互模式、支付效率、商业化探索将实现全面升级。

## 二、条形码支付互联互通有望加速推进

经济转型发展需要适配的金融基础设施。经济金融发展决定支付体系发展，中国经济正进入行业整合洗牌、产业转型升级、市场持续开放的新阶段，客观上也需要与之适配的以支付体系为代表的核心金融基础设施。随着时代发展，互联网支付已经成为底层化的基础设施，与各行业进行深度融合，并将与更多的生活场景、生产场景、交易场景相结合，形成嵌入式、智能化的服务。

为解决因条形码支付市场割裂所造成的社会资源浪费及由此引发的一系列风险问题，央行2019年8月发布的《金融科技（FinTech）发展规划（2019—2021年）》中提出“推动条形码支付互联互通，构建标准、打通壁垒，实现不同App和商户条形码标识互认互扫”。条形码支付互联互通缩减了聚合支付的市场空间，从而有效规避了其带来的风险，确保良好的市场秩序。随着互联互通的推进，更多条形码支付交易将通过银联、网联进行清算，交易将更加规范，更有助于风险信息的共享以及风险识别和监控，提升支付体系整体的安全性。另外，互联互通也将影响现有的线下支付格局，让中小支付机构有更多发展空间，也使得银行

和支付机构在某种意义上重新处于同一竞争起点，有助于营造出更公平合理的竞争环境。可以预计，推进条形码支付互联互通将是安徽省支付行业接下来的重点发展任务之一。

## 三、长三角区域支付行业融合向纵深发展

长三角区域经济金融的密切相关、高度的依存度、明显的外向型经济、平稳增长的支付业务量等特征意味着长三角支付必须一体化发展。随着移动支付便民工程的持续推进，继长三角区域轨道交通二维码互联互通之后，未来移动支付在公共交通、医疗健康、政务民生等公共服务领域的应用将不断深入，移动支付便民惠民作用将进一步扩大，长三角金融服务的整体效率和水平也将得到大幅提升。未来长三角地区的居民凭借一个二维码就可以在交通、金融、旅游、医疗、文体等领域享受便捷的公共服务。公共服务的一体化，让长三角各类资源要素在区域内自由流动，进一步促进体制机制一体化和产业一体化发展，人民群众将享受到更加实惠的民生福利。在这一过程中，安徽省支付行业也有望在主动融入和积极开放中实现高质量发展。

## 四、创新型细分领域将成为中小型支付机构的竞争重点

据工信部数据统计，2019 年中国移动支付用户规模为 7.33 亿人，随着技术与市场的成熟化发展，用户规模的持续上升，互联网支付覆盖场景将更加广泛。庞大的市场容量提供了广阔的发展空间，也意味着市场竞争将日趋激烈。以支付宝和微信为代表的头部企业在互联网支付市场中凭借各自流量优势和场景覆盖完善度成为用户的主要选择，服务的全面性是两大平台的主要优势所在。对于中小支付机构而言，更多的机会将存在于创新型的细分领域和场景之中，如联合 B 端企业，专注生活服务，深度挖掘客户需求场景，提供定制化解决方案及增值服务等。以支付为入口，借助支付数据信息，为用户提供一站式闭环支付服务，拓展更多盈利途径，是互联网支付行业持续发展的关键。未来，安徽省支付市场上将会出现更多针对细分领域的创新性支付产品。

## 五、央行数字货币有望推出

数字化时代的到来使货币的形态也发生了革命性的变化，虚拟货币、电子货币和数字货币等相关概念应运而生。自 2014 年起，我国央行开始着手研究数字货币，目前已基本完成央行数字货币的顶层设计、标准制定、功能研发等工作。

央行数字货币，是中央银行基于新兴信息技术发行的、承担传统法定货币本质属性的数字货币。其名称为“DC/EP”（DC，digital currency，数字货币；EP，electronic payment，电子支付），故而从名称上来看 DC/EP 属于 M0 即现金的范畴，其发行目的之一是要实现现金的数字化改造，投入使用后的用途在于货币三大基础职能中的“支付手段”。

央行数字货币的出现将带来更为便利与安全的支付。从央行数字货币的发行来看，它采取的是双层运营体系，即央行先把数字货币兑换给银行或者是其他运营机构，再由这些机构兑换给公众。这种双重投放体系适合我国国情，既能利用现有资源调动商业银行的积极性，也能够顺利提升数字货币的接受程度。从普通民众的角度来看，DC/EP 意味着更高的支付

便利性和信用背书的支付手段；与现金相比，DC/EP不易被盗，数字化的货币形式，减少了现金交易带来的交易成本；从支付便捷的角度来看，DC/EP采用“双离线”支付，即收支双方设备在不具备网络的条件下也能进行支付交易，在通信基础设施较差的偏远区域，因事故造成通信中断，地铁或者是地下商业体等人员密集区域等一系列不便使用网络支付的状况下，“双离线”设计展现出较大的环境适用性优势；同时，DC/EP采取账户松耦合形势，实现了可控匿名，对于洗钱、匿名操纵、恐怖融资等违法犯罪行为上，亦可以起到威慑作用。毫无疑问，数字货币的推出将对整个支付行业带来革命性的改变，如何未雨绸缪、积极应对，是安徽省支付行业接下来必须要面对的重大问题。

## 六、监管科技水平持续提升，监管合力或将进一步加强

近年来，随着“断直连”“交备付”、支付安全审查、反洗钱等一系列的重磅监管措施相继落地执行，互联网支付行业合规大框架构建已基本完成。而新技术的投入和使用在推动行业整体快速发展的同时也不断衍生出新型风险。如果监管部门科技水平相对低下、监管科技运用不足、信息化水平不高则无法对行业进行有效监管。未来监管部门将针对互联网支付行业特征，创新监管方式，不断提升监管的科技化、智能化水平，如实时采集、监测支付机构运营情况，识别、预测交易风险，及时掌握支付机构资金交易情况、阻断违规活动，则监管的前瞻性和有效性将进一步提升。

监管部门之间的合作也将进一步加强，实现穿透式监管，充分利用金融联席会议机制平台，确保监管信息共享；同时，监管部门也将加强与外部市场监督、公安等部门联防联治，共享风险信息及线索，将风险遏制在萌芽状态。

# 第七章　安徽 P2P 网络借贷行业发展情况

2019 年，随着专项整治进入深水区，政策调整效应开始显现，平台清退和机构转型成为行业发展的主基调。从全国范围来看，行业内正常运营平台数量、成交量和贷款余额等继续下降。据网贷之家数据显示，截至 2019 年 12 月底，网贷行业正常运营平台数量下降至 343 家，相比 2018 年底减少了 732 家。正常运营平台数量排名前三位的是北京、广东、上海，数量分别为 94 家、69 家、28 家，浙江（正常运营平台数量为 15 家）紧随其后，四地占全国总平台数量的 60.06%，P2P 网络借贷行业区域集中度仍然较高。

2019 年全年网贷行业成交量约 9649.11 亿元，相比 2018 年的 17948.01 亿元减少了 46.24%，几近腰斩，全年成交量创近五年新低。单月成交量呈现上半年高、下半年逐渐走低的态势，四季度成交量维持低位，成交量逐步走低与部分大平台逐步转型、监管“三降”、出借人对行业谨慎的态度密不可分。随着成交量逐步下降，行业贷款余额也同步走低，截至 2019 年底，网贷行业贷款总体余额下降至 4915.91 亿元，同比 2018 年下降了 37.69%。2019 年，部分平台为了提高出借人留存率进行了加息活动，使得行业总体综合收益率略有提高，约为 9.89%，相比 2018 年上升了 8 个基点。然而，出借人留存率并未因为综合收益率的提高而提高，2019 年网贷行业出借人数与借款人数分别约为 726 万人和 1156 万人，较 2018 年分别下降约 45.44%和 41.97%。在行业清退过程中，中小平台的发标规模愈发下降，大体量平台集中度更高，而这些平台更倾向于发布长期项目标的，从而带动行业平均借款期限拉长，2019 年网贷行业平均借款期限为 15.42 个月，相比 2018 年拉长了 2.77 个月。

2019 年，伴随着平台清退工作逐步发力，多地区消息称将取缔辖内全部 P2P 网贷平台，其中对中小平台以清退为主，对大平台多以转型小贷、网络小贷、助贷、消费金融等为主要方向；此外为加强征信体系建设，增大对失信人的惩戒力度，对逃废债行为产生一定程度的制约，不少平台将完成征信接入。未来，相信在“监管试点”依然保留的背景下，伴随着不合规业务的逐步出清，网贷行业终会在监管的精心呵护下度过当前的阵痛期，迎来稳定运行的明天。

## 第一节　安徽 P2P 网络借贷行业发展现状

在 2018 年行业风险集中爆发后，2019 年的 P2P 网贷行业可谓是经历了一场“大洗牌”，随着网络借贷风险专项整治工作的推进，行业风险持续出清，相应的行业规模也发生了急剧萎缩。对于安徽省来说，2019 年 P2P 网贷行业无论在规模还是在成交量方面都呈下降趋势，行业全年以风险出清为主要发展基调。本节主要以安徽省互联网金融协会提供的数据为基础，对 2019 年省内 P2P 网贷行业的发展情况进行全面分析。

## 一、平台数量与区域分布

截至 2019 年末，安徽省内监测到的 P2P 网贷正常运营平台共 9 家，而 2018 年同期数据为 41 家，可见 2019 年随着行业清退力度的加大，正常运营平台数量出现大幅度下降，而全国所有省市正常运营平台数量也都出现急剧下降的趋势。从 2019 年全年来看，正常运营平台数在持续下降，上半年下降幅度较平缓，下半年则呈现出断崖式下降的趋势，其中 9 月份停业机构数最多，共有 8 家。从图 7-1 的平台数量变化走向来看，P2P 网贷行业平台风险清退、谋求转型的风向大有延续到 2020 年的趋势。

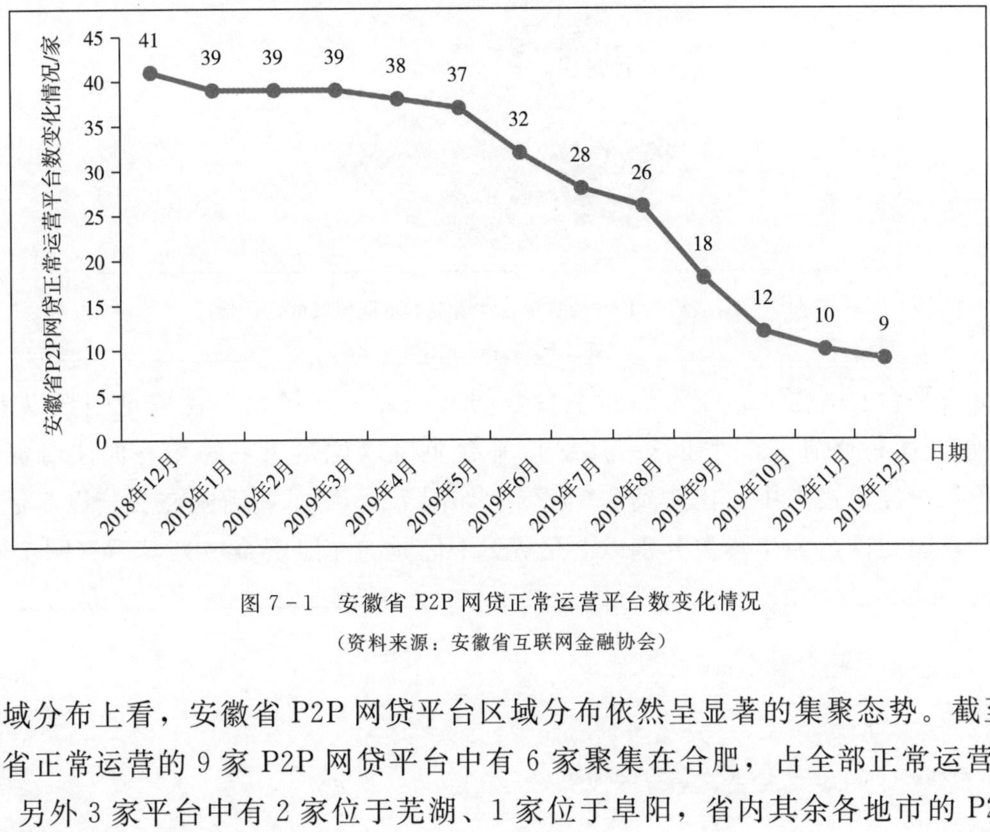


图 7-1　安徽省 P2P 网贷正常运营平台数变化情况

（资料来源：安徽省互联网金融协会）

从区域分布上看，安徽省 P2P 网贷平台区域分布依然呈显著的集聚态势。截至 2019 年末，安徽省正常运营的 9 家 P2P 网贷平台中有 6 家聚集在合肥，占全部正常运营平台数的 66.67%。另外 3 家平台中有 2 家位于芜湖、1 家位于阜阳，省内其余各地市的 P2P 网贷平台已全部清零。

## 二、股东背景与注册资本

在现有的 9 家正常运营平台中，5 家具有民营背景，占平台总数的 55.56%；4 家拥有国资背景，占平台总数的 44.44%，同时这其中还有一家平台具有上市背景，即悦享互联网金融信息服务有限公司旗下的悦享金服，2018 年 4 月，A 股上市公司天神娱乐（002354.SZ）战略入股悦享金服，成为悦享金服的控股股东，并完成工商变更，根据相关数据显示，悦享金服为安徽省首家 A 股上市公司控股的民营平台。

为了更深入地反映省内平台注册资本的情况，我们对各平台官网公布的资本信息进行了分析。截至2019年末，省内9家正常运营的P2P网贷平台总注册资本约为9.7亿元，相比上年同期，该数据下降了约57.12%。

如图7-2所示，将9家平台分为三个层级——注册资本超过1亿元的平台为第一层级，注册资本在5000万元（含）至1亿元之间的平台为第二层级，注册资本不足5000万元的平台为第三层级。通过对三个层级的分析可知，安徽省P2P网贷平台间的注册资本规模差异十分显著。

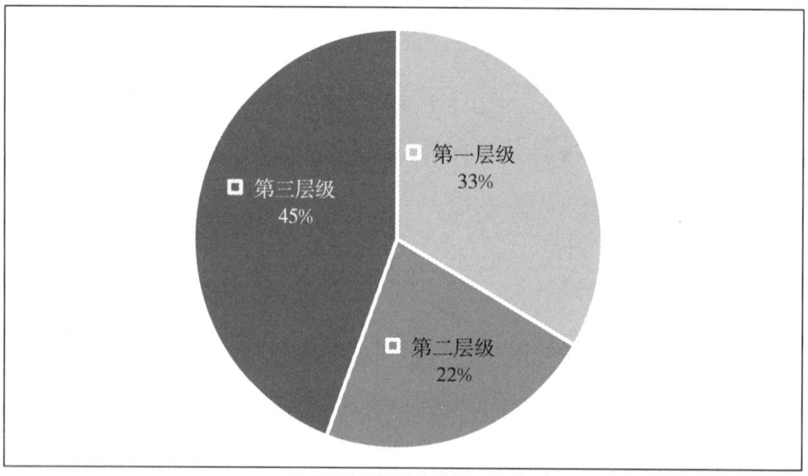


图7-2 安徽省P2P网贷平台注册资本不同层级的占比情况

（资料来源：各平台官网）

第一层级平台有3家，占正常运营平台数的三分之一，亿元平台数量一直以来都较低，随着2019年全面行业清退，处于这一层级的平台更可以说是凤毛麟角，但注册资本之和高达8亿元，在总注册资本中占比达到82.47%。如图7-3所示，新安左右贷以5亿元注册资本高居榜首，国元网金和步步盈分别以2亿元、1亿元的注册资金位列其后（图7-3）。

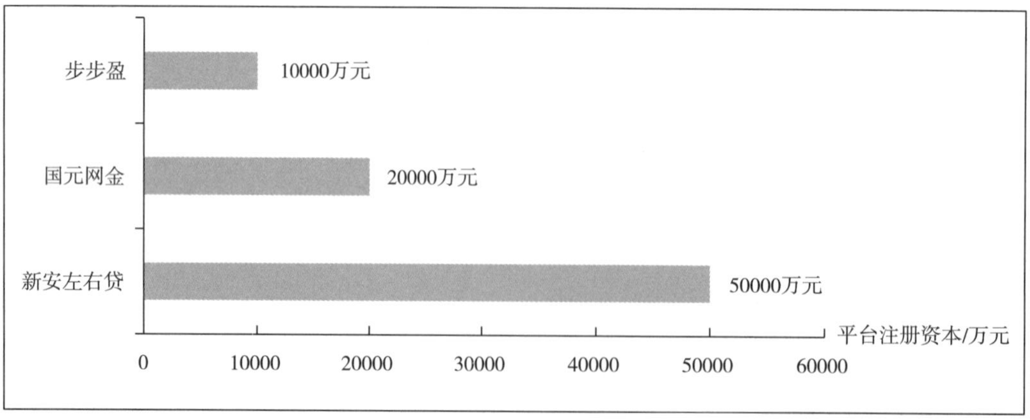


图7-3 第一层级平台注册资本情况

（资料来源：各平台官网）

第二层级平台有2家，占正常运营平台总数的22.22%，该层级注册资本总和为1亿元，在总注册资本中占比10.31%。截至2019年末，处于第二层级平台的这两家平台分别是兴泰财富和梦想盈行，其注册资本都是5000万元。相比于2018年同期，该层级平台数减少了 8 家。

第三层级的平台有 4 家，约占正常运营平台总数的一半，注册资本之和为 7000 万元，仅占总注册资本的 7.22%。如图 7-4 所示，该层级的平台注册资本分为 2000 万元和 1000 万元两档，其中悦享金服、濡江财富和金拓速贷 3 家平台的注册资本都为 2000 万元，众力普惠注册资本为 1000 万元。截至 2019 年末，注册资本在 1000 万元以下的平台已全部退出。

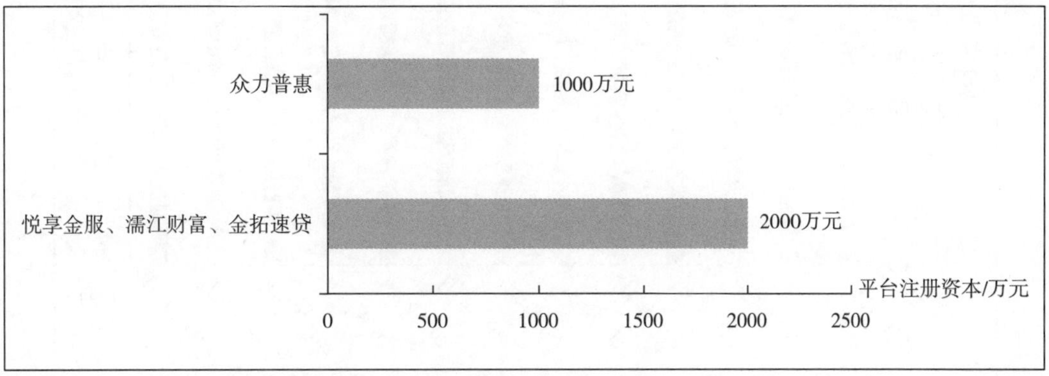


图 7-4 第三层级平台注册资本情况

（资料来源：各平台官网）

## 三、成交量

据安徽省互联网金融协会提供的数据，2019 年初安徽省正常运营 P2P 网贷平台中共有 20 家平台向其报送了运营数据，与截至 2018 年 12 月报送数据的 18 家平台相比，增加了“e 典贷”和“鑫融贷”两家平台。由于网络借贷风险持续出清工作的开展，这 20 家平台中有 5 家陆续出现问题，截至 2019 年 12 月，共有 15 家平台向协会报送运营数据。根据统计数据显示，将报送平台成交量逐月加总，得出 2019 年省内可监测平台成交量合计为 249.47 亿元，较上年下降了 15.94 亿元，成交量走低与部分大平台逐步转型、监管“三降”、出借人对行业谨慎的态度密不可分。

从可监测平台数量来说，2019 年全年呈下降趋势，共有 5 家平台退出监测，截至 2019 年末，安徽省互联金融协会可监测平台减少至 15 家。可监测平台数量的变化，使得可监测平台累计成交总额、单个平台平均累计成交量也出现相应波动。上半年可监测平台累计成交总额小幅波动上升；6 月，累计成交总额到达全年最高值 280.77 亿元，相比 2018 年末增长 5.79%；单个平台累计平均成交量在 8 月份达到全年峰值 17.47 亿元，相比 2018 年末增长 18.44%。2019 年，可监测平台成交额数据波动幅度较小，基本稳定在 270 亿元左右。上半年相继退出监测的平台有四家：房易贷、众隆金服、e 典贷和量子金融；12 月，果儿金融的退出造成累计成交总额出现较大降幅。据统计数据显示，果儿金融 11 月份累计成交总额为 25.07 亿元，属于大体量平台。至 2019 年末全省 P2P 网贷行业累计成交总额达到全年最低值，2019 年末累计成交总额较 2018 年末同比减少 6%，而单个平台的累计平均成交量却有所上升，同比增长 12.75%。

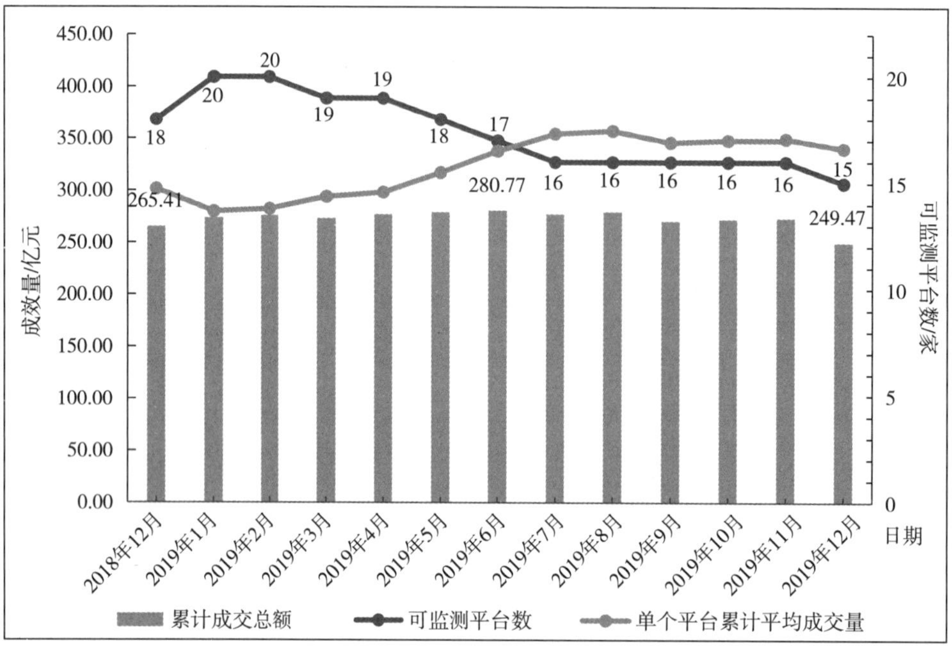


图 7-5　2019 年安徽省累计成交总额、可监测平台数、平均累计成交量变化情况

（资料来源：安徽省互联网金融协会）

就单个平台来说，2019 年，以在监测的 15 家平台为例，新增成交量前十名的 P2P 网贷平台成交量合计新增 27.18 亿元，其中仅濡江财富新增成交量突破了 10 亿元，国元网金、奇乐融、步步盈和新安左右贷四家平台紧跟其后，新增成交量均超过 2 亿元（图 7-6）。

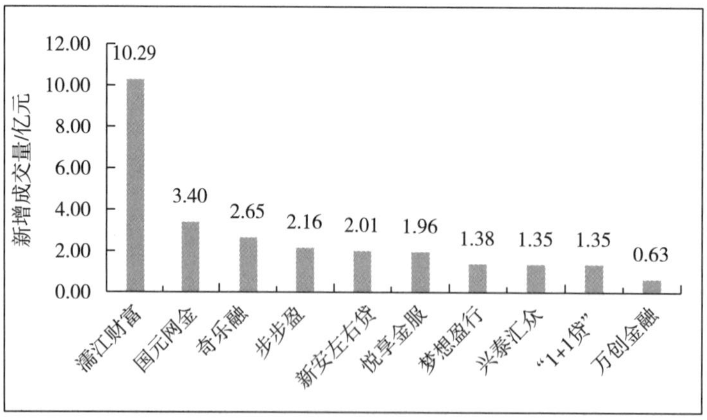


图 7-6　2019 年新增成交量前十名 P2P 网贷平台及新增成交量

（资料来源：安徽省互联网金融协会。）

为更好地反映安徽省 P2P 网贷平台体量情况，下面将 15 家可监测平台分为 3 个层级：累计成交量在 20 亿元及以上的平台为第一层级；累计成交量为 10 亿元～20 亿元的平台为第二层级；累计成交量不足 10 亿元的平台为第三层级。

第一层级的平台有 5 家，累计成交量为 170.79 亿元，平台数量与 2018 年持平，累计成交量增加 12.64 亿元（图 7-7）。第一层级累计成交量占可监测平台累计成交总量的

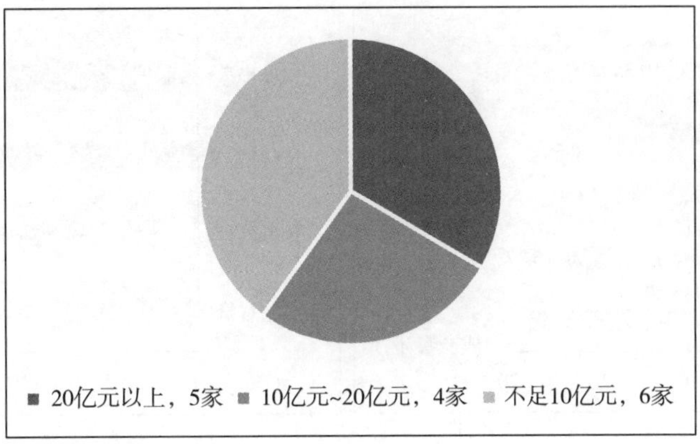


图 7-7　2019 年安徽省可监测 P2P 网贷平台累计成交量区间数量

（资料来源：安徽省互联网金融协会）

68.46%，比上年增加了 10.87%，行业集中度进一步提高。相比 2018 年第一层级中的 5 家平台，排名前三的平台没有变化，但果儿金融退出，濡江财富由 2018 年的第二层级跃至第一层级，并超过国元网金，排名第四（图 7-8）。

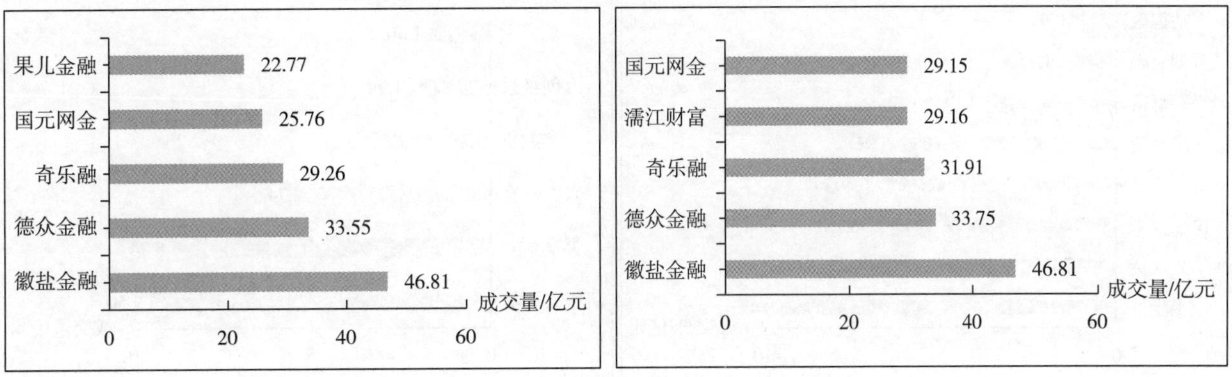


图 7-8　2018 年（左）及 2019 年（右）累计成交量超 20 亿元的平台

（资料来源：安徽省互联网金融协会）

第二层级的平台有 4 家，累计成交量为 60.04 亿元，占可监测平台累计成交总量的 24.07%，2018 年末位于该层级的平台有 5 家，累计成交量 72.93 亿元，占比 26.56%，两相对比，2019 年的相应数据都有所下降。从平台层面分析原因，一是众隆金服的清退；二是 2018 年在第二层级首位的濡江财富表现亮眼，如前文所述，以排名第一的新增成交量 10.29 亿元跃升至第一层级，使得原先排名第二的新安左右贷自动升至第二层级的首位。此外，步步盈以 2.16 亿元的新增成交量从第三层级首位跻身第二层级末位（图 7-9）。

截至 2019 年末，累计总成交量位于第三层级的平台有 6 家，接近可监测平台数量的一半，虽然这一层级平台数量多，但累计总成交量仅 29.53 亿元，占比 11.84%，与 2018 年相比，平台数量减少了 2 家，累计成交总量减少了 14 亿元，相应占比降低约 4 个百分点。如图 7-10 所示，2019 年，新华久久贷、悦享金服累计成交量超过 8 亿元，其余四家均低于

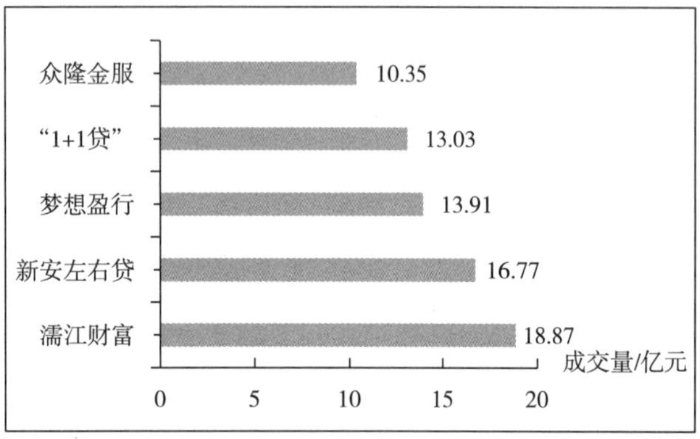


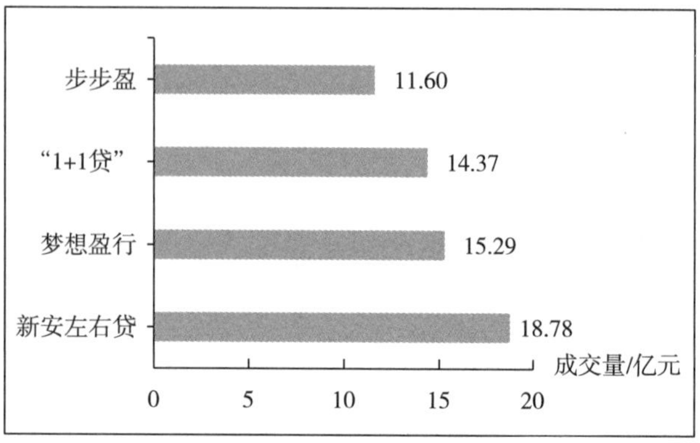


图 7-9　2018 年（左）年及 2019 年（右）累计成交量 10 亿～20 亿元的平台

（资料来源：安徽省互联网金融协会）

5 亿元。从平台变化来看，一是房易贷、量子金融相继退出市场；二是如前文所述，步步盈跃升至第二层级，继而新华久久贷以 9.5 亿元的累计成交额位居第三层级之首；三是新增鑫融贷这一可监测平台，排名第四。

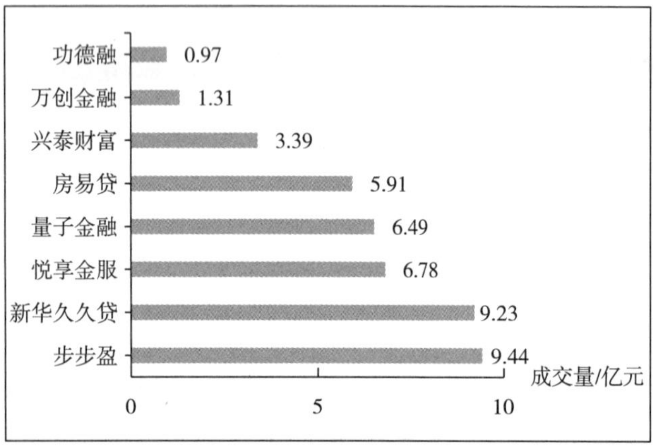


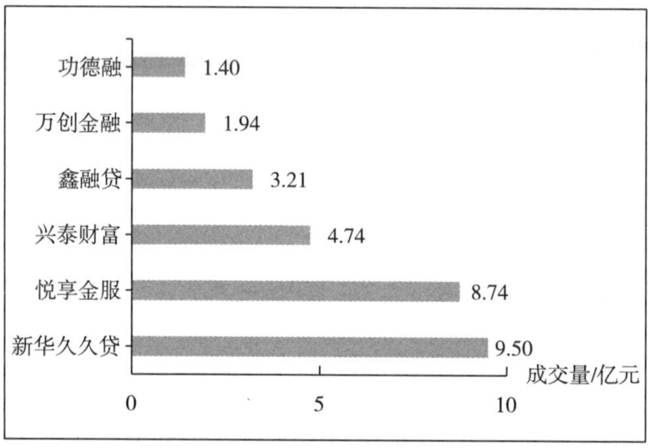


图 7-10　2018 年（左）及 2019 年（右）累计成交量低于 10 亿元的平台

（资料来源：安徽省互联网金融协会）

## 四、借贷余额

据安徽省互联网金融协会数据显示，截至 2019 年末，15 家可监测 P2P 网贷平台借贷余额总量为 16.36 亿元，仅占 2019 年全国 P2P 网贷行业借贷余额 4915.91 亿元[①]的 0.33%。2019 年省内 P2P 网贷行业借贷余额同比 2018 年下降了 43.57%，全国同比下降了 37.69%，不论从全国范围还是就安徽省内来看，借贷余额都有大幅下降，这主要是由于 2019 年行业清退力度加大，平台继续按照监管"三降"要求降低贷款余额，此外多家大平台开始业务转型，停止发标导致借贷余额急剧下降，诸多因素的影响使得行业借贷余额在 2019 年出现了

---

① 数据来源于网贷之家《2019 中国网络借贷行业年报（完整版）》。

明显的下降。而安徽省 P2P 平台借贷余额下降得更为明显，这主要是因为省内 P2P 借贷行业的体量和借贷平台数量均相对较小，贷款余额总量基数有限，问题平台的出现以及行业政策调整造成的影响更大，因此较全国而言波动更为显著。

具体分析 2019 年省内可监测平台借贷余额变化情况，可以看出，2019 年全年借贷余额呈持续下降趋势（图 7－11）。

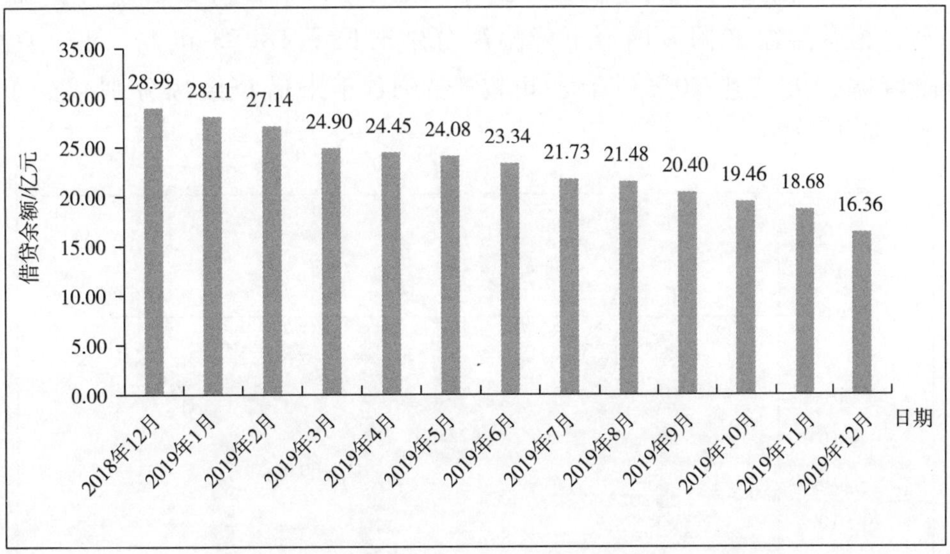


图 7－11　安徽省可监测 P2P 网贷平台借贷余额变化情况

（资料来源：安徽省互联网金融协会）

就单个平台来看，2019 年借贷余额前十大平台的借贷余额总量为 15.44 亿元，占可监测平台借贷余额总量的 94.38%，相比 2018 年，前十大平台借贷余额总量减少了接近 10 亿元，但占比却增加了 3 个百分点，由此可见，2019 年省内 P2P 网贷平台在大幅降低借贷余额的同时，借贷余额向头部平台集聚的趋势仍在延续（图 7－12）。

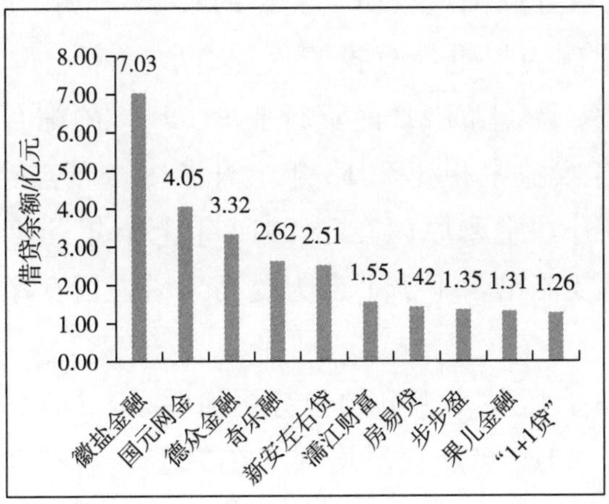


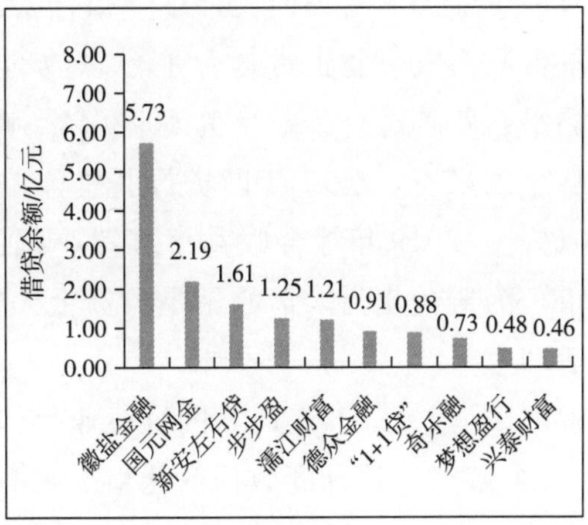


图 7－12　2018 年（左）及 2019 年（右）前十大平台借贷余额

（资料来源：安徽省互联网金融协会）

分平台来看，截至2019年底，借贷余额最高的仍是徽盐金融，为5.73亿元，是省内唯一一家借贷余额超过5亿元的平台，此外，借贷余额超过2亿元的也只有第二名国元网金，为2.19亿元。前十大平台借贷余额规模普遍下降，2018年十家平台全部超过1亿元，而2019年仅前五家平台借贷余额规模位于1亿元以上，其余的五家平台借贷余额均在1亿元以下。

从借贷余额的增长情况来看，2019年度前十大平台中仅有排名第十的兴泰财富借贷余额出现增长，从0.42亿元增长到了0.46亿元，其余九家平台借贷余额均呈现不同程度的下降。头部平台徽盐金融和国元网金下降幅度分别增长了18.53和46.01个百分点；德众金融和奇乐融降幅最大，达70%以上，相较于2018年末借贷余额分别减少了2.41亿元和1.89亿元（图7-13）。

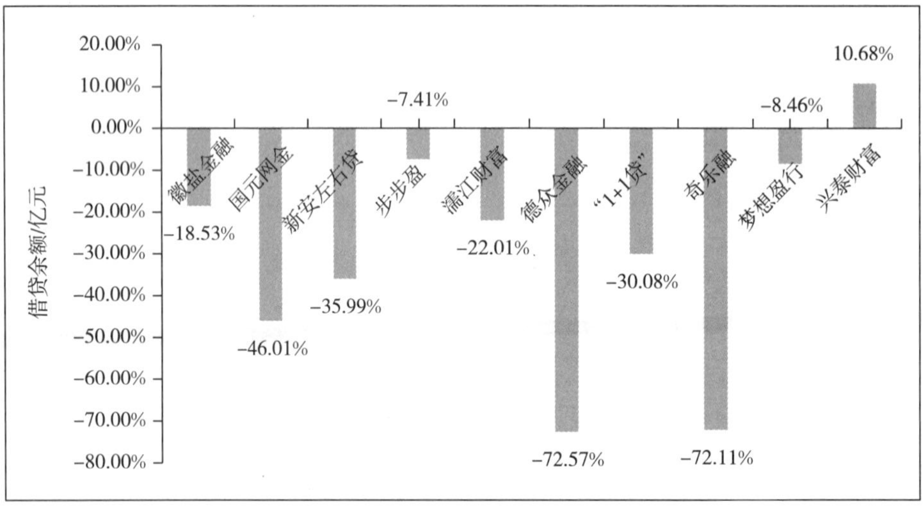


图7-13　2019年末借贷余额前十大平台较2018年末借贷余额变化情况

（资料来源：安徽省互联网金融协会）

## 五、利率与期限

以省内可监测平台为研究样本，根据安徽省互联网金融协会提供的数据，以各地级市正常运营平台数占安徽省正常运营平台总数的比例为权重计算投资人综合收益率，得出2019年可监测平台年均综合收益率为10.26%，略高于全国P2P网贷行业9.89%[①]的综合收益率水平。从全国来看，2019年网贷行业总体综合收益率相比2018年上升了8个基点（1个基点=0.01%），2019年综合收益率继续小幅回升，主要原因在于2019年上半年几家大平台出现爆雷，为避免出借人信心不足致资金大幅度流出，不少平台为提高出借人留存率，进行了加息活动。

就省内来说，2019年P2P网贷行业总体综合收益率上升的趋势更加明显，同比2018年上升了31个基点。从月度数据变化情况来看，2019年加权平均利率在10%左右波动，利率增长多在前期实现，后期随着平台发标数量的大幅度减少，资产端监管加码，借款端利率下

① 数据来源于网贷之家《2019中国网络借贷行业年报（完整版）》。

降导致出借端利率也出现下滑，行业综合收益率持续下行，因此 2019 年全年呈综合收益率呈现前高后低的局面，但是总体年均综合收益率仍然比 2018 年略有上升（图 7－14）。

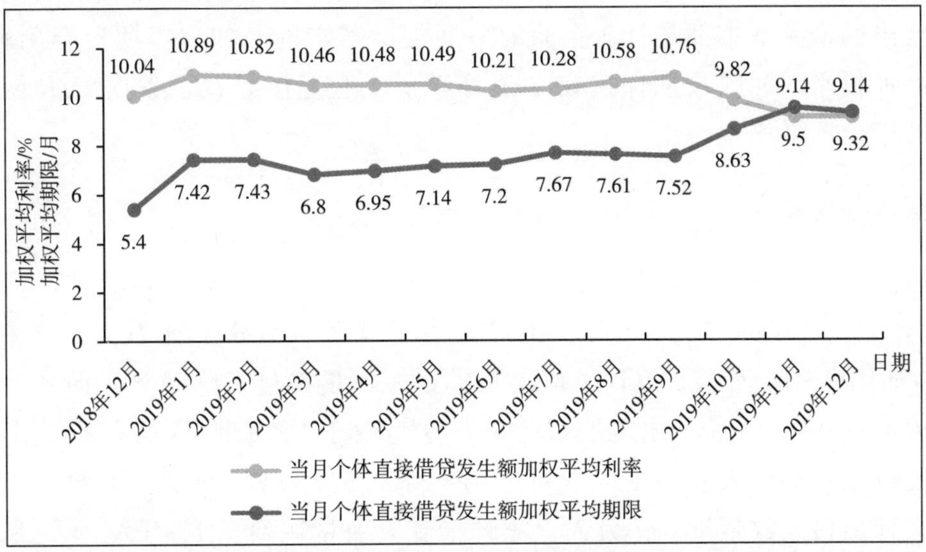


图 7－14　2019 年可监测平台各期个体直接借贷发生额加权平均利率、期限变化情况

（资料来源：安徽省互联网金融协会）

具体来看，2019 年安徽省可监测平台的加权平均期限为 7.77 个月，相较于全国 P2P 网贷行业 15.42 个月的平均借款期限相差甚远。由图 7－15 可以看到，2019 年全国和省内 P2P 网络借贷行业平均借款期限都有所增长，分别拉长了 2.77 个月[①]、1.94 个月。这主要是因为在行业清退过程中，中小平台的发标规模愈发下降，大体量平台集中度更高，而这些平台更倾向于发布长期项目标的，从而带动行业平均借款期限拉长。

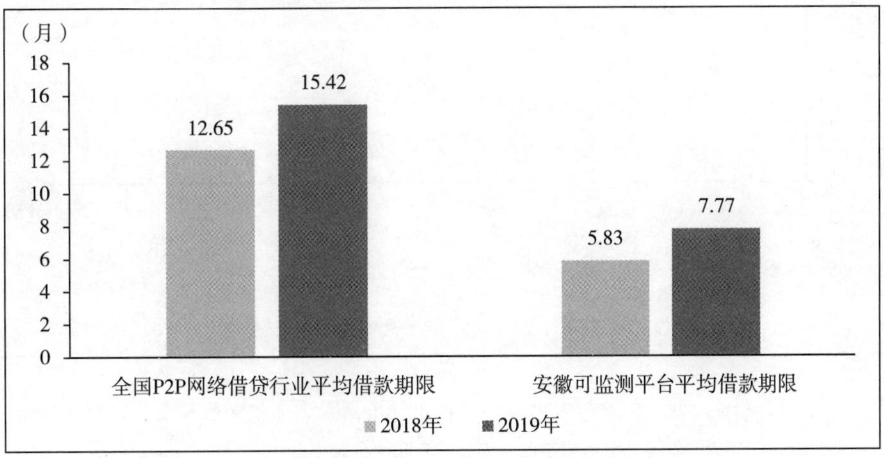


图 7－15　2018 年、2019 年全国 P2P 网贷行业、安徽省可监测平台平均借款期限

（资料来源：安徽省互联网金融协会、网贷之家）

① 数据来源于网贷之家《2019 中国网络借贷行业年报（完整版）》。

贷款结构是影响省内 P2P 网贷行业平均借款期限的主要原因，在安徽省 P2P 网贷平台的业务结构中，企业贷常年占据半壁江山，而企业贷款常被用于短期项目如工程招标等，从而使得平均借款期限被拉低。例如，以 2019 年省内新增成交量最多的 P2P 网贷平台濡江财富来说，其推出的产品基本都是针对企业的短期资金需求的，如“短期资金周转”“工程保证金”等产品加权平均期限长期保持在 2 个月以下，这直接导致了省内 P2P 网贷行业的平均借款期限低于全国平均水平。

## 六、出借人与借款人

仍以可监测平台为样本，自各平台成立至 2019 年末，可监测平台累计出借人数量合计为 8.06 万人，同比 2018 年末下降了 13.61%，累计借款人数量合计为 5.4 万人，同比下降了 27.61%。如图 7－16 所示，累计出借人和借款人数量都呈下降趋势，但各月总体增减幅度不大，两项数据在 12 月份均出现明显下降，这是由于 2019 年 11 月，果儿金融风险出清安全退出，使得累计出借人和借款人数量分别下降 7.9%和 17.68%。据数据显示，果儿金融退出之前累计出借人数量近 0.7 万人，累计借款人数量达到 1.16 万人。

据测算，2019 年网贷行业出借人数与借款人数分别约为 726 万人和 1156 万人，较 2018 年分别下降 45.44%和 41.97%。从数据可以看出，网贷行业人气总体出现了较为明显下降，出现这一现象主要与平台普遍贯彻“三降”要求、不少平台纷纷转型退出、网贷行业的风险事件屡有发生所致，诸多因素使得网贷行业成交情况和人气都受到较大影响。

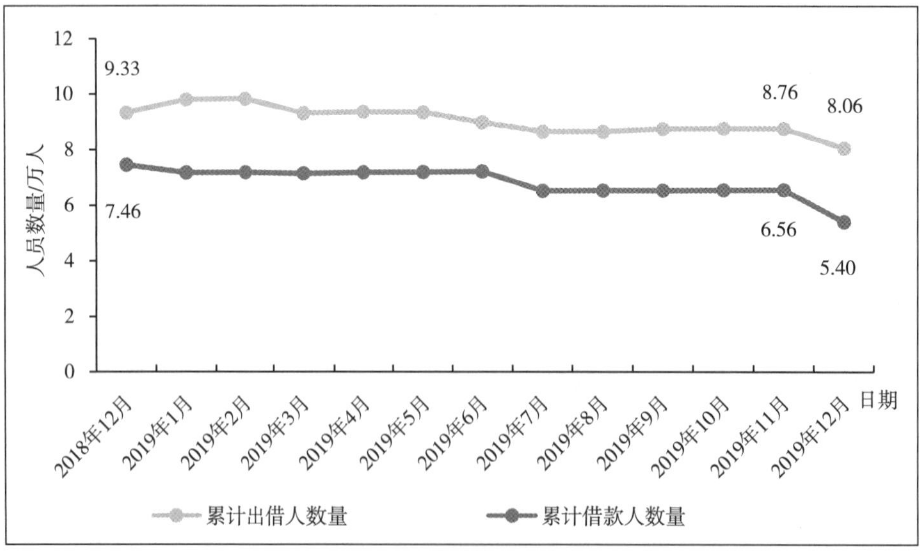


图 7－16　2019 年安徽省可监测平台累计出借人、借款人数量变化情况

（资料来源：安徽省互联网金融协会）

由省内可监测平台累计出借人、借款人数量变化情况可以看到，2019 年出借人数量始终与借款人数量保持在同一数量级，都不超过 10 万人，且累计出借人数量始终高于累计借款人数量。截至 2019 年年底，出借人数量仅比借款人数量多出 2.66 万人。但放眼全国 P2P 网贷行业，根据网贷之家统计，2018 年全国 P2P 网贷行业出借人数与借款人数分别约为

1331 万人和 1992 万人，2019 年分别约为 726 万人和 1156 万人，借款人数均远高于出借人数，这主要是因为全国 P2P 网贷平台多以消费金融等小额业务为主，这类业务的特点是单笔金额较小，可以覆盖的借款人数多，这一点在沿海发达城市借款业务结构上表现得尤为显著。但是对于安徽省 P2P 网贷行业而言，消费金融占借款业务比重较小，省内 P2P 网贷平台借款业务多集中于企业贷和车贷，因此形成出借人数量高于借款人数量的现象。

以可监测的 15 家平台为样本，平均每个平台出借人数约为 0.54 万人，根据出借人数量指标排名，前十名的平台累计出借人数合计为 7.54 万人，占可监测平台累计出借人合计数的 93.55%。对比图 7－17 可知，2019 年省内累计出借人数水平与 2018 年基本上持平，在此基础上小幅下降。2018 年排名前四位的平台维持不变，累计出借人数略有增加，而排名第五、第六位和第九位的果儿金融、房易贷和量子金融都在 2019 年退出市场，位居其后的平台依次累进，对省内 P2P 网贷行业总出借人数的影响不言而喻。

2019 年，可监测平台中累计出借人数量最多的仍是步步盈，也是省内唯一一家累计出借人数超过 2 万人的平台，占可监测平台累计出借人总数的 31.89%；其次是德众金融，累计出借人数也超过 1 万人；徽盐金融位列第三，前三家平台合计累计出借人数量占全部 15 家平台总人数的 58.56%。

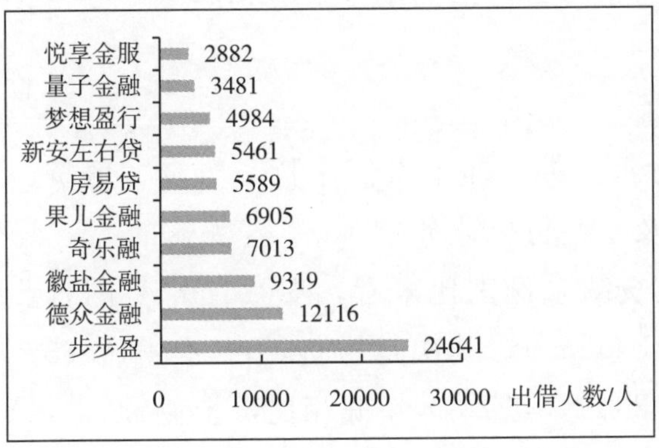


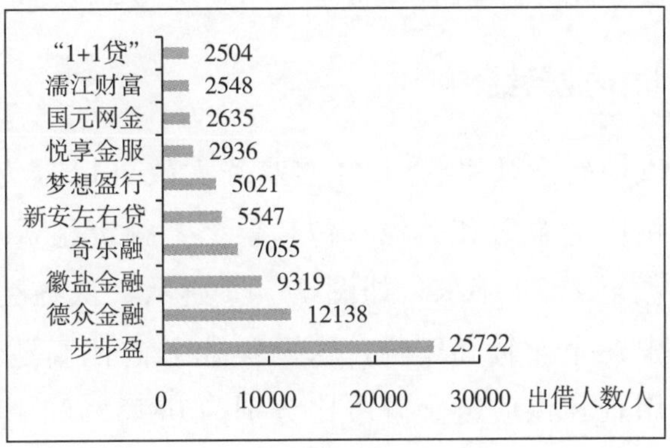


图 7－17　2018 年（左）及 2019 年（右）前十大平台累计出借人数

（数据来源：安徽省互联网金融协会）

再看累计借款人数据，在 15 家可监测平台中，平均每个平台借款人数约 0.36 万人，累计借款人数排在前十家的平台累计借款人合计数达 5.32 万人，占 15 家可监测平台累计借款人数量的 98.52%，说明这前十家平台的借款人数量可大致代表安徽省 P2P 网贷行业的整体水平。由图 7－18 可以看到，累计借款人数最多的是徽盐金融，超过了 15000 人；奇乐融、国元网金紧随其后，位列第二、第三位，这三家平台累计借款人总数占据了 15 家平台借款人总数的 75.37%，且累计借款人数量也均超过了 1 万人，而排名第十的"1＋1 贷"仅 529 人，可见累计借款人数量在平台间的差异十分显著。

比较各平台的累计出借人数量和累计借款人数量，以累计借款人数量除以累计出借人数量为配比值，比值最高的为国元网金，为 4.32，即国元网金每 1 位出借人对应 4 位借款人；比值最低的为步步盈，为 0.02，即步步盈每 100 位出借人只对应 2 位借款人，出借人数量

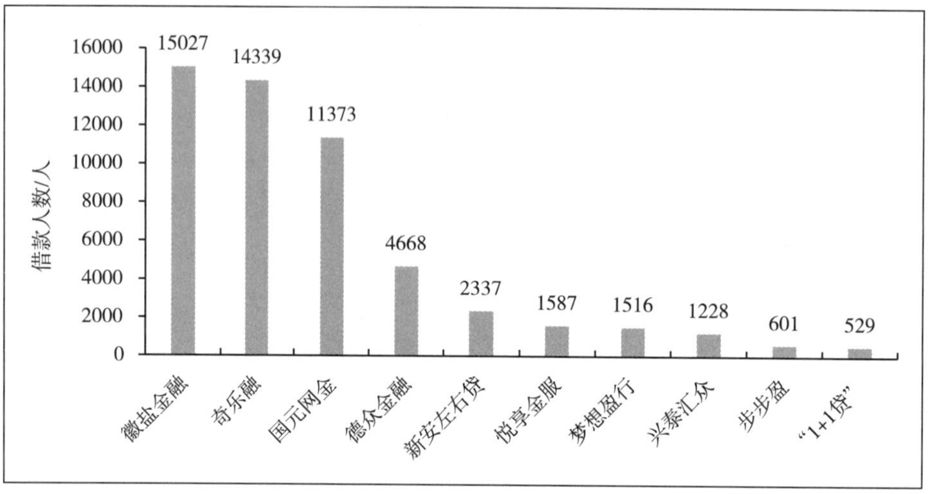


图 7-18　2019 年前十大平台累计借款人数

（数据来源：安徽省互联网金融协会）

远多于借款人数量。2019 年 15 家可监测平台平均比率为 0.83，有 4 家平台超过了平均水平。相比 2018 年，18 家可监测 P2P 网贷平台的平均比率为 0.8，2019 年该比率基本持平。这主要是由于平台普遍贯彻“三降”要求，致力于转型出清而不是业务拓展。

## 七、业务结构

安徽省 P2P 网贷平台的业务大致可以分为六大类，即个人信用贷、车贷、房贷、企业贷、供应链金融和其他（包括票据、融资租赁及一些特色业务）。

截至 2019 年末，如图 7-19 所示，从各类贷款余额占比来看，安徽省 P2P 网贷业务主要集中在企业贷和车贷，这两类业务占比高达 83.38%；其次是房贷，占比为 10.63%；个人信用贷和供应链金融占比分别为 0.73%和 1.20%。与 2018 年底相比，企业贷、房贷、个人信用贷和供应链金融的业务比重均有不同程度的下降，与此同时，车贷份额大幅提升，其他类贷款比重也有所增长。

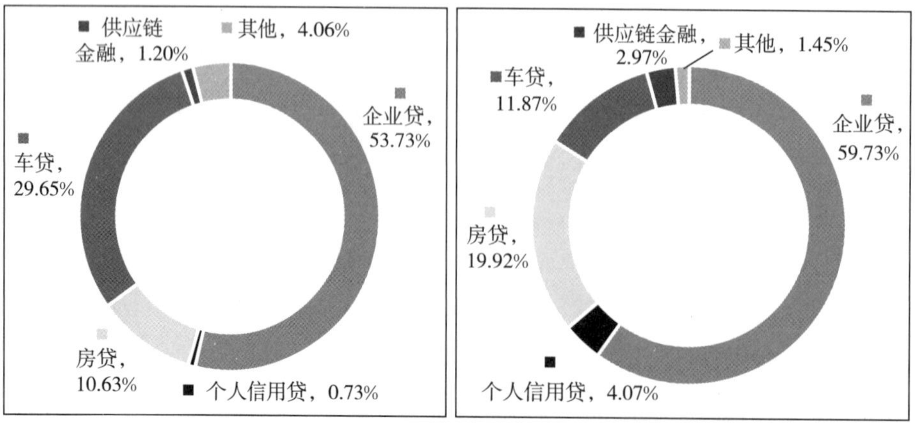


图 7-19　2018 年（左）及 2019 年（右）安徽省 P2P 网贷业务结构

（数据来源：安徽省互联网金融协会）

从全国范围来看，网贷之家将全国 P2P 网贷行业的业务类型分为个人信贷、企业贷、车抵贷和房抵贷四大类[①]。如图 7－20 所示，从各业务类型的贷款余额占比来看，截至 2019 年末，个人信贷当前贷款余额占比达到 86.26%，是当前网贷行业最主要的业务形态；其次是企业贷，贷款余额占比为 8.81%；车抵贷占比 4.41%；而房抵贷仅占比 0.52%。数据表明个人信贷已然是网贷行业的重要支柱，这主要是应 2016 年 8 月 24 日《网络借贷信息中介机构业务活动管理暂行办法》提出的小额分散的要求，限制了大额业务的开展；同时也有不少平台转型至具备小额分散特征且行业壁垒较低的个人信贷业务，致使近两年个人信贷业务快速发展。

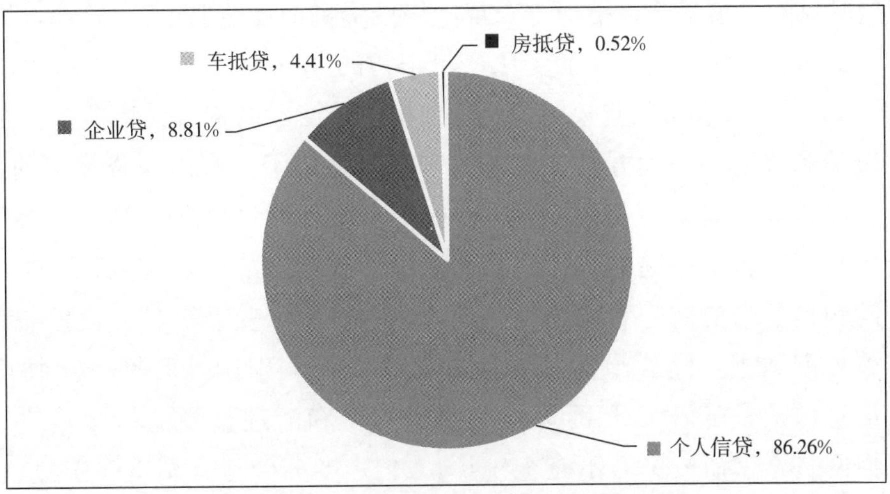


图 7－20　2019 年全国 P2P 网贷业务结构

（数据来源：网贷之家）

反观安徽省内，P2P 网贷行业的业务结构与全国行业情况差别较大，企业贷贷款余额占比过高，2019 年依然超过 50%，而个人消费类借贷场景发展还不成熟，个人信用贷款占比小且呈下降趋势，与全国整个行业的发展情况存在着较大差异。

## 第二节　安徽 P2P 网络借贷行业监管情况

2019 年网贷行业专项整治进入深水区，退出和转型成主旋律，在这一背景下，监管频频发力，推动整个行业进入政策调整期。回顾几年来网贷行业的监管实践可以看到，进入 2019 年，监管层的思路更加明晰，政策体系也日趋完善。

### 一、监管概况

2018 年 12 月底，互金整治办与网贷整治办联合下发的“175 号文”首提坚持以机构退

① 网贷之家《2019 年中国网络借贷行业年报（完整版）》中个人信贷主要指的是没有抵押物的个人消费贷款，包括消费分期、信用借款等；企业贷除了有信用借款外，还包括以票据、应收账款、进口货物等作为抵押物的抵押类借款；车抵贷和房抵贷分别是以汽车和房产作为抵押物进行借款。

出为主要工作方向，能退尽退、应关尽关，由此奠定了2019年整个行业清退转型的主基调，此后多份重磅文件及多次高规格会议所传达的网贷整治总方针基本保持了一致性，即推动大多数机构良性退出，引导部分机构转型。例如，7月初两小组召开的网络借贷风险专项整治工作座谈会上重申下一阶段要以转型发展和良性退出为主要工作方向；11月初两小组联合召开关于加快网络借贷机构分类处置工作推进会，再次重申下一步工作要坚定以退出为主要方向，压实股东、平台的责任，推动大多数机构良性退出，有计划、分步骤限期停止业务增量；2020年1月4日银保监会下发"52号文"明确要求"坚决遏制增量风险，稳妥化解存量风险""深入开展互联网金融风险专项整治，推动不合规网络借贷机构良性退出"。此外，值得关注的是，关于网贷的监管用词在这一年也发生了变化，从年初的"备案"到4月初的"备案试点"，再到年末的"监管试点"，这意味着监管层的思路发生了转变，网贷备案将存在更多变数。

基于行业出清和转型这一大方向，各地监管部门加快了辖区内网贷整治的进程。暴力催收、高利贷、套路贷等仍是重点打击对象，2019年10月，"两高两部"联合印发的《关于办理非法放贷刑事案件若干问题的意见》从司法层面明确了非法放贷入刑标准。同样，个人信息安全保护问题也是当前监管和市场关注的重点。9月，多家知名大数据公司因违规经营爬虫业务接连被警方调查，随后最高院、地方监管部门、中国互联网金融协会陆续下发文件，强化个人信息保护。随着P2P网贷行业监管趋严和清理整顿的持续推进，行业出清进入加速轨道。据网贷之家研究中心不完全统计，2019年至少已有湖南、宁夏、山西、安徽、云南、济南、深圳、上海等20个省市监管部门或地方互联网金融协会对外公布了清退机构名单，涉及网贷平台数量多达945家。

随着行业出清的加速，恶意逃废债的现象也愈加严重。为应对这一乱象，2019年9月初互金整治办与网贷整治办联合下发《关于加强P2P网贷领域征信体系建设的通知》（表7-1），明确提出支持在营网贷机构接入央行征信、百行征信等征信机构，并持续开展对已退出经营的网贷机构相关恶意逃废债行为的打击。这一举措有助于改善网贷行业资产端逾期情况，既是对出借人权益的一种保护，也有益于缓解目前行业出清过程中所面临的困境，通过加大借款人违约成本，对恶意逃废债者产生一定的威慑力，能够有效遏制行业恶意逃废债行为。

**表7-1 2019年网贷行业主要监管政策一览表**

| 时间 | 发布机构 | 文件或重要会议 |
|---|---|---|
| 2019年1月 | 互联网金融风险专项整治工作领导小组办公室、P2P网贷风险专项整治工作领导小组办公室 | 《关于进一步做实P2P网络借贷合规检查及后续工作的通知》 |
| 2019年3月 | 互联网金融风险专项整治工作领导小组办公室、P2P网贷风险专项整治工作领导小组办公室、国家计算机网络应急处理协调中心 | 《关于启动网络借贷信息中介机构运营数据实时接入工作的通知》 |
| 2019年3月 | 中国互联网金融协会 | 《关于网络借贷不实广告宣传涉嫌欺诈和侵害消费者权益的风险提示》 |
| 2019年4月 | 互联网金融风险专项整治工作领导小组办公室、P2P网贷风险专项整治工作领导小组办公室 | 《网络借贷信息中介机构有条件备案试点工作方案》 |

（续表）

| 时间 | 发布机构 | 文件或重要会议 |
|---|---|---|
| 2019 年 7 月 | 互联网金融风险专项整治工作领导小组办公室、P2P 网贷风险专项整治工作领导小组办公室 | 网络借贷风险专项整治工作座谈会 |
| 2019 年 7 月 | 中国银保监会 | 《关于开展现金贷等网贷平台意外伤害保险业务自查清理的通知》 |
| 2019 年 9 月 | 互联网金融风险专项整治工作领导小组办公室、P2P 网贷风险专项整治工作领导小组办公室 | 《关于加强 P2P 网贷领域征信体系建设的通知》 |
| 2019 年 10 月 | App 专项治理工作组 | 《信息安全技术移动互联网应用程序（App）收集个人信息基本规范》最新版草案 |
| 2019 年 11 月 | 互联网金融风险专项整治工作领导小组办公室、P2P 网贷风险专项整治工作领导小组办公室 | 加快网络借贷机构分类处置工作推进会；《关于网络借贷信息中介机构转型为小额贷款公司试点的指导意见》 |
| 2019 年 11 月 | 中国互联网金融协会 | 《关于增强个人信息保护意识依法开展业务的通知》《关于进一步加强网络借贷资金存管工作的通知》 |
| 2019 年 12 月 | 中国人民银行 | 启动金融科技创新监管试点工作 |

资料来源：网贷之家研究中心。

## 二、安徽 P2P 网贷的监管情况

2019 年，安徽省网贷行业同样处于风险出清的阶段，行业规模持续缩减。省内各网贷平台在省地方金融监督管理局、安徽省互联网金融协会的监督和引导下有序开展各项风险清退工作。2019 年 9 月 7 日，安徽省互联网金融风险专项整治领导小组（扩大）会议召开，会议强调要持续开展专项整治工作，认真组织整改验收，严密防控存量风险，建立健全长效机制，认真做好督查工作，综合运用网上巡查、大数据分析、实地走访等方式，采取“穿透式”工作方法，扎实做好重点对象的分类处置、现场检查，对不配合整改或整改效果较差的机构，要加大处罚力度，形成威慑，确保整治成效。

基于有序引导网贷平台退出和转型这一工作大方向，安徽监管部门快速推进辖区内网贷平台清退工作。2019 年 12 月 13 日，安徽省地方金融监督管理局发布“僵尸类”网络借贷机构名单公告。在各市核查的基础上，安徽省互联网金融风险专项整治工作领导小组办公室梳理出安徽省第一批“僵尸类”网络借贷机构名单，具体包括合融金融、泰信财富、小微金融、小微共投、汇通钱箱、长江创投、hi 投、幸福华安、诸葛 E 投、包公有财、点鑫金融、易久贷、拓鑫金服等 32 家网络借贷机构。

另据安徽省互联网金融协会提供的数据，2019 年可监测平台退出市场的有 5 家，分别为房易贷、众隆金服、e 典贷、量子金融和果儿金融。

2019 年 4 月 10 日，房易贷平台法人周道广直播宣布平台停盘。据官网介绍，房易贷平台于 2015 年 4 月底正式上线，由安徽福运和资产管理有限公司运营，平台的客户主要以一二线城市的人群为主。企查查信息显示，安徽福运和资产管理有限公司注册资本 5000 万元，实缴

100 万元，法人周某亦为实际控制人，实际持股比达 83%。其依托房易贷 P2P 平台，自 2015 年 4 月 18 日至 2019 年 3 月 16 日，向 5209 个投资者非法吸收资金共计 5.65 亿元。截止到 2019 年 3 月 16 日，尚未清偿 767 个投资者，投资金额合计 3.03 亿元，已提现 2.13 亿元，实际损失 9 亿余元。2019 年 7 月 2 日，合肥市公安局庐阳分局对周某等人涉嫌非法吸收公众存款案立案侦查，立案后公安机关持续加大侦办力度，最大限度保护投资人的合法利益。

众隆金服于 2018 年 4 月下旬已停业，但由于案件上诉，延期审理，于 2018 年底终审裁定，实控人及法人时某被判处有期徒刑。该平台累计非法吸收公众存款 2.26 亿余元，实际吸收存款本金 1.55 亿余元，偿付本息 7749 万余元，造成投资人损失 8344 万余元，于 2019 年 5 月停止向安徽省互联网金融协会报送数据，其后 e 典贷、量子金融先后被曝出问题，停止报送数据。

2019 年 11 月 25 日，果儿金融宣布良性退出，从当日起停止发标，并关闭充值、债转功能，提现功能继续使用，账户尚有资金的可以正常提现。果儿金融表示，由于受产品特征及政策影响，车贷产品自 2018 年开始受打黑除恶影响较大，部分借款人恶意逃废债行为数量逐月攀升，导致渠道商（担保人）代偿能力受到严重影响，只能靠续贷延续，现终止发标后，资金偿还需要分期兑付，预计最长不超过 24 期（2 年）。截至宣布退出，果儿金融累计撮合总额 25.07 亿元，待收余额剩 1.13 亿元，出借人有 625 人，果儿平台虽仅为中介，但公司团队表示会就此事负责到底，不停业、不关网、不失联，尽最大努力积极帮助出借人追回每一分钱。随着果儿金融公告良性退出，安徽 P2P 网贷行业 2019 年的风险出清工作进入了尾声。

## 第三节　安徽 P2P 网贷机构的转型思考

从监管层的态度和 2019 年安徽 P2P 网贷行业发展的现实情况来看，清退还是转型将是安徽所有 P2P 网贷机构在 2020 年不得不面对的终极问题。可以预计，绝大多数中小平台基本以退出市场为最终归宿，少数实力较强、资质较好的大平台有望实现转型。从监管层给出的三大主要转型方向来看，小贷公司、助贷机构和消费金融公司，无论选择哪个方向，安徽 P2P 网贷机构的转型之路都将充满艰辛。

### 一、转型小贷公司

#### （一）小贷行业发展概况

根据中国人民银行公布的小额贷款数据显示，截至 2019 年 9 月末，全国共有小额贷款公司 7680 家，贷款余额 9288 亿元。从近年小贷公司的发展状况来看，在 2014 年整个小贷行业达到高峰后就开始走下坡路，小贷公司数量在 2016 年后呈逐年下降趋势，贷款余额虽在 2017 年迎来小幅回升，但整体仍呈下滑趋势。

网络小贷作为小贷的重要分支，凭借其打破传统小贷的地域限制，可通过互联网在全国范围内开展业务的优势吸引了各大企业竞相申请。据网贷之家研究中心不完全统计，截至 2019 年 12 月底，全国共批设了 262 家网络小贷公司（含已获地方金融办批复未开业的公司），其中有 245 家完成工商登记。从这 245 家网络小贷公司成立时间来看，2016 年开始网络小贷牌照数急剧增加，2017 年呈爆发性增长，2017 年全年新增网络小贷公司数达到 123 家，超 2016 年及之前网络小贷牌照总数，2018 年后网络小贷新增数量大幅下降，仅有 3 家，这主要是因为 2017 年 11 月底，互金整治办下发的《关于立即暂停批设网络小额贷款公司的通知》明确要求自即日起，各级小额贷款公司监管部门一律不得新批设网络（互联网）小贷公司，禁止新增批小贷公司跨省（区、市）开展小额贷款业务，从此网络小贷的批设基本处于停滞状态，并且截至目前，网络小贷审批仍未重新开闸。

从目前已完成工商登记的 245 家网络小贷公司注册资本来看，注册资本为 1 亿～5 亿元（含 1 亿元）的公司最多，有 151 家，占样本总数的 61.63%；其次是注册资本为 5 亿～10 亿元（含 5 亿元）的公司，有 65 家；注册资本为 10 亿元及以上的公司有 25 家。总体来看，网络小贷公司注册资本基本在 1 亿元及以上，其中超 36%的网络小贷公司注册资本在 5 亿元及以上。

（二）网贷平台转型小贷公司的监管要求

2019 年 11 月，互联网金融风险专项整治工作领导小组办公室、P2P 网贷风险专项整治工作领导小组办公室联合印发《关于网络借贷信息中介机构转型为小额贷款公司试点的指导意见》（以下简称“83 号文”），明确提出，引导部分符合条件的网贷机构转型为小贷公司，要求各地在 2019 年 11 月底前启动试点工作；2020 年 1 月底前各地完成小贷公司临时牌照的审批工作；转型期限（过渡期）原则上不超过 1 年，存量业务规模在 50 亿元以上的公司转型期限原则上不超过 2 年。

“83 号文”将网贷平台转型小贷公司的类型分为区域性小贷公司和全国性小贷公司，具体准入门槛见表 7 - 2 所列。

**表 7 - 2　区域性小贷公司与网络小贷公司准入门槛及监管要求**

| 区别 | 区域性小贷公司 | 全国性小贷公司 |
| --- | --- | --- |
| 定位 | 放贷机构 | 放贷机构 |
| 审批制度 | 牌照制 | 牌照制 |
| 经营范围 | 区域性 | 全国（禁止办理线下业务） |
| 最低注册资本金 | 5000 万元 | 10 亿元，首期实缴资本不低于 5 亿元，同时要求首期实缴资本不低于转型时网络机构借贷余额的 1/10 |
| 主出资人 | P2P 网贷平台存量业务无严重违法违规情况；最近 1 年保持全量业务银行存管上线状态；近 2 年 P2P 网贷平台及其实际控制人、主要高管无严重违规处理和违法犯罪记录等合规条件；股东实力较强；转型方案具有可行性；退出平台不得申请 | P2P 网贷平台存量业务无严重违法违规情况；最近 1 年保持全量业务银行存管上线状态；近 2 年 P2P 网贷平台及其实际控制人、主要高管无严重违规处理和违法犯罪记录等合规条件；股东实力较强；转型方案具有可行性；金融科技实力强；退出平台不得申请 |

（续表）

| 区别 | 区域性小贷公司 | 全国性小贷公司 |
|---|---|---|
| 资金来源 | 自有资金、通过银行借款、股东借款等非标准化融资形式，融资余额不得超过净资产的 1 倍，通过发行债券、资产证券化产品等标准化融资形式，融资余额不得超过净资产的 4 倍 | 自有资金、通过银行借款、股东借款等非标准化融资形式，融资余额不得超过净资产的 1 倍，通过发行债券、资产证券化产品等标准化融资形式，融资余额不得超过净资产的 4 倍 |
| 融资杠杆 | 最高 5 倍 | 最高 5 倍 |
| 借款限额 | 各地略有不同，如深圳要求对同一借款人的贷款余额不得超过公司资本净额的 5%，且同一借款人的贷款余额上限为 500 万元 | 自然人的单户贷款余额原则上不得超过 30 万元，不得超过其最近 3 年年均收入的 1/3，该两项金额中的较低者为贷款金额最高限额；法人或其他组织及其关联方的单户贷款余额原则上不超过 100 万元 |

资料来源：网贷之家研究中心。

“83 号文”发布后，已有部分网贷平台公开表示将申请区域性小贷牌照和网络小贷牌照。另外其实在相关政策下发前，已有部分网贷平台提前布局，通过主体或者关联公司获取了网络小贷牌照。据网贷之家研究中心不完全统计，截至 2019 年 12 月底，全国共有 16 家正常运营的网贷平台或其关联企业获取了 17 家网络小贷牌照，其中，中和农信控股了海南和重庆的 2 家网络小贷公司。

（三）网贷平台转型小贷公司可能存在的主要难点

一是存量业务难以消化。“主动处置和化解网贷机构存量业务风险，最大限度减少出借人损失”是引导网贷机构转型的重要指导思想。“83 号文”明确要求“网贷机构应在转型期限内完成存量网贷业务清零并按规定完成相关整改”，同时规定，转型期限原则上不超过 1 年，存量业务规模在 50 亿元以上且借款期限大部分在 1 年以上的网贷机构，转型期限原则上不超过 2 年，并且要求实控人、主要股东及其相关主体承诺对存量业务承担兜底风险。可见，存量业务化解是网贷机构转型的必备前提。然而从目前来看，在一到两年的转型期内实现存量业务的完全消化，对于绝大多数网贷机构来说都是一项艰巨甚至是根本无法完成的任务。

二是准入门槛高。“83 号文”明确规定“拟转型网贷机构设立的单一省级区域经营的小贷公司注册资本不低于人民币 5000 万元（出资形式为货币）；拟转型网贷机构设立的全国经营的小贷公司注册资本不低于人民币 10 亿元（出资形式为货币），首期实缴货币资本不低于人民币 5 亿元，且为股东自有资金，其余部分自公司成立之日起 6 个月内缴足”。同时要求小贷公司首期实缴资本还应满足不低于转型时网贷平台借贷余额的 1/10 的要求。此外，“83 号文”还要求如经监管部门评估后，认为网贷平台所提供的兜底措施仍不足以覆盖存量业务风险的，可要求平台提交金额不低于截至申请之日借贷余额的 3%的风险准备金，这些规定不仅对于中小平台来说意味着极高的门槛，对于那些借贷余额超百亿元的大平台来说同样也很难企及。

二是业务及杠杆限制。“83 号文”对转型小贷公司后提出多项指标约束，如网络小贷不得办理线下业务，并要求原网贷平台的线下营业网点应在 1 年内取消，同时也对网络小贷的贷款余额做出严格限制，如要求单一自然人的贷款余额不超过 30 万元，单一法人及其关联机构贷款余额不得超过 100 万元。这些规定让转型小贷公司的业务开展受到诸多限制。另外，小贷公司主要是利用自有资金开展业务，虽然“83 号文”将因转型新设的小贷公司融资杠杆适当放宽，“因转型新设立的小贷公司通过银行借款、股东借款等非标准化融资形式，融资余额不得超过其净资产的 1 倍；通过发行债券、资产证券化产品等标准化融资工具、融资余额不得超过其净资产的 4 倍”，但资金端的大幅度缩减势不可挡。

四是小贷行业本身面临发展困境。央行公布的数据表明，近年来小贷公司的增长规模持续放缓，经营环境日益严峻。小贷公司本身存在的局限性主要体现在三个方面：其一，身份定位不明确。其金融机构的身份一直未能明确解决，导致社会上对小额贷款公司缺乏认可，小贷公司也无法享受金融机构的财政补贴、税收优惠、同业拆借利率优惠等政策。其二，区域性小贷公司主要通过线下展业，运营成本较高，并且其区域性限制、融资渠道单一、融资杠杆率低导致其业务发展规模有限和融资成本偏高，经营可持续性受限。其三，随着互联网金融和金融科技快速发展，围绕小额贷款的竞争越来越激烈，小贷公司的生存空间进一步受到挤压。

## 二、转型助贷机构

### （一）助贷行业发展概况

目前行业内对于助贷业务尚无官方统一的界定，行业普遍所理解的助贷业务是指助贷机构向金融机构提供获客、授信审查、风控、贷后管理等环节的服务，金融机构通过助贷机构的撮合向资金需求方发放贷款的行为，助贷机构本身不发放贷款。大体上来看，助贷业务存在客户支持、资金支持和风控支持三种基本模式，合法合规的助贷活动对促进资金供需匹配、降低业务风险、推动普惠金融发展、活跃实体经济能够起到显著的积极作用。近年来，在金融科技迅猛发展、监管层积极引导等因素的推动下，助贷业务有了长足的发展。

然而，快速发展中的助贷业务也暴露出许多问题，如违规发放贷款、核心业务外包、违规跨区域经营、信息收集使用不规范、非法暴力催收等。对此，针对助贷业务的监管政策也在不断出台，监管力度趋严，如北京银保监局发布的《关于规范银行与金融科技公司合作类业务及互联网保险业务的通知》要求银行加强合作机构管理，对合作机构建立准入、评估和退出机制，并要求银行审慎办理异地客户授信业务，辖内商业银行应立足本地经营，主要服务本地客户；央行上海分行下发的《关于做好配合打击惩治“套路贷”加大消费金融业务创新的通知》要求商业银行规范开展消费信贷业务，严控资金流向各类“助贷平台”。强监管之下，助贷行业的发展正逐步趋于规范。

### （二）网贷平台布局助贷业务

自“175 号文”提出积极引导部分机构转型为网络小贷公司、助贷机构或为持牌资产管理机构导流等，由于助贷业务模式与 P2P 网贷业务模式最为相近，转型成本较低，因而引入机构资金、发展助贷业务成为部分网贷平台首选的发力点和转型方向，如 2019 年 6 月，美股上市公司信而富表示："由于近期的监管变动和网络借贷信息中介市场的不确定性，信而富正在停止网络借贷信息中介业务活动，向新的助贷业务模式转型"；同年10月，掌众财富发布清退公告显示，未来不再开展P2P业务，今后将围绕"助贷平台"这一核心角色持续为银行、信托、小贷等金融机构提供金融科技服务；11月，拍拍贷发布公告称，将采用"信也科技"作为公司的名称。自10月开始，拍拍贷所有撮合成交额的资金均来自机构，无P2P新增交易。

从乐信、360金融、拍拍贷、玖富数科等上市互金平台披露的财务报告来看，多家网贷平台的机构资金占比明显上升，见表7-3所列。资金是平台能够持续运营和开展业务的"血液"，目前网贷平台合作的机构资金方参与者主要有银行、信托公司、消费金融公司等，其中信托资金已成为当前不少网贷平台开展助贷业务的重要资金来源。有多家平台与信托公司合作发行信托计划，如中信信托近期发行了"中信信托·小赢科技14号自然人贷款集合资金信托计划"，乐信与西藏信托合作推出"西藏信托-微塔斯8号集合资金信托计划"，山东信托与拍拍贷近期合作推出"山东信托-融易6-4号集合资金信托计划"等。目前市场上也有部分银行等金融机构资金通过信托间接参与助贷业务，另外，由于网贷行业"三降"的持续推进，也有部分转型助贷的大平台开始引导大额出借人转投信托。

**表7-3 部分上市互金平台机构资金占比情况**

| 平台 | 2018Q3 | 2018Q4 | 2019Q1 | 2019Q2 | 2019Q3 |
|---|---|---|---|---|---|
| 乐信 | 63.0% | 66.0% | 71.0% | 78.0% | 93.5% |
| 360金融 | — | 78.0% | 79.0% | 85.0% | 93.0% |
| 玖富数科 | — | — | 10.5% | 58.0% | 78.6% |
| 信也科技 | 14.3% | 20.4% | 30.9% | 44.8% | 75.1% |
| 小赢科技 | — | — | 10.4% | 26.7% | 35.7% |

资料来源：上市财报、网贷之家研究中心。

注："2018Q3"表示2018年第三季度，其他以此类推。

### （三）网贷平台转型助贷机构可能存在的难点

从监管层给出的转型路径变化中发现，虽然此前备受追捧的助贷一词未再提及，监管开始慎用"助贷"一词，但从当前头部平台的转型方向来看，助贷业务已成为目前网贷平台转型的主要方向，主要是因为助贷业务模式与网贷业务模式最为相近。当然，并不是所有的网贷平台都有能力做好助贷，做好助贷需要具备合规性、技术性、获客等优势。也就是说，转型助贷之路其实并不容易，主要存在以下四个方面难点：

一是合作地位不对等，导致助贷的资金、技术、获客等方面门槛较高。现实中，在与金融机构相比，除了极少数巨头，大部分助贷机构在合作中还是处于相对弱势的地位，缺乏一定的话语权。例如，监管层虽多次强调金融机构不能异化为单纯的放贷资金提供方，不得接受无担保资质的合作机构提供增信服务以及逾期资产代偿、兜底承诺等变相增信服务等，但是在实际操作中，由于缺乏话语权，助贷机构往往被迫成为风险的实际承担者，银行等资金提供方通常会要求助贷机构提供担保，引入融资性担保公司和保险公司提供增信服务，或者在信托模式下必须认购信托计划总规模 20%～25%的劣质资产，并同时要求其提供担保、差额补足等义务来规避风险，变相实现坏账兜底职能，这些做法无疑极大地提高了助贷机构的资金门槛。

二是行业乱象频发，导致监管趋严，合规标准提高。近年来，随着助贷机构数量明显增加，业务创新形式趋于多样，助贷业务呈现快速发展态势。与此同时，助贷行业背后的问题也陆续暴露出来，如资金方核心风控外包、接受无担保资质机构兜底增信、暴力催收、滥用客户隐私信息等行业乱象频频发生。助贷业务的不断异化与风险频发，引起了监管部门的高度关注，相关政策陆续出台，对助贷机构资质、授信风控、信息保护、逾期催收等多个方面进行规范，监管层从以往仅关注助贷业务的合规性，转向聚焦合作机构资质和合作业务的双重合规。

三是政策缺乏体系，导致行业发展方向不明晰。当前助贷业务仍处于灰色地带，关于助贷业务的已有监管政策多出现在现金贷、网络小贷等清理整顿文件以及商业银行互联网贷款规范文件中，监管层尚未出台统一的助贷监管政策，也未对助贷业务有统一的官方界定。现实中，一系列问题仍有待于政策上的明确，如助贷业务要不要持牌经营，助贷业务可以采取哪些模式，助贷业务数据如何高效安全使用，贷后催收行为如何依法合规，等等。

## 三、转型消费金融公司

### （一）消费金融行业发展概况

2010 年原银监会批设了 4 家消费金融公司进行试点，分别是北银消费金融、中银消费金融、四川锦程消费金融、捷信消费金融。2013 年银监会对 2009 年下发的《消费金融公司试点管理办法》进行了修订，修订的重点之一是扩大消费金融公司试点城市范围，因此 2014 年至今开始陆续有消费金融公司被批准开业。据网贷之家研究中心统计，截至 2019 年 12 月底，经中国银行保险监督管理委员会批复开业且已经完成工商登记的持牌系消费金融公司有 24 家，已批复同意筹建但未完成工商登记的有 2 家，分别是平安消费金融和小米消费金融。

2019 年，消费金融公司整体增速有所放缓，但仍保持在相对较高的水平。截至 2019 年末，消费金融公司资产规模达 4988.07 亿元，较上年增长 28.67%；贷款余额达 4722.93 亿元，较上年增长 30.5%。

### （二）网贷平台布局消费金融业务

2016 年《网络借贷信息中介机构业务活动管理暂行办法》的出台确立了网贷平台业务必须做到小额分散这个基本原则，为了满足监管要求，许多网贷平台纷纷将目光转向潜力巨大的消费金融市场，积极布局消费金融业务，由此推动了消费金融市场的快速发展。然而，快速发展的过程中也积聚了大量风险，校园贷、现金贷、套路贷等非法活动频频发生，整治乱象、规范业务发展是近年来互联网消费金融监管的核心内容。

2019 年 7 月召开的网络借贷风险专项整治工作座谈会提出“对于少数在资本金和专业管理能力等方面具备条件的机构，允许并鼓励其申请改制为网络小额贷款公司、消费金融公司等”，转型为消费金融公司成为网贷平台的可选方向。然而，据网贷之家不完全统计，截至 2019 年 12 月底，对外正式公告布局消费金融的网贷平台仅有玖富数科和陆金服两家。其中，玖富数科采取的是曲线布局战略，通过其旗下子公司入股已开业的消费金融公司，值得注意的是，虽玖富数科公告已获得中国银保监会湖北监管局的批复，但截至 12 月底，尚未从相关官方网站查到变更记录，后续是否布局成功还有待查证。而陆金服在 2019 年 7 月已停止发标，且将所有存量网贷业务转给平安产险。2019 年 11 月，中国平安保险（集团）股份有限公司已获准筹建的平安消费金融有限公司，也将配合平安产险承接陆金服的存量业务，加速陆金服转型。

（三）网贷平台转型消费金融公司可能存在的难点

部分网贷平台的资产端业务与消费金融的运营模式类似，且面对的客户群体也有较大程度的重叠，它们若能成功转型消费金融公司，则具备运营和流量上的独特优势。但目前网贷行业整体转型至持牌消费金融的非常少见，有所进展的也仅有玖富数科和陆金服两家平台，这主要是因为转型消费金融有以下几个难点：

一是准入门槛高。表 7－4 具体展示了非金融企业成立或参股消费金融公司的首先必须达到的条件，其中主出资人和一般出资人仅存在一点区别，即主出资人必须达到最近 1 年营业收入不低于 300 亿元人民币或等值的可自由兑换货币，而网贷平台或其母公司若想作为主出资人筹建消费金融公司的难度非常高，因为从网贷行业的现状来看，能满足此条件的网贷平台凤毛麟角。而非金融企业作为一般出资人的门槛相比主出资人虽然降低了很多，但也要求最近 1 年年末净资产不低于资产总额的 30％、最近 2 个会计年度连续盈利等一系列条件，这些对于发展时间相对较短的网贷行业也是难点。

**表 7－4　非金融企业成立或参股消费金融公司的条件**

| 门槛 | 非金融企业作为主出资人 | 非金融企业作为一般出资人 |
|---|---|---|
| 成立或参股消费金融公司的条件 | 最近 1 年营业收入不低于 300 亿元人民币或等值的可自由兑换货币；最近 1 年年末净资产不低于资产总额的 30％；财务状况良好，最近 2 个会计年度连续盈利；信誉良好，最近 2 年内无重大违法违规经营记录；入股资金来源真实合法，不得以借贷资金入股，不得以他人委托资金入股 | 最近 1 年年末净资产不低于资产总额的 30％；财务状况良好，最近 2 个会计年度连续盈利；信誉良好，最近 2 年内无重大违法违规经营记录；入股资金来源真实合法，不得以借贷资金入股，不得以他人委托资金入股 |

资料来源：中国银保监会官网、网贷之家研究中心。

二是批设难度大。数据显示，我国自 2009 年开始试点成立消费金融公司以来，截至 2019 年底，仅有 24 家消费金融公司获得批设并开业。虽然在 2013 年修订的《消费金融公司试点管理办法》中提出扩大消费金融公司试点城市范围，但也提出要掌握“一地一家”的原则，这在目前已开业的消费金融公司地区分布也得到了体现。此外从消费金融公司的开业时间分布看，监管近两年对消费金融公司的批设速度明显放缓。因此，即使在满足最基本的准入条件下，网贷平台通过中国银保监会批设的难度也比较大。

三是存量难消化。网贷行业中规模靠前的平台可能更容易达到入股消费金融公司主出资人或一般出资人的准入门槛，但其自身贷款余额较大，如何快速消化存量，实现成功转型也尚未有成功的先例。综合判断，网贷平台成功转型为消费金融公司的难度较高，可选择自身相对较易满足条件的其他转型方向。

放眼未来，2020 年行业的主旋律仍是加速转型与退出，转型与退出的原则是“稳妥化解存量风险”。合规程度低、风控能力弱、经营能力差的平台将继续承压，最终给具备优质底层资产和严格风控能力的平台带来的是更好的市场环境，同时也会是未来出借者的福音。随着行业陆续出清，资金会向留存的优质平台倾斜，“剩者为王”效应已经开始显现。

在新的一年，网贷行业无论是商业模式还是合规情况都面临迭代进化，迭代后的金融服务供给方将更符合监管要求，合规化、持牌化是未来的趋势；同时包括网贷在内的民间金融有序发展还依赖于法制体系的完善、征信体系的成熟、监管科技的提升。待这些市场供给方迭代及基础设施建设完备后，或许才会迎来网贷领域的再辉煌。P2P 网络借贷在这一年退潮，新时代也会在这一年开启。

# 第八章 安徽互联网金融行业自律发展

## 第一节 安徽互联网金融行业自律工作开展情况

2019 年，安徽省互联网金融风险专项整治工作深入推进，互联网金融总体风险水平持续下降，行业规范健康发展态势日渐形成。P2P 网络借贷风险持续出清，互联网支付市场运行稳中有进，互联网保险保费收入企稳回升，互联网银行继续稳步发展，行业整体进入规范化有序发展的轨道。安徽省互联网金融协会作为省内行业自律组织，自成立以来始终发挥着联结从业机构与监管部门的桥梁纽带作用，传递监管动态，反映会员呼声，有力推动着互联网金融行业规范健康发展。

2019 年，安徽省互联网金融协会在主管单位地方金融监督管理局、中国人民银行合肥中心支行和原会长吴学民的领导下，继续秉持政治引领、注重党建工作、推动行业自律、规范行业发展、加强国际交流、促进跨界合作的原则，以打造创新、发展、规范的互联网金融行业交流合作平台为目的，进一步开展安徽互联网金融行业自律管理工作，推进建设互联网金融规范发展长效监管机制，同时不断加强会员服务工作以及行业研究工作，以推动互联网金融规范、创新、健康、可持续发展。

### 一、配合推进互联网金融风险专项整治，完善自律管理

2019 年，互联网金融风险专项整治工作进入关键时期。为贯彻落实党中央、国务院以及安徽省委、省政府关于互联网金融风险专项整治工作的要求，促进安徽省互联网金融规范健康可持续发展，协会在持续配合省互联网金融风险专项整治工作领导小组办公室开展整治工作的同时，也积极配合金融监管部门，将服务实体经济、防控金融风险、深化金融改革三项任务贯彻传达到各项具体工作中。2019 年全年，协会在配合互联网金融风险专项整治、加强互联网金融监管长效机制研究、提高互联网金融常态化监测和风险识别等方面发挥了积极作用。

（一）持续推进 P2P 网络借贷平台日常巡查工作

为防范网贷平台风险事件，协会采取网上巡查、约谈等多种形式，定期、不定期对平台进行日常巡查，做好事前预警工作。发现异常问题第一时间向监管部门报送，做到早发现、早处置，辅助监管部门及时应对各类突发风险事件。

（二）贯彻落实政府文件要求

2019 年 8 月 2 日，安徽省互联网金融协会召集网贷会员单位共同学习安徽省互联网金融风险专项整治工作指示精神及《关于清退未纳入实时数据监测网贷平台的通知》（皖互金整治办〔2019〕44 号）文件内容。要求全省网贷机构落实整治要求，协会领导就制定“三降”工作方案及未纳入实时数据监测的网贷机构有序退出等相关事宜听取了与会网贷机构负责人意见。

## 二、加强互联网金融区域间交流合作

长三角区域城市间经济互补性强，深化金融合作的基础良好、空间广阔，区域间在金融科技、绿色金融、供应链金融，以及在地方金融监管治理、区域金融风险联防联控等方面可以通过加强交流合作，分享经验、增进友谊、协同互补，构建起区域金融联盟，共同促进域内金融融合发展。为响应国家长三角一体化战略、探索打造长三角互联网金融生态圈，协会自成立以来不断深化长三角地区间合作。2019 年，协会以部门为单位，建立起部门间常态化沟通机制，以保持信息通畅、互通有无、密切协作为指导原则，带领会员单位先后开展了一系列活动。

2019 年 1 月 20 日，协会应邀参加长三角一体化及全球数字金融高地建设论坛。活动由浙江互联网金融联合会（ZAIF）与浙江大学国际联合商学院（ZIBS）等联合主办。来自中、德、英、荷等多个国家和地区的监管机构、学术机构、金融机构、行业协会和企业的多位专家学者共计 100 余人齐聚上海，出席此次论坛，共论金融科技的发展趋势（图 8－1）。

2019 年 3 月 25—27 日，在兄弟单位浙江互联网金融联合会的配合安排下，由协会工作人员带队，携会员代表 24 人，先后参加了由浙江互联网金融联合会主办的中非金融科技论

图 8－1　协会受邀参加长三角一体化及全球数字金融高地建设论坛

坛，调研了蚂蚁金服、邦盛科技、趣链科技等多家在金融科技领域领先的企业。此次交流访问，为安徽与浙江两地的金融科技企业的横向交流学习搭建了桥梁。

2019 年 5 月，协会应浙江互联网金融联合会的邀请，组织会员单位赴英国参加国际交流与调研工作。访问英国著名优秀企业，开展中英金融科技对话，并前往剑桥深入了解“剑桥现象”。此次活动让参与者深入了解了英国特有的金融科技领域政策环境及技术创新现状，同时也搭建起了中英金融科技领域之间的交流渠道，以期构造互利共赢、共同发展的金融科技生态圈。

## 三、积极推进金融科技在行业领域应用与发展

互联网金融行业的蓬勃兴起对金融行业的科技水平有了更高的需求，金融科技正通过大数据、云计算、区块链、人工智能等科技手段“赋能”金融全生态链，实现降低金融服务成本、提升金融服务效率、优化金融服务体验等方面的创新发展，成为促进金融业服务实体、防控风险、深化改革的重要驱动力量。另外，金融科技在推动金融创新发展的同时也蕴藏着风险和监管挑战。金融科技和传统金融一样，蕴含如信用风险、市场风险、操作风险、声誉风险等诸多不确定因素。金融科技背景下，互联网金融企业如何利用金融科技来提升自身综合实力，是行业内共同瞩目的课题。为积极推动金融与科技深度的有效融合、探讨科技支持金融创新的新途径、探索金融支持安徽实体经济的发展之路，2019 年，安徽省互联网金融协会在政府有关部门的主导下，主办、协办了多次以金融科技为主题的探讨及活动。

2019 年 11 月 12 日，由中国人民银行合肥中心支行主办、安徽省互联网金融协会协办，在中国人民银行合肥中心支行举办了《金融科技（FinTech）发展规划（2019—2021 年）》解读会议。会议传达了习近平总书记关于学习区块链的讲话精神，由中国人民银行总行科技司领导对《金融科技（FinTech）发展规划（2019—2021 年）》进行了详细的解读，并就下一步安徽省金融科技发展工作展开交流讨论。

2019 年 11 月 28 日，由安徽迪科数金科技有限公司举办的“2019 年安徽省金融类应用人才培养高峰论坛暨产教融合”“校企协同育人战略协议签订仪式”在合肥举办，协会作为指导单位出席本次会议。会上，原协会秘书长刘庆太强调，为更好应对新挑战、探索新时代金融人才培养的新模式，需要各大高校及金融机构相互合作，积极探索金融人才培养改革，设计金融科技专业方向人才培养方案，完善金融科技方向人才培养。此次论坛，对高等院校人才培养改革实践、推进金融科技专业人才培养，具有重要的意义。

2019 年 12 月 17 日，安徽省互联网金融协会、中国科学技术大学管理学院在安徽金陵大饭店共同举办了区块链应用暨金融科技发展研讨会，安徽省地方金融监督管理局、中国人民银行合肥中心支行、安徽银保监局、安徽证监局、合肥市地方金融监管局等有关单位领导出席本次研讨会，安徽省银行、证券、保险、支付、高校等机构共 100 多名代表参会（图 8－2）。会上安徽省互联网金融协会原秘书长刘庆太代表协会和中国科学技术大学管理学院发布了《安徽省金融行业区块链应用倡议书》。

图 8-2 协会主办区块链应用暨金融科技发展研讨会

## 四、主办、协办各项活动，开展行业培训，积极推动政府政策落地

2019 年 2 月 19 日，由中国人民银行合肥中心支行反洗钱处主办、安徽省互联网金融协会承办，召开了安徽省互联网金融从业机构反洗钱工作推进培训会第一次会议。会议传达了《中国人民银行、中国银行保险监督管理委员会、中国证券监督管理委员会关于印发〈互联网金融从业机构反洗钱和反恐怖融资管理办法（试行）〉的通知》（银发〔2018〕230 号）的文件精神，要求互联网金融从业机构严格按照监管部门规定，完善反洗钱风险管理和合规内控制度，持续加强机构内部反洗钱管理和培训教育，切实履行反洗钱义务。此次活动的开展，极大地推进了反洗钱机制建设，促进了行业持续健康发展，更好地服务监管、服务行业、服务社会。

2019 年 10 月 18 日，安徽省互联网金融协会随同省地方金融监管局、省教育厅、省公安厅扫黑除恶队等领导赴芜湖高校参加全省校园防范“套路贷”“校园贷”专题宣传教育活动启动仪式。仪式由芜湖市人民政府副秘书长汪世明主持。安徽省地方金融监管局副局长戴利强在启动仪式的讲话中强调，“套路贷”“校园贷”已成为影响校园安全稳定的一大隐患，希望广大学生树立正确的人生观、价值观、世界观，养成勤俭节约、理性消费的习惯，认清“套路贷”“校园贷”违法犯罪活动的实质，提高防范意识。

## 五、深入开展行业研究

### （一）持续开展行业调研，了解安徽省互联网金融行业及金融科技发展现状

2019 年，协会相继前往省内多家单位进行深入调研，全面摸清安徽省内互联网金融机构及各家金融科技企业的现状，同时与各家调研机构进行了深入探讨，了解其发展过程中存在的困惑及问题，为协会后期工作打下良好基础。

### （二）定向开放行业数据，不断强化行业研究

自 2018 年开始，协会陆续向省内相关高校开放部分报送平台数据，同时鼓励从业机构开展行业研究工作，促进互金行业研究工作主体多元化。2019 年，平台建设进一步完善，

为安徽省互联网金融研究工作提供了有力的支持。

（三）组织编写《安徽省互联网金融行业发展报告（2018）》《安徽省金融科技发展报告（2018）》

2019 年 3 月 7 日，安徽省互联网金融协会 2019 年第一次常务理事会、理事会、监事会审议并通过《安徽省互联网金融行业发展报告（2018）》《安徽省金融科技发展报告（2018）》立项。协会委托安徽大学经济学院、合肥工业大学经济学院共同承担《安徽省互联网金融行业发展报告（2018）》《安徽省金融科技发展报告（2018）》（以下简称“两份《报告》”）的编撰工作。在历时半年之久的编写过程中，编写组实地走访调研了 20 余家会员单位与省外互联网金融机构，获得了许多宝贵的一手资料。同时也多次与安徽省地方金融监管局、中国人民银行合肥中心支行、银保监会、证监会等金融管理部门进行探讨沟通，以期能够真实且全面地展现出安徽省互联网金融行业与安徽省金融科技在 2018 年的发展状况。两份《报告》系统地描述和梳理了 2018 年安徽省互联网金融行业、安徽省金融科技的主要发展环境与现状，归纳总结相关问题与挑战，并对金融科技、互联网金融行业未来趋势与前景进行展望，以全新的视角为安徽省互联网金融行业与安徽省金融科技的发展提出前行方向，为监管部门、从业机构、金融人才培养机构和社会公众深入了解安徽省金融科技、安徽省互联网金融行业发展情况提供了翔实的支持数据和参考资料。

2019 年 8 月 29 日，协会在主管单位安徽省地方金融监督管理局和中国人民银行合肥中心支行的指导下召开专家评审会。中国人民银行合肥中心支行、安徽银保监局、安徽证监局、安徽财经大学经济学院的相关领导为本次评审会评审组成员，编写组合肥工业大学、安徽大学相关领导出席会议，会长单位徽商银行相关领导主持本次会议。会上，评审组对协会主导编写的两份《报告》给予了充分肯定和高度评价，两份《报告》于 2019 年 12 月正式出版发行（图 8－3）。

图 8－3　协会主办《安徽省互联网金融行业发展报告（2018）》《安徽省金融科技发展报告（2018）》评审会

## 六、搭建会员交流平台，举办文体活动

（一）举办会员单位游泳比赛

2019 年 6 月 21 日，协会举办“安徽省互联网金融协会第二届会员单位游泳比赛”，吸引了会员单位职工 70 余人前来参赛，获得了参与单位的一致好评。

（二）举办网络安全意识宣传活动

2019 年 7 月 30 日，由协会主办的“安徽省互联网金融行业网络安全意识宣讲会”活动在合肥市举办，共 100 余位协会会员代表及互联网金融、金融科技领域代表参加。

## 七、不断优化协会自身建设

协会自成立以来始终坚持信息透明公开的办公原则，坚持开展自查自纠，不断优化内部控制。

2019 年，协会先后配合中国人民银行合肥中心支行内部审计、行长离任审计，提交了自成立以来的所有账簿、凭证、章程、各项制度等详细资料。经内审部门认真梳理，确认协会无任何违规现象。

2019 年 3 月 7 日，安徽省互联网金融协会 2019 年第一次常务理事会、理事会、监事会顺利召开。安徽省地方金融监督管理局、中国人民银行合肥中心支行领导应邀出席会议，各常务理事、理事、监事也出席了本次会议。原秘书长刘庆太代表协会做了 2018 年度工作总结报告。

2019 年 9 月 29 日，安徽省互联网金融协会 2019 年第二次常务理事会、理事会、监事会顺利召开。安徽省地方金融监督管理局、中国人民银行合肥中心支行领导应邀出席会议。会议由徽商银行副行长易丰主持，原协会秘书长刘庆太代表协会做了 2019 年上半年工作总结报告、2019 年上半年财务情况报告。会议审议并通过了《关于安徽省互联网金融协会召开第二届会员大会的请示》《安徽省互联网金融行业发展报告（2019）》及《安徽省金融科技发展报告（2019）》立项说明等事项。

2019 年 11 月 15 日，安徽省互联网金融协会第二届会员代表大会顺利召开。安徽省地方金融监督管理局、中国人民银行合肥中心支行领导应邀出席会议，各会员代表也出席了本次会议。会议表决通过了《关于修改安徽省互联网金融协会章程的议题》《关于调整安徽省互联网金融协会会费的议题》，选举产生了第二届理事、监事；召开了第二届理事会、监事会第一次会议，投票选举产生了第二届常务理事和会长、副会长、秘书长、副秘书长、监事长人选。

## 八、积极开展党建工作，以党建引领，促进行业规范

2019 年，协会始终坚持以习近平新时代中国特色社会主义思想为指导，发挥组织党建作用，加强队伍建设，狠抓落实细节，将党的政治核心作用融入行业的运营和发展，推动协会工作高质量发展。

2019 年 6 月 28 日，协会组织会员单位优秀党员代表前往六安皖西烈士陵园开展“不忘

初心，牢记使命”主题党建活动。全体党员重温了烽火岁月，进一步了解了大别山革命精神的实质。

2019 年 7 月 26 日，协会工作人员赴国元网金开展“不忘初心、牢记使命”主题教育专题调研。会上，原秘书长刘庆太传达了中央、省委省政府关于主题教育工作的会议精神及有关部署，就开展主题教育的重要意义、根本任务、具体目标、重要措施等方面进行了详细介绍。与会人员集中学习了中央“不忘初心、牢记使命”主题教育领导小组《关于在“不忘初心、牢记使命”主题教育中开展专项整治的通知》精神、习近平总书记关于防范化解重大金融风险的重要讲话和重要指示精神，以及张富清同志的先进事迹（图 8－4）。通过学习讨论，全体党员深刻体会到应牢记党的优良传统和作风，树立崇高道德追求，养成自律自觉的好习惯，坚守为人、做事的基准和底线。

图 8－4　协会赴国元网金开展“不忘初心、牢记使命”主题教育专题调研

## 第二节　完善安徽互联网金融行业自律工作的相关建议

安徽省互联网金融行业在法律制度、基础设施、行业治理体系等方面仍面临一定挑战，需要清醒认识、准确把握、妥善应对。2020 年，协会在中国人民银行和省金融监督管理局的指导下，还需继续做好安徽省互联网金融行业自律管理工作，不断提升会员服务及行业研究等工作水平。

### 一、配合主管部门，充分发挥行业自律组织桥梁纽带作用

#### （一）继续配合监管部门做好互联网金融风险整治工作

尽管 2019 年互联网金融风险专项整治工作取得较大成绩，但现阶段形势仍然十分复杂，

包括对剩余在运营机构的后续处置难度很大，已经停业的网贷机构存量风险仍处高位，部分机构转型意愿不强或转型能力不足等问题依然存在。2020 年，协会将继续配合监管部门持续开展互联网金融风险专项整治工作，基本化解互联网金融存量风险，建立健全监管长效机制。

（二）配合主管部门，做好反洗钱防范工作

2018 年 9 月 29 日，由中国人民银行、银保监会、证监会联合发布的《互联网金融从业机构反洗钱和反恐怖融资管理办法（试行）》中，强调了建立监督管理与自律管理相结合的反洗钱监管机制，在明确中国人民银行作为主管部门的同时，授权中国互联网金融协会制定并发布各类从业机构执行该办法所适用的行业规则；建设、运行和维护网络监测平台等，强化了自律组织在反洗钱和反恐怖融资工作中的作用。2020 年，协会仍将以此作为工作重心，配合中国人民银行等主管部门做好反洗钱风险防范及监测等任务。

（三）配合中国人民银行合肥中心支行，做好金融科技三年发展规划工作

配合中国人民银行合肥中心支行，做好金融科技三年发展规划工作，促进协会向金融科技转型升级。

## 二、进一步完善会员交流平台，促进行业规范发展

（一）持续开展文体类活动

在原有活动项目的基础上，增加毅行远足、摄影比赛等文体活动，增进会员单位之间的联系。

（二）开展对外交流工作

作为推进行业发展的重要力量，行业协会应凝聚各方力量，加强行业间协作，拓宽视野，推动各方在资源互通和信息共享的基础上加大合作力度。2020 年协会计划前往北京、上海、南宁等地进行访问交流，了解我国互联网金融行业的最新动态和科技成果，以更好地整合行业资源，增强自身优势。

## 三、发挥专业委员会作用

（一）成立人才与行业研究委员会

成员单位由中国科学技术大学、合肥工业大学、安徽大学、安徽财经大学共同组成，再由委员会着手建立安徽省互联网金融行业人才智库，为后期协会进行行业研究工作提供智力支持。

（二）成立金融科技专委会

成员单位由银行、证券、保险类公司及金融科技方面专家组成，积极推进大数据、人工智能、云计算等互联网技术来推动金融行业的快速发展，构架新金融生态圈，为协会金融科技工作提供支持。

## 四、持续推进行业研究

《安徽省互联网金融行业发展报告（2017）》《安徽省互联网金融行业发展报告（2018）》

《安徽省金融科技发展报告（2018）》的相继出版，获得了来自社会各方的一致好评。2020年，协会将在此基础上继续开展编撰工作。此次报告的编撰将更好地吸收以往报告成功的经验，对不足之处加以弥补和改进，以全新的视角审视安徽省互联网金融行业及安徽省金融科技的发展，以期能够更全面地反映出我省互联网金融行业和金融科技的现状和特点。

## 五、扎实做好失信惩戒工作

协会积极响应安徽省地方金融监督管理局号召，落实协会失信惩戒受理与报送工作，明确工作职责，维护网贷行业秩序，对报送数据进行信息整理、数据筛查、资料评估与公示。

2020年，安徽省互联网金融协会将持续提升工作水平，更好地为会员单位服务，助力安徽省互联网金融、金融科技健康发展。未来，协会将继续主动作为，攻坚克难，在省地方金融监管局的指导下，在中国人民银行合肥中心支行的帮助与支持下，深入总结往年行业发展的经验教训，持续开展行业调查研究、标准规则制定和风险教育培训等工作，做好对互联网金融风险专项整治和长效监管的配合支撑，共同促进行业规范健康可持续发展。

案例一

# 徽商银行：中流击水　御风而行

## 一、2019 年徽商银行互联网金融发展概况

“2019 年，是徽商银行五年发展战略规划收官之年，是加快推进‘一体两翼’行动计划攻关之年，是以‘数字化’转型引领高质量发展孕育之年。”在《2019 年度报告》的开篇致辞中，原董事长吴学民连用三个“之年”概括了徽商银行在 2019 年的发展，并用一组数据揭示了徽商银行取得的不俗成绩——资产规模稳稳地站在了万亿元关口之上。截至 2019 年末，徽商银行资产总额为 11317.21 亿元，同比增幅 7.73%。徽商银行成为继北京银行、上海银行、江苏银行、南京银行之后全国第五家资产过万亿元的城市商业银行。净利润首次突破百亿元大关，全年实现净利润 100.62 亿元，同比增长 13.57%；对公存款余额连续 12 年位居安徽省首位；储蓄存款市场份额新增排名安徽省第一；个人金融资产（AUM）突破人民币 3000 亿元；ROE 保持在 15%左右，ROA 稳定在 0.9%以上，盈利能力位居城商行前列；在英国《银行家》杂志全球银行千强中排名第 142 位，较 2014 年提升了 52 位。聚焦互联网金融业务的发展，徽商银行同样取得了令人瞩目的成绩：线上供应链金融实现突破，线上的信 e 贷、微网贷、信保贷等业务蓬勃发展，交易家平台和手机银行 5.0 相继上线，直销银行事业部和个人移动金融部分别成立；直销银行账户数突破 1900 万户，新增 364 万户，综合排名位居同业前列；手机银行签约客户总数超过 454 万户，较 2018 年同期增长了 48%；手机银行交易 13139.45 万笔，同比增长 38.71%。

总体来看，2019 年徽商银行互联网金融的发展主要集中在直销银行、手机银行和交易银行三个领域。其中，直销银行作为徽商银行互联网金融战略的“桥头堡”，不断拓宽发展视野，积极探索“轻型化”“平台化”“场景化”“数据化”“合作化”的创新金融道路。对内，承担引领全行智慧金融、科技金融的战略重任；对外，通过四大业务板块的聚焦与融合，提升互联网金融能力，形成市场竞争力。手机银行的发展则秉承着更加开放、安全、智能的理念，通过技术更新迭代推出 App 5.0 版本，一方面注重客户体验，打造个性化菜单，简化操作流程，增强安全保障；另一方面注重产品创新，推出徽安理财、快 e 贷、家庭账户圈等优质特色产品，并在 App 5.0 中首次开放用户体系。交易银行通过加快产品数字化转型和金融服务开放性输出，以对公账户体系和支付结算能力为核心，为客户提供其在生产交易全过程中全体系的产品服务，形成交易类负债、交易类融资、交易类产品三大主要业务板块。在产品和服务维度上，强调服务客户生产运营全链条，以账户支付为基础，基于客户交

易需求，打造出“融”“通”“易”三大系列品牌。在渠道维度上，以“互联网＋”为核心，以“线上＋场景＋平台”深度拓展“智慧金融”内涵，强调为客户提供敏捷直达、远程智能的金融服务，从而提升客户体验。

## 二、直销银行：以创新融合为聚焦，构建业务新体系

2019 年，面对严监管、强竞争的市场环境，徽商银行凭借其敏锐的洞察力和对市场准确的判断，在直销银行领域频频发力，一方面，继续深耕互联网账户与支付、互联网财富管理、互联网资管、互联网贷款四大业务板块（图案例 1－1）；另一方面，以互联网运营为抓手，以开放的 IT 架构为支撑，不断提升金融科技能力，通过业技融合，开拓出了一条既有自身特色又符合市场要求的发展道路，在业务发展和品牌影响力等方面都取得了不俗的成绩。

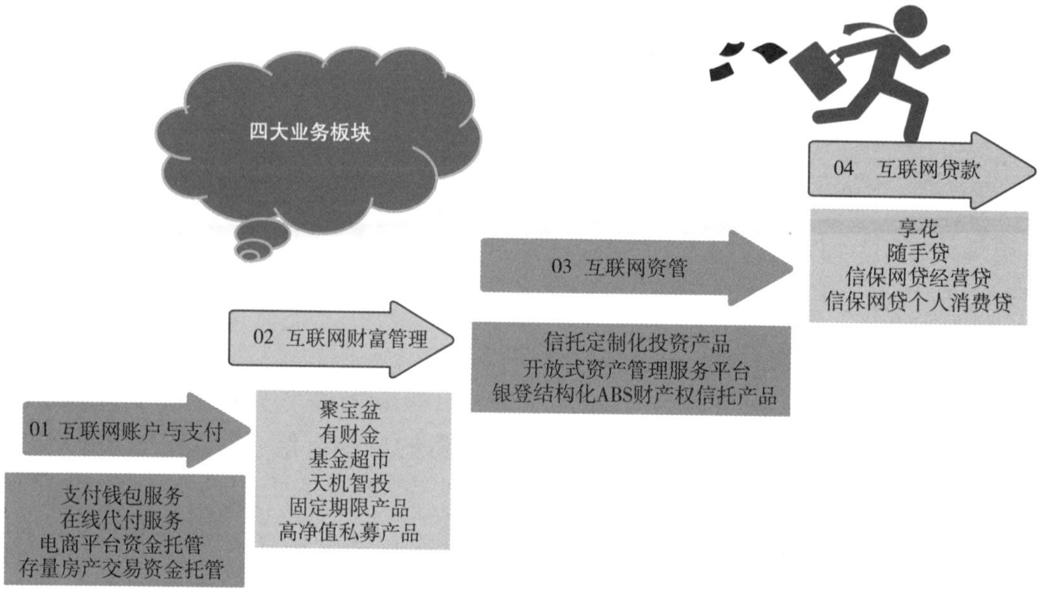


图案例 1－1 徽常有财四大业务板块

透过相关数据，可以清晰地看到徽商银行在直销银行领域取得的这些成绩：2019 年，直销银行共实现创收超过 6 亿元，其中 FTP 创利达到 5.72 亿元，较 2018 年同期增幅达 367%；直销银行账户数达 1923 万户；各项贷款余额约为 258 亿元，较年初增长 65%，且没有一笔不良贷款；代理销售的个人金融资产余额为人民币 64.44 亿元，财富类产品累计交易量超过人民币 999.38 亿元；在互联网周刊公布的 2019 年度中国直销银行排行榜中，徽常有财再进一名，位居全国第 2 位；除此之外，徽商银行直销银行在 2019 年度还荣获多个奖项，获得了行业的一致认可（图案例 1－2）。

### （一）调整组织架构，组建直销银行事业部

目前国内直销银行的运营模式主要有三种：一是隶属于传统商业银行的某个部门，比较常见的是挂靠在电子银行部、网络金融部或个人金融部。例如 2019 年以前徽商银行的直销银行就隶属于电子银行部。二是作为独立法人的直销银行。这种模式下，直销银行的设立不

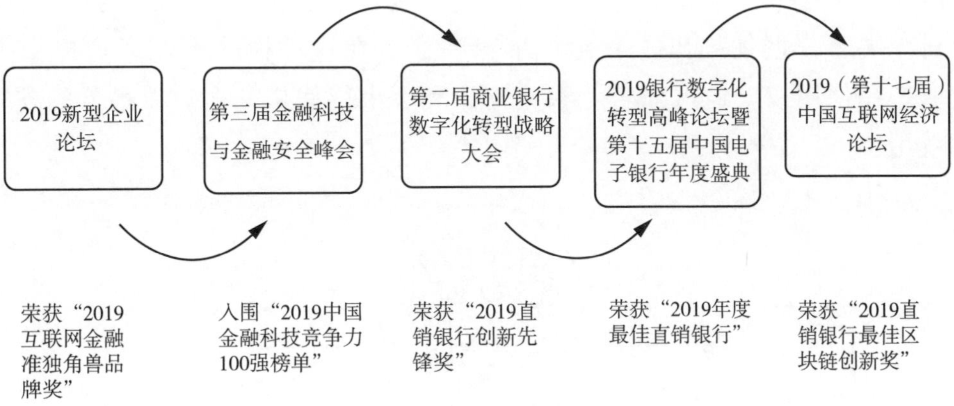


图案例 1－2　徽商银行直销银行 2019 年度获奖情况

仅需要原银监会的审批，还需要得到国务院批准。到目前为止，国内拥有独立法人资格的直销银行仅有一家，即 2017 年成立的百信银行。三是设立专门的直销银行事业部。这种模式下，直销银行的人、财、物相对独立，产品、技术和业务受传统银行的影响较小。

基于自身特点和总体发展需要，徽商银行对直销银行的运营模式进行了重大改革，将原来隶属于电子银行部的直销银行独立出来，采取事业部制管理。2019 年 1 月，徽商银行的直销银行事业部正式成立，由此实现了直销银行的独立经营、独立管理、独立核算。通过实施专业化经营和集中决策管理，事业部制管理让直销银行切实成为徽商银行数字化转型的“桥头堡”。

（二）推进技术与业务深度融合，深耕四大业务板块

经过几年的发展，徽商银行在直销银行领域已经形成了相对成熟的发展思路，从零售银行 2.0 到互联网银行 1.0 再到互联网银行 2.0，始终围绕四大业务板块深耕细作。现阶段，直销银行将业务发展的重点放在了以相互融合原则指导各业务板块聚焦发展的方向上，其基本逻辑是以互联网贷款为核心业务板块，以互联网账户为底层基础，发展互联网账户与支付；再依托互联网贷款获取优质资产，形成资产池，并穿透债权打包，采取投资、撮合、流转等形式进行表外经营，创新获取低资本消耗类收入的互联网资管模式；进而再利用资管优势，在直销银行体系内实现自产自销，带动互联网财富板块的发展。

1. 互联网贷款业务板块

互联网贷款业务作为直销银行核心业务的前沿阵地，在发展上重点聚焦了三条业务线。一是首创线上信保贷业务。依托于与银保合作的独特优势，通过产品创新、渠道互补、客户共享等方式，形成信保网贷系统标准化、风控健全化、运营稳定化的发展模式。2019 年徽商银行与 7 家保险公司达成合作，实现累计投放金额超 400 亿元。二是建设线上自主风控平台，推出纯线上贷款产品。2019 年，徽商银行建立了大数据风控模型，初步形成线上贷款自主风控能力，在此基础上，直销银行推出了一款纯信用、全线上的消费贷款产品——徽享贷（图案例 1－3）。这款产品通过微信小程序即可办理，手续简便，不仅秒申秒贷，极速到账，而且可以随借随还，不收任何手续费用，给客户提供了良好的服务体验。作为一款真正意义上的互联网贷款产品，徽享贷的推出意味着徽商银行互联网贷款业务板块的发展迈上了

一个新的台阶。三是首推“享花”信用支付工具。基于账户能力和互联网消贷能力的叠加，直销银行针对中端客户群体推出“一元”享花模式。在这一模式下，客户以个人信用为支撑，提前获取产品使用权，通过知名厂家直销让利、银行信贷，客户以最低的支付资金获取最大的商品效用。

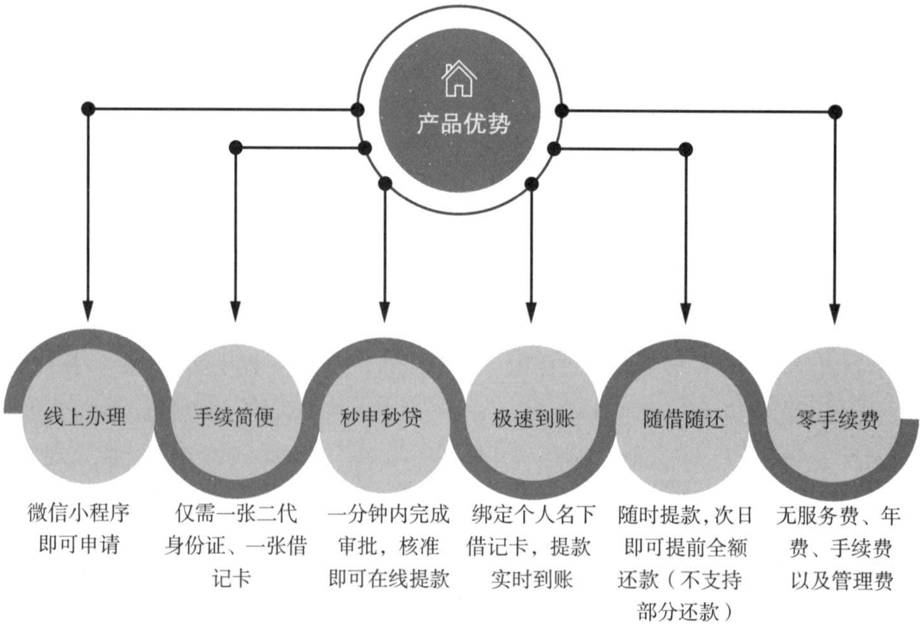


图案例 1－3 “徽享贷”的系列产品优势

2. 互联网账户与支付业务板块

徽商银行认为账户输出是交易银行模式、方案营销模式的典型案例，是综合金融、智慧金融、普惠金融高度融合的最佳实践之一，通过成熟的Ⅱ、Ⅲ类账户和虚账簿体系，加大优质场景和客户导入，不断培养直销银行场景方的输出能力，是互联网账户与支付业务的重要发展方向。正是基于这一认识，直销银行将发展重点放在“账户＋”产品体系上，并以此为基础，在产品模式、营销方式、目标客群等方面打造了“533”业务发展框架，运用多行业互联网账户解决方案来满足各类线上场景的移动化需求。

一是创新五大类产品支付服务模式。结合市场需求，创新推出包括交易资金托管模式、资金代付清分模式、资金上划下拨调度服务、传统行业互联网金融赋能与电商服务类、Ⅲ类户小额消费场景五大类产品在内的互联网支付服务模式。二是理顺三条业务拓展方式。利用外部渠道开拓发展互联网金融业务，固化产品模式，批量导流，形成部分市场领域相对格局，为此，直销银行重点理顺了总分联动模式、外部渠道模式和内部资源整合模式三条业务拓展方式。三是锁定三类行业目标。基于对内外部条件的综合研判，直销银行最终选择将连锁型销售行业、交易撮合平台行业和交通、旅游、医疗、教育等具有特定场景的三大类行业作为互联网金融业务发展的重点目标。

3. 互联网资管业务板块

在互联网资管业务板块，徽商银行直销银行实现了从无到有的开创式发展，在多个领域走到了直销银行甚至是全金融行业的前列：（1）首建开放式资管平台。通过与行内多部门共同协作，成功发行了行内首单信保贷资产ABS产品，全年实现3期共70亿元的信保贷资产流转，实现中间业务收入约3000万元。同时，通过平台能力输出，实现金融科技赋能于信托公司。如直销银行为华能贵诚信托公司发行的多期信托资金计划提供资产运营服务，实现信托消费信贷累计放款余额近40亿元。（2）率先打通了资产端和财富端，基本实现资产流转的周期化、常态化，开创小额普惠资产非信贷投放模式，"投销联动"创设等具有竞争性的财富管理产品。例如直销银行与华能信托合作，通过"投销联动"的方式，共同包装、设计华能金盈系列信托产品并上架销售。由华能贵诚信托作为销售主体，由直销银行提供信托销售所需的产品展示、客户服务、支付结算和远程双录等相关服务为辅助，共同推出金盈系列信托产品，吸引了不少高净值客户。（3）深挖场景型资管业务。例如通过实施合肥存量房交易资金监管项目，为合肥市存量房交易资金提供线上交易的资金托管服务，实现了直销银行首个真正意义上的线上交易资金监管，合肥市存量房交易资金全年托管余额近10亿元。

4. 互联网财富管理业务板块

中国的财富管理市场容量巨大，据不完全统计，银行存款、银行理财、公私募基金、信托产品的存量规模已超过136万亿元。如何在庞大的市场中分得一杯羹，是当下金融机构关注的焦点。徽商银行的互联网财富管理业务主要聚焦在以下方面：一是细分客群。互联网财富管理不是单纯线上化的导流和获客，而是通过数字化或智能化手段为用户理财行为提供的决策支持及增值服务，既包括零售服务也包括高端服务。因此，定义并识别目标客户是发展互联网财富管理业务的基本前提。基于1900万人的庞大客户群，直销银行把目标锁定在起点30万元、期限3～6个月的高端准客户群。二是依托优质的客户基础和产品优势，充分利用互联网消费贷款资产的期限优势，形成自成体系的资金端的强力支持，打造明星爆款产品。例如，与华能信托合作，首次采用"投销联动"的直销方式，共同包装、设计华能金盈系列信托产品并上架销售；成功上线万联证券旗下的多款集合管理计划；新增高费率货币基金产品大成添利宝。三是形成差异化的综合服务能力。通过特有的线上云端客户服务团队，推出纯线上一对一服务机制，打消客户因互联网金融而产生的距离感和不安全感，全面提升客户体验。

### （三）加强合规管理，创新直销银行业务运营模式

相较于传统银行业务，互联网金融业务的风险本质并未发生改变。在当前强监管态势下，不断提升风控管理水平，确保各项业务合规稳健发展是徽商银行直销银行的根本目标。为此，直销银行坚持"两手抓、两手都要硬"的发展原则，重点加强互联网贷款业务风险管理，通过对合作保险公司进行调研、走访，密切关注合作机构的风险情况，掌握风险的动态变化；认真梳理直销银行存量账户的异常风险隐患，对账户安全监控进行了排查，做到防患于未然；全面排查直销银行业务风险点，进一步健全风险管理制度，建立全面的风险管理体系；推进直销银行业务反洗钱及内外部检查工作，配合行内审计进行问题梳理，完成整改。

2019年，徽常有财充分利用互联网金融环境下的竞争与合作关系，强化内部整合，获

取外部竞合，借助社交网络、自媒体传播效应以及大数据和人工智能，在徽常有财微信公众号上线了互联网运营平台——财米派兑，实现了线上推荐开户、理财产品转推介、用户互动活动专区等功能，结合产品转介及常态化活动，积攒了一定数量的以徽常有财存量客户为核心的种子用户，建立起开放式互联网运营体系 1.0。新型的互联网运营模式，社交化的互联网运营平台标志着徽常有财正式迈入智能化运营阶段。此外，在自有服务团队人力、服务等有限的前提下，徽商银行直销银行对接客服中心云端服务团队，全面梳理了直销银行存量客户数据，并定制分层标准，实施客户分层服务，初步建立起直销银行客户标准化的运营服务体系，实现借力打力，重点为徽常有财线上中高端客户提供全新的服务模式。

### 三、手机银行：以金融科技为利器，打造移动金融新平台

近年来，徽商银行手机银行产品功能不断升级、用户规模不断扩大，现已发展成为以账户管理为主体，涵盖金融、生活、服务等的综合性金融平台。截至 2019 年末，手机银行签约客户总数已达 454.09 万户，较 2018 年同期增长了 47.93%；手机银行交易 13139.45 万笔，同比增长 38.71%，其中理财产品的在线交易笔数翻了三倍，交易金额达人民币 7562.46 亿元，同比增长 98.02%。在 2019 银行数字化转型高峰论坛暨第十五届中国电子银行年度盛典中，徽商银行的手机银行荣获“最佳手机银行创新奖”。中国电子银行年度盛典是行业内最具权威性和代表性的盛大年会，这一奖项的获得是对徽商银行手机银行过往十年的极大肯定。

（一）全面升级手机银行 5.0 版本，打造综合性金融平台

徽商银行手机银行 5.0 秉承更加开放、安全、智能的理念，从客户体验着手，首次开放用户体系，客户可以直接在线上注册、绑定银行卡。徽商银行手机银行 5.0 为客户打造个性化菜单，提供更便捷的操作流程：在产品上，全新升级存贷汇全产品线，推出徽安理财、快 e 贷、家庭账户圈等优质特色产品，全方位满足银行用户的金融需求；在安全上，为用户提供指纹支付、手机证书、账户安全险等五重安全保障，打造更值得用户信赖的具有“颜值+品质”的好产品（图案例 1-4）。

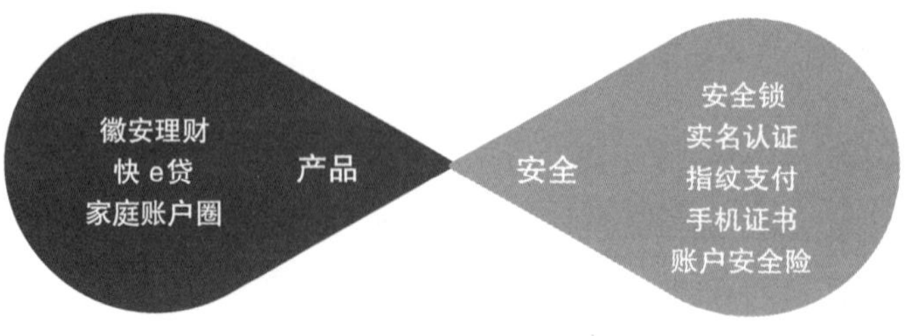


图案例 1-4　手机银行 5.0 特色

1. 简洁化应用，把用户习惯放在产品设计的“C 位”

手机银行 5.0 的创新点在于呈现个性化菜单，用户可以把自己最常用的功能优先在首页展示，打破传统标准化 App 的菜单布局。同时采用了简洁式的整体页面设计风格，在产品界面和架构上“做减法”，简化了高频使用的产品服务的人机交互流程，让用户在操作时更

加便捷顺畅。

2. 提升硬实力，把品质保证放在产品功能的“C位”

全新升级存贷汇全产品线，推出徽安理财等财富类、快e贷等贷款类，家庭账户圈等支付交易类以及热门活动等营销类特色产品。同时精细打磨手机银行常用功能，以理财版块为例，增加了销售余额、在途资产、收益等可视化展示。

3. 科技是保障，把账户安全放在技术升级的“C位”

推出更安全的指纹支付和快捷的手势登录技术；与中国金融认证中心合作开展了基于数字签名技术的“云证通”应用创新，进行转账安全的技术革命；全力引入的全天候安全锁让客户可随心调整区域和时间；精心挑选个人账户安全险，为客户提供安全使用保证。

4. 平台更开放，把用户体验放在服务提升的“C位”

首次开放用户体系，支持线上Ⅱ、Ⅲ类用户注册及绑定他行卡，不仅打破了原有只能在线下开通手机银行的传统模式，也真正实现了只要一个App，即可全面实现对多家银行账户进行综合智能管理的目标。

（二）上线微信银行、微信小程序，完善互联网运营体系

2019年11月13日，腾讯公布了2019年第三季度财报，微信及WeChat的合并月活跃账户数达11.51亿人，同比增长6%，而小程序日活跃用户已经超过3亿人。从2017年的“跳一跳”火爆微信朋友圈，到今天的超过3亿日活，小程序凭借其不需要下载安装即可使用、方便快捷的独特优势，为线上、线下使用形成了更顺畅的通道，满足了更多用户的需求。另外，用完即走的概念大大降低了获客门槛，带来了一种全新的商业操作系统，由此受到运营圈追捧。

徽商银行微信银行是基于官方微信公众号及微信小程序向客户提供账户管理、信息查询、金融交易、消息推送、在线客服等服务的综合服务平台，于2019年11月和手机银行5.0同步上线。由于银行业务的特殊性，各商业银行都有一整套实名认证的逻辑、控件进行安全保障，故目前大部分银行的交易或操作还不能在微信银行实现，其作用更多是提高客户对银行品牌及其价值的感知，通过微信独特的精准性、便利性、高曝光的特点拓宽银行营销体系。目前徽商银行微信银行的功能如图案例1-5所示。

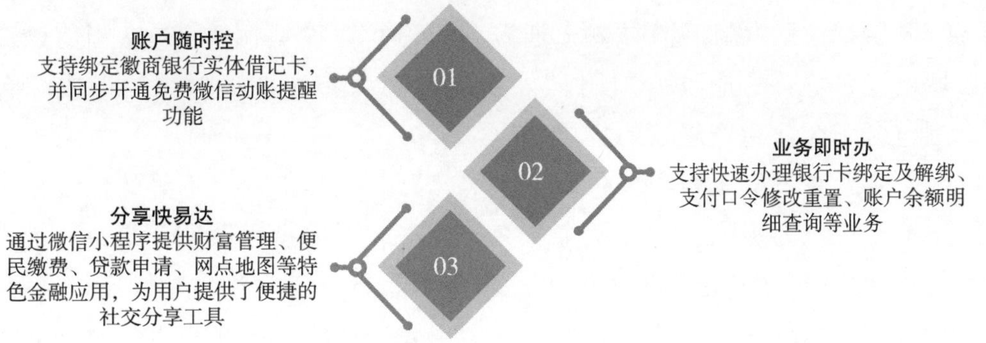


图案例1-5　徽商银行微信银行功能介绍

从长远来看，以微信这一新型社交软件为载体的移动金融模式或将成为未来银行展示品牌形象，延伸产品和服务，进行客户获取、转化和留存的重要渠道。对于徽商银行而言，未来应根据微信自身的特点，发展、调整和优化银行的营销和服务，让微信成为银行“获客”和“活客”的重要工具。

第一，要善用微信的生态体系进行营销服务。微信的强大体现在构建生态圈方面，微信生态中有聊天、公众号、朋友圈、微信支付、视频等元素，银行要善于利用这些生态元素进行营销服务。

第二，要充分利用微信的生态形成自己的营销生态闭环，微信发展的一个重要方向是为高价值的内容生产形成良好生态，银行在积极顺应微信这一变化趋势的同时可以利用这些生态构筑以及丰富自己的营销服务生态，从而形成自己的服务闭环。

第三，要将微信里的营销服务生态融入银行自身的生态服务体系建设，从而在更大范围形成自己的流量体系。一方面，要将金融服务体系建设和非金融服务体系结合起来，形成融合生长态势，在更大范围内“获客”和“活客”；另一方面，要实现线上手机银行、微信银行等各渠道的有机融合，实现线上渠道和线下网点、自助设备、客户经理等渠道的有机对接，确保客户全流程触点的一致，从整体上提高客户服务体验。

## 四、交易银行：以交易为本质，回归服务客户之本源

交易银行部作为徽商银行针对对公交易类金融产品和对公线上渠道进行研发与管理的专业机构，在2019年致力于开展对公业务数字化创新，探索科技赋能、场景输出、生态互融的发展道路，以最紧密的发展伙伴关系与客户相融相通，参与到企业生产经营的全交易链条中，为客户量身定制金融解决方案。

### （一）持续发力产品创新，日渐完善产品体系

2019年起，徽商银行交易银行加快交易银行产品数字化转型和金融服务开放性输出，经过一年来的精心建设，研发出多项创新产品，为交易型客户带来了更便捷的产品体验。

为支持中小企业融资、发展普惠金融，徽商银行推出了“徽盈e融”系列综合服务方案。它是在医疗、汽车、政府、矿产、电子商务、商贸流通和跨境商贸七个领域展开的，因此，徽商银行交易银行供应链金融的7个子品牌也应运而生，它们分别是“融医通”“融政通”“融矿通”“融汽通”“融商通”“融e通”“融境通”（图案例1-6）。当前徽商银行在供应链金融领域已经覆盖了“应收”“预付”“存货”三大传统业务领域，形成综合化产品体系，服务范围包含了企业生产经营的全周期。

一直以来，企业在投标工程项目时需要缴纳几万元至几十万元不等的保证金，这对现金储备不足的企业来说压力极大。为降低企业交易成本、缓解投标保证金给企业带来的资金压力，徽商银行于2019年9月还推出了电子投标保函业务，该业务通过与公共资源交易中心、担保公司进行合作及系统对接、线上数据交互，完成投标保函的在线申请及开立，真正实现了投标保函业务的全流程线上处理。它有效打通了中小微企业参与公共资源交易的融资渠道，企业无须抵押担保，仅需支付较低的保函手续费即可参加投标，大大降低了企业资金成

图案例 1-6　徽商银行交易银行供应链金融的系列子品牌

本、管理成本和时间成本。

2019 年 9 月，徽商银行还推出了一款电商平台线上交易资金监管类创新产品——电商通。它是徽商银行为各类电子商务平台及其会员提供的账户开立、充值入金、提现出金、订单支付、资金监管、资金清分、系统对账等全方位、一体化的线上交易资金管理解决方案。电商通帮助电商企业搭建符合监管要求的资金账户体系，实现系统通过后端与银行内部账户的封闭式管理，做到将平台资金与商户资金完全隔离，有效消除客户资金安全疑虑，让平台运营更具合规性。与此同时，还能够为交易平台类客户提供支付通道、统收统付与分账结算管理等服务。

### （二）借助金融科技赋能，打造一站式金融服务平台

2019 年 7 月 26 日，徽商银行交易家平台正式上线运营（图案例 1-7）。交易家平台是徽商银行建设的统一对公服务门户，为企业客户提供账户管理、支付结算、投资理财、贸易融资、电子票据、财资管理、国际业务等全方位的综合金融服务。为适应数字化银行转型的发展战略需求，徽商银行此次在交易家平台实施落地了中台战略，创新 IT 系统架构思路，利用大数据、云计算、微服务、分布式等前沿科技手段，建设交易银行业务中台。通过科技赋能驱动业务创新，打造平台金融，以“线上化、场景化、平台化”深度拓展“智慧金融”内涵。交易银行业务中台将核心、信贷、票据、现金管理等后台业务系统的服务模块化、组件化、共享化，根据客户需要对后台服务进行编排整合后提供给客户使用，更具创新性、灵活性，提升了综合金融服务能力。通过业务中台，徽商银行实现了统一客户管理、统一用户管理、统一账户管理、统一数据管理、统一业务管理，因此，不仅强化了对公客户服务能力，提升了客户体验，还能够快速响应客户需求，适应创新产品快速实施和落地。

为提高客户财务效率、提升客户体验，交易家平台在多方面做出了创新和升级。一是统一服务入口，同一用户不再需要使用多个角色、多把 UKey 登录不同系统，方便省时省力。

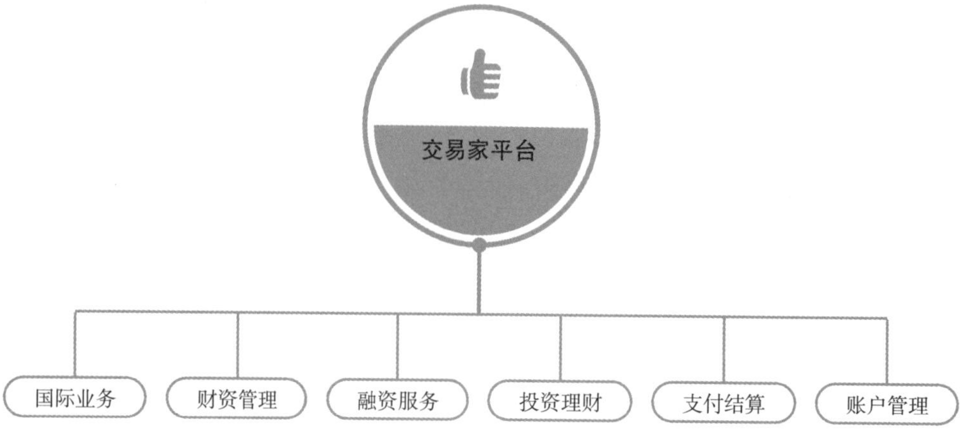


图案例 1－7　交易家平台对公综合金融服务

二是多渠道提供服务，不仅推出移动 App，还通过开放平台根据客户业务场景嵌入服务。三是精简菜单，以用户视角，重新整合、分类所有的功能菜单，创新四级菜单展现形式，并提供全局菜单搜索。四是智能引导，依据业务功能内部逻辑和用户历史操作习惯，智能关联不同功能菜单，自动调整功能布局，方便用户操作。五是运用多种安全保障措施，综合运用数字证书、短信验证码、生物特征、设备物理码等手段，全方位保障用户的资金安全。

交易家平台是徽商银行针对数字化转型的重大部署，是对公业务转型发展的重要支撑平台（图案例 1－8）。未来，徽商银行将围绕“一体两翼”的战略布局，践行“以客户为中心”的经营理念，不断完善交易家平台能力，创新平台产品，加快推进对公金融服务线上化，提供敏捷直达的金融服务，不断提高经营数据的能力，实现主动的营销推送和智能风控服务，利用开放平台建立共享合作的金融生态圈，逐步打造“线上徽行”“数据徽行”“开放徽行”，持续加强企业金融服务，更好地服务实体经济。

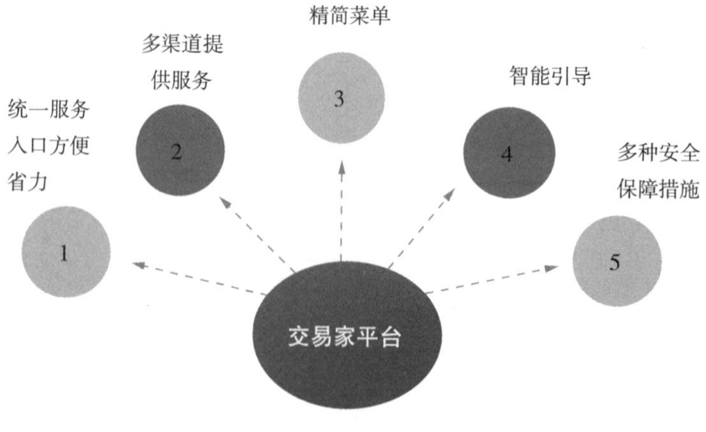


图案例 1－8　交易家平台的主要特色

## （三）积极探索弱核心模式下供应链金融发展之路

从实践中来看，中小银行以强核心模式开展供应链融资业务常会遭遇双重困境。一是在客户端，核心企业缺乏配合动机，通常不愿确权，不愿承担回购、差退、调剂销售义务。二是在银行端，中小银行在资金价格等方面往往不具备优势，在核心企业营销服务过程中的竞争力、议价空间均较低。针对上述问题，徽商银行创新性地提出了自己的解决方案——大力发展弱核心模式下的供应链金融。弱核心模式的核心思想是从行业特征、企业特点、产业链结构及交易结算行为出发，借鉴消费金融小额分散的业务模式，使用多种回款监控技术，以特定行业为对象，以池融资等产品为载体，实现大数定律下业务风险的收敛回归，从而降低或解除供应链金融业务对核心企业的依赖。

"融医通"就是徽商银行在弱核心发展理念下推出的一款重要产品。它是国内金融机构以数字化视角切入医院供应链服务新模式的首创。该产品通过与医药流通企业 ERP、医院 ERP、SPD 等系统的直联互通，利用医院信息系统内医药耗材的采购、物流、入库、结算数据实现对医药流通企业应收账款的佐证确认，并以此为依据，为医药流通企业提供应收账款融资服务。不难看出，"融医通"改变了传统供应链金融模式对核心企业的依赖。业务过程不再需要银行线下控票，不再需要医院盖章确权，从而实现了业务流程的全线线上化和核心企业的无感知化。更重要的是，银行从合作医院获得的业务数据可以拿来与医药流通企业 ERP 等系统数据、医药流通企业银行流水进行交叉比对，帮助银行完成对医药流通企业 ERP 等系统内物流、现金流、信息流的"三流"置信评级，为构建弱核心模式下的医药流通企业的多买方融资方案、一揽子融资方案奠定了数据基础。

（四）推出开放平台，构建场景金融新生态

伴随着互联网对生活和产业的深度渗透及金融科技的进步，金融服务线上化的脚步不断加快。融入场景、融入生态、开放协同，已逐步成为未来所有机构开展金融业务的必然趋势。在此背景下，徽商银行依托交易银行业务适时推出了"开放平台"。通过这一平台，徽商银行不仅可以提供开放的标准化功能，还可以根据行业需求嵌入定制化功能。其中，标准化功能主要包括查询、转账、代发工资、资金归集等基础金融服务，未来有望继续推出包括理财、票据等业务在内的更多标准化服务以满足客户的一揽子需求。定制化功能则是指徽商银行基于行业客户提出的个性化金融服务需求，为其量身打造行业解决方案，例如面向电商、物流、建筑施工、法院、医院等行业客户提供的"电商通""招标通""法院案款通""融医通"等。

开放平台的建成意味着徽商银行打破了传统银行服务思维，以客户需求为导向、以业务场景为触点、以 API/SDK 为手段，通过跨界合作，一方面把银行的金融服务能力输送出去，另一方面也把优质的业务场景吸引进来，构建起客户、合作伙伴、银行等多方互利共赢的"金融生态圈"，为客户提供更好的金融服务体验。在这一过程中，徽商银行将逐步从提供标准化、同质化服务的"产品中心"转变为无所不能、无处不在的"客户中心"。

回顾徽商银行近年来的互联网金融发展历程，从零售业务到公司业务，从单一产品到产品体系，从业务层面到战略层面，在风起云涌时望风而动，在风云际会时风生水起，伴随着互联网金融业务的快速发展，数字化基因已经逐渐根植于徽商银行的内核，推动其走上高质量发展之路。毫无疑问，徽商银行在直销银行、手机银行、交易银行等领域进行的诸多突破性探索，给整个行业带来了新思路和新参考，具有较强的借鉴意义。放眼未来，具有开放、包容、创新因子的徽商银行将以数字化为引领，以更加敏捷主动的姿态探索科技转型之路。

案例二

# 国元证券：以创新求突破　以转型求发展

## 一、公司简介

国元证券股份有限公司是由原安徽省国际信托投资公司和原安徽省信托投资公司作为主发起人，联合其他12家法人单位，于2001年10月共同发起设立的综合类证券公司。2007年10月30日，以股权分置改革为契机，国元证券借壳“北京化二”成功在深圳证券交易所上市。公司上市以来，先后通过股权、债权等多种方式补充资本金，资本实力不断增强，为各项业务的持续健康发展提供了有力的资金保障。截至2019年末，公司总资产831.69亿元，所有者权益248.46亿元，拥有15家区域分公司、140家营业部。国元证券拥有零售经纪、投资银行、财富管理、投融资及场外市场等全业务证券牌照，各项业务相对均衡发展。同时，控股国元国际、国元股权、国元创新、国元期货，参股长盛基金、安元基金、安徽省股权服务集团、中证机构间报价系统股份有限公司、中证信用增进股份有限公司、证通股份有限公司等，形成了牌照齐全、业务品种多元的综合金融服务平台架构。

近年来，随着大数据、人工智能、区块链、云计算等新技术在金融领域的快速发展，数字金融已经成为未来的发展方向。科技与证券的结合已从原来简单的“拼接”转变为深度的“融合”，数字化转型已经成为证券行业发展的新方向。国元证券紧跟互联网证券数字化、智能化的发展趋势，长期高度重视互联网金融业务的规划以及模式的研究与探索，坚持创新发展理念，着力推进管理、业务及技术创新，致力于建立创新机制，搭建创新平台。积极探索科技赋能，加强智能工具运用，提升综合服务能力。在服务能力稳步增长的同时，市场地位、品牌形象和社会美誉度稳步提升。国元证券在行业分类评级中连续12年被深交所评为最高等级A，连续7年获安徽省金融机构支持地方发展业绩评价“优秀”等次，此外还获得第十七届中国财经风云榜券商科技金融创新奖、新财富中国最佳投行榜单9项大奖等荣誉，公司股票入选富时罗素和标普道琼斯两大国际指数。

为了适应证券行业数字化运营的业务发展需求，国元证券积极拥抱互联网，在线上开辟新战线。公司于2014年获得互联网证券业务资格后，开始布局互联网金融业务。2016年9月正式成立网络金融部，并不断赋予其新的职能定位来顺应行业发展趋势。目前网络金融部主要担负的职责是以客户需求为立足点，整合公司业务能力、服务资源，重塑业务流程、提升服务效率、降低服务成本，大力发展金融科技，深耕互联网领域，助力传统业务转型升级并实现跨越式发展，树立公司网络金融品牌。经过三年多的精耕细作，国元证券的互联网证券业务发展初显成效，金融科技创新成果显著。公司积极探索科技赋能，持续优化升级线上平台，重点打造国元点金 App，全面提升客户投资体验。新增注册用户数、交易客户服务覆盖率、客户活跃度等各项指标居于行业前列，获得了诸多荣誉：在券商中国优秀证券公司 App 评选及由和讯网主办的第十七届中国财经风云榜中，国元点金 App 分别斩获“2019 券商 App 杰出营销创意奖”和“券商科技金融创新奖”；在新浪财经主办的第五届券商 App 风云榜颁奖盛典中，国元点金 App 荣获“最佳运营团队奖”“最佳创新突破奖”；在由证券之星主办的“资本力量 2019 暨私募证券基金行业年度盛典”中，国元点金 App 荣获“卓越互联网金融创新奖”“卓越客户服务奖”（图案例 2－1）。

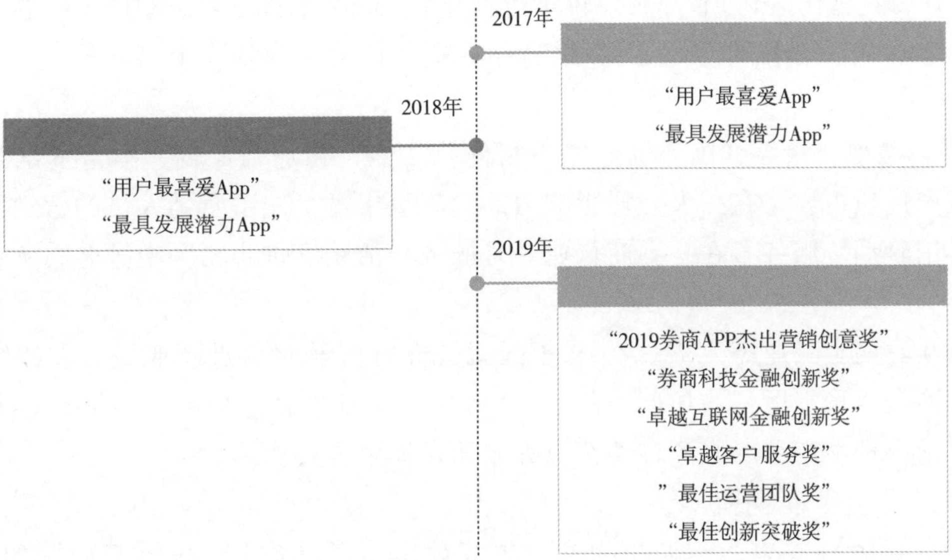


图案例 2－1　国元证券互联网金融获奖情况

## 二、平台建设成效显著，线上业务发展态势良好

目前，金融科技日益成为证券行业打造核心竞争力的突破口，券商正在形成以科技应用创新为焦点的竞争新格局。国元证券紧跟行业趋势，积极探索科技创新，持续加大金融科技投入，依靠大数据、云计算和人工智能等新技术持续推进互联网平台智能化建设。2019 年，国元证券以公司整体战略为导向，围绕线上服务平台建设、数字化运营和线上获客等方向进行了积极探索，互联网金融工作有序开展，取得了良好的效果（图案例 2－2）。

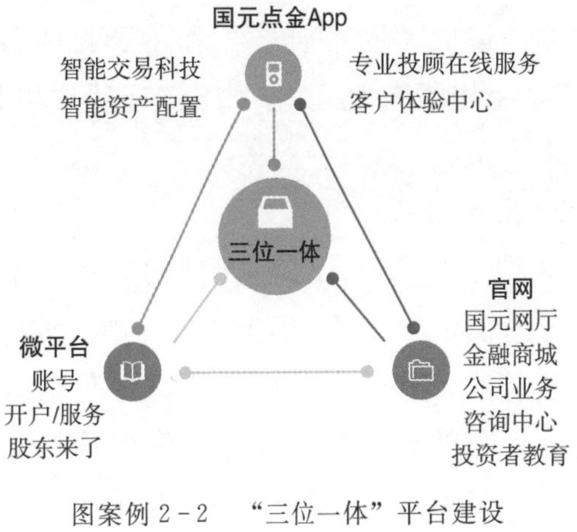


图案例 2－2　“三位一体”平台建设

### （一）“三位一体”平台建设持续发力

1. 国元点金 App

近年来国元证券致力于转型财富管理，赋能业务链条，提效用户服务。国元点金 App 作为线上服务的重要窗口，集智能化、数字化、平台化于一体，不再是单一的交易工具，而是借力金融科技优势赋能业务，提高客户投资效率。2019 年国元点金 App 围绕“智能交易科技”“智能资产配置”“专业投顾在线服务”“客户体验中心”四大核心单元，对服务体验不断进行优化升级，全年共完成 12 次版本升级，从 6.1.0 版本发展到 6.8.6 版本，共计新增 103 项功能，优化 64 项功能。在营销活动的助力以及各分支机构的通力合作下，国元点金 App 在新增注册用户数、交易客户服务覆盖率、客户活跃度等各项指标上均取得显著增长：2019 年新增注册用户数年增长 51.46%，在公司两款 App 总注册用户数中占比达 73.07%；国元点金 App 在手机端客户委托占比达到 61.37%，较年初提升了 13.37 个百分点。2019 年，国元点金 App 最高日活较 2018 年末增幅为 81.77%；最高月活较 2018 年末增幅为 48.24%。

2. 微平台

2019 年，微信公众号“国元证券”不断优化功能，在加强原创、丰富资讯内容的同时积极整合公司优质内容，在扩大公司影响力的同时也丰富了线下营销人员的营销素材，促进线上线下营销联动。服务号在“券商行业 8 月服务号活跃度进步榜”中排名第 7 位。

3. 官网

为加快互联网金融业务发展，2019 年国元证券官网及时跟进新业务，发挥综合门户网站作用。官网全年稳定运行，访问量超 5500 万次，在宣传企业形象、传播企业文化、披露公司信息、销售理财产品、服务各类客户等方面发挥了重要作用。

### （二）线上产品不断创新

2019 年，国元证券秉承“诚信为本、规范运作、客户至上、优质高效”的经营理念，借助大数据、知识图谱等技术，结合舆情、资金流向等，不断为客户发掘新的投资机会，提升服务深度和广度，打造智能化的综合理财投资服务平台。全年国元证券上线了智能选股、智能诊股、今日机会、沪深港资金、龙虎榜、基金诊断等多款智能化投资辅助工具，受到了广大投资者的热烈欢迎。另外，为实现差异化服务，国元证券开始在增值服务方面进行探索和尝试，建成“脱水研报”和“云参选股”两项付费服务，同时完成了“九点特供”“主题策略”“狙击龙虎榜”“公告全知道”“机构研选”等服务内容的储备，形成了独具国元特色的产品体系。

1. 国元智投

在证券行业财富管理转型的大背景下，国元证券深挖客户资产配置需求，经过近半年的开发与迭代，于 2019 年上线了“国元智投”功能，为客户提供了一套公募基金智能配置模拟交易平台。基于大数据分析、量化金融模型、专家策略分析验证、投资风险监控，为客户提供更为合理和个性化的资产配置选择，定制客户专属的“千人千面”“千时千面”资产组合方案。在探索实践过程中，国元证券尝试着将互联网的思维和技术体系跟投顾服务结合，总结出了具有国元特色的智能投顾发现之路——“FIND”（图案例 2-3）。

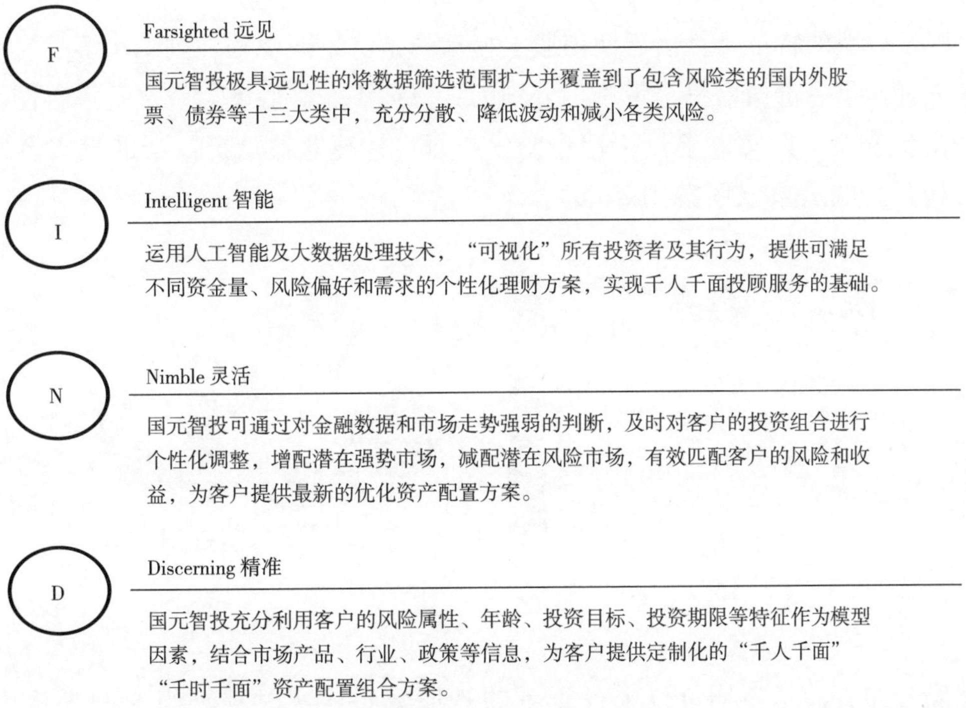


图案例 2－3　具有国元特色的智能投顾发现之路——“FIND”

2. 智能投顾系列产品

2019 年国元证券智能投顾服务从基本面、资金面、技术面三个维度着重发力，综合提升公司智能投顾的产品输出，陆续上线了科创板专题、脱水研报、龙虎榜、沪深港资金、筹码分布、云参选股等一系列智能工具，为客户提供更专业和更智能的投资帮助。

（1）科创板专题：提供科创板发审进度一览、申报企业名单、申报文件、意向申报企业、申报企业详细资料、A 股影子股、科创板最新资讯等数据模块，满足用户了解并跟踪科创板最新动态和相关数据的需求。

（2）脱水研报：是选股宝在业内首创的 A 股研报，推出之后迅速成为 A 股市场现象级产品。每日专注汲取公开的券商研究报告精华，取数据、探逻辑、看动机、做对比，挑选出研报中的分歧与共识、低关注与超预期以及更细节的信息增量给热爱投资的读者（图案例2－4）。

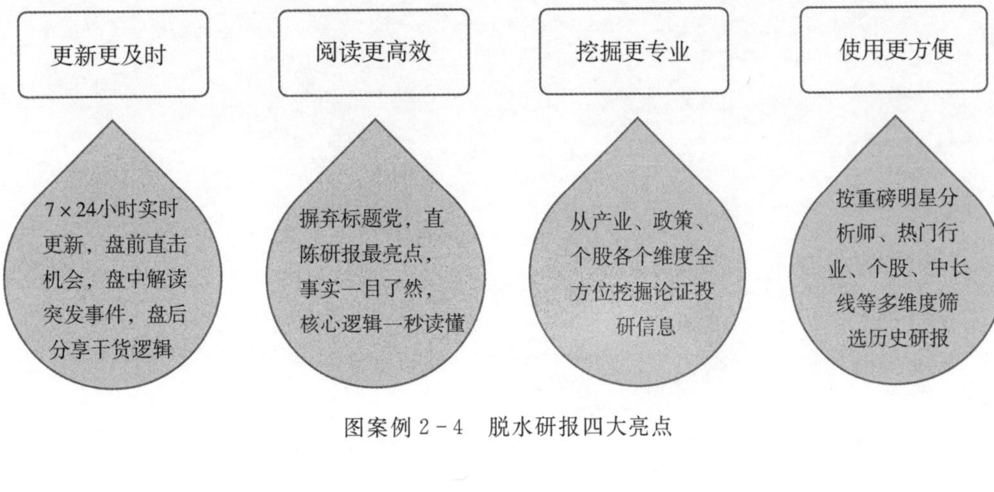


图案例 2－4　脱水研报四大亮点

（3）龙虎榜：通过数据分析游资以及机构的动向，判断当前个股的资金流入，通过现有的资金流向以及股票的特征计算出后期该股上榜后的走势。龙虎榜在列示净买入排名示榜单的同时，为投资者提供有价值的三个策略，分别为游资携手、高胜率、资金抢筹（图案例2－5）。

（4）沪深港资金：跟踪北上机构持仓变化，每日计算收益情况，帮助投资者发现优秀的北上投资机构，跟买股票（图案例 2－6）。

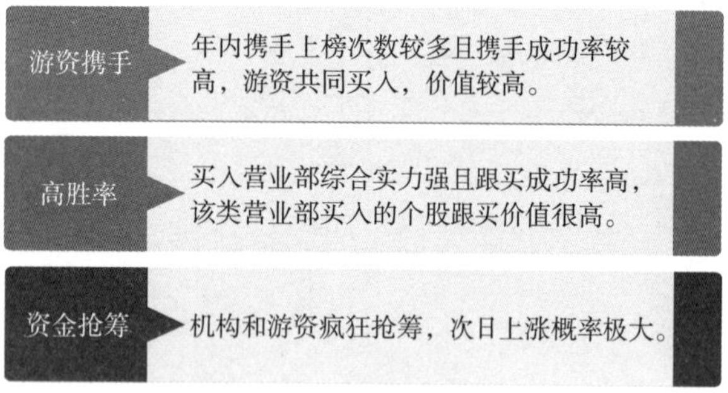


图案例 2－5　龙虎榜“策略精选”

图案例 2－6　“沪深港资金”内容介绍

（5）筹码分布：展示不同价位上投资者的持股数量，实时计算当前的平均成本、压力位、支撑位、盈利情况，给出动态的筹码成本分布图来了解庄家和散户的持仓变化，辅助投资者判断后续股价走势（图案例 2－7）。

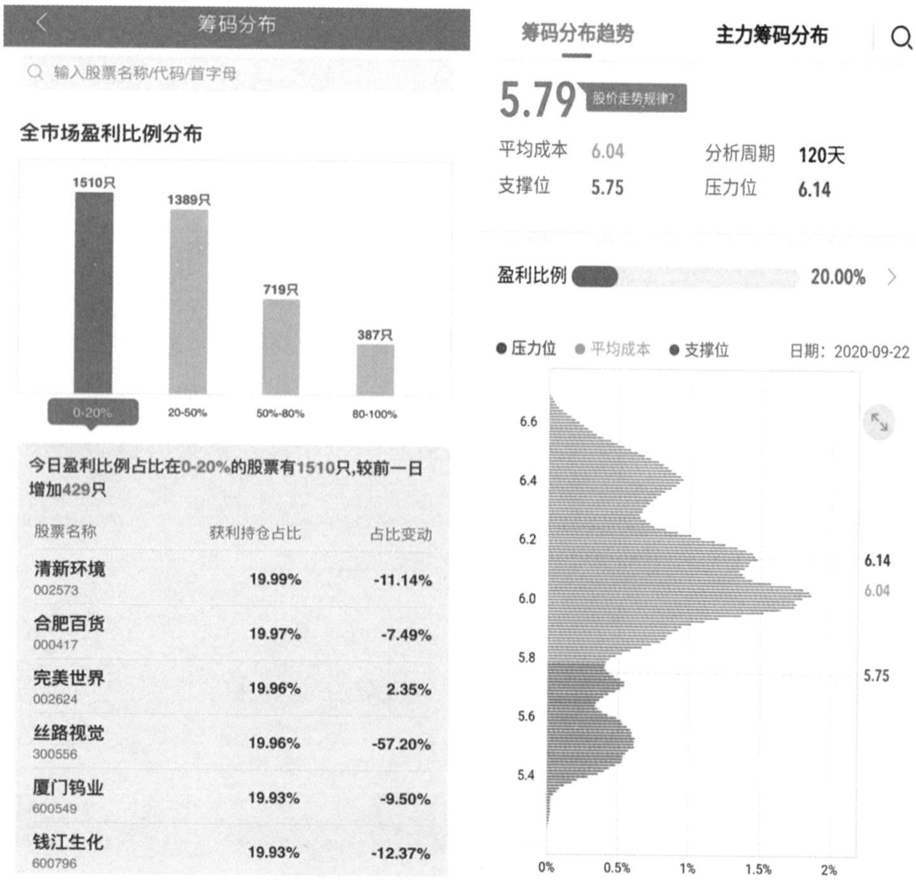


图案例 2－7　“筹码分布”内容介绍

（6）云参选股：基于六年以上大数据，通过云计算智能分析，为个股量身定制最优的专属参数，并将复杂的指标参数转化为简单有效的看多看空信号，辅助投资者选股择股，做出最佳投资决策（图案例 2－8）。

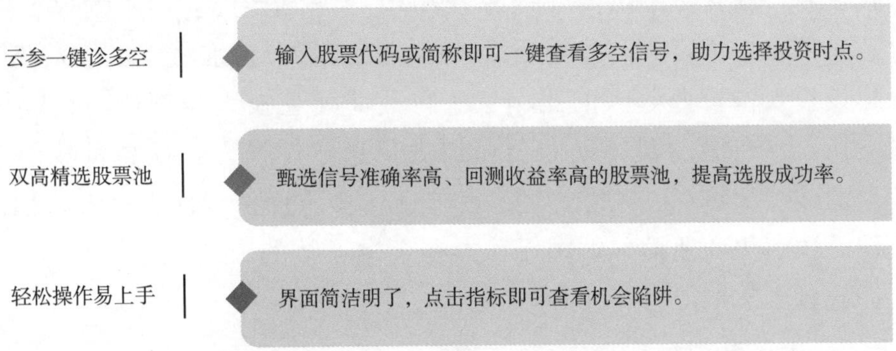


图案例 2－8 “云参选股”三大核心优势

（三）线上业务发展迅速

2019 年国元证券紧跟互联网证券数字化、智能化的发展趋势，以满足客户需求为中心，推进零售业务向财富管理转型。积极探索科技赋能，加强智能工具运用，提升综合服务能力。在持续推进“App＋微平台＋官网”三位一体的综合服务平台建设优化的基础上，积极尝试通过线上平台的运营促进产品销售、投顾服务等业务提升，带来各项业务的产出增加。

1. 线上营销助力企业发展

与 2018 年相比，2019 年国元证券互联网金融业务更加注重利用金融科技服务客户和赋能分支机构，在线上营销方面则主要表现为管理及服务更加注重推广技术和方法。全年网络金融部通过广告投放、品牌建设等方式策划开展了 17 次线上营销活动，促进了客户活跃度和存量激活。活动页面阅读量总计 536.07 万次，对外品牌曝光总计达 1513 万次，极大地提升了产品和品牌的影响力。

2. 线上业务功能持续完善

2019 年国元证券依托互联网技术自行研发的云柜台系统新增账户全景、一码通账户规范、退市整理股票交易权限开通、存托凭证和创新企业股票开通等重要功能，使得在线业务办理类型达到 28 项。全年累计办理业务 78 万笔，同比增长 152％，对非强制临柜业务的线上化比例持续提高，进一步加速从现场柜台到互联网柜台的转型。此外，移动展业平台获得广泛的使用，已经成为公司一线员工越来越重要的移动工作终端。

3. 动态优化渠道引流合作

2019 年国元证券积极探索互联网证券业务模式，为寻求用户流量资源，与垂直类平台、通信运营商等多方优质渠道开展推广引流合作，取得了良好的效果。新增开户在公司总开户数中占比 7.35％，有效户率 5.2％，新增客户入金 4.2 亿元，同比增长 147％，股票交易量同比增长 60％，累计佣金同比增长 70％。存量激活力度不断加大，通过 App 下载和金融产品销售等专项活动，提升客户活跃度和入金率。

## 三、自主研发投入持续加大，金融科技应用纵深发展

2019年，中国人民银行发布了《金融科技（FinTech）发展规划（2019—2021年）》，大力支持金融科技创新，深化金融供给侧改革；2020年4月，证监会下发《证券公司分类监管规定（征求意见稿）》，修订券商分类评级指标，新的评分标准将“信息系统建设投入”改为“信息系统建设投入占营业收入的比例位于行业前列且投入金额位于行业中位数以上”，一系列的政策支持，都在激励我国证券公司加大信息建设投入，提高科技创新能力。近年来，国内头部券商陆续从组织、人才、理念和文化等多方面持续加大投入，积极构建金融科技生态，探索新的数字化商业模式。国元证券在金融科技的浪潮中也逐步意识到自身IT建设的重要性，提升自主掌控能力势在必行。

### （一）自主开发工作稳步开展

随着大数据、人工智能、区块链、云计算等新技术在金融领域的快速发展，数字化转型已经成为证券行业发展的新方向。但证券机构特别是传统中小型机构普遍存在定位和方向上不清晰、信息科技人力资源匮乏、技术能力欠缺等问题，人员数量和质量均不能满足业务发展对科技的要求。因此，大部分证券机构在发展初期都会广泛采用信息科技外包的方式，作为自身科技力量的补充。但凡事均有两面性，信息科技外包是一把“双刃剑”，在给金融机构带来专业化能力、推动科技创新、提高科技效率、实现科技对业务支持的同时，也会存在一系列的外包弊端，例如科技公司可能对公司业务了解得不够深入，无法完美开发出适应企业文化的产品；系统更新和维护不及时，无法最大限度地提升客户体验；公司不掌握核心技术，受制于科技公司等。在此背景下，国元证券也逐步意识到自主创新能力的重要性，逐步加大自主研发投入。2019年公司在IT人才以及信息技术研发方面的投入持续增加，信息系统软件采购投入2868万元，与2018年相比增加94.84%。IT人员薪酬投入4185万元，较2018年增加35.44%。同时，为了保证国元证券能够及时了解和跟进外部的技术进步、防止在金融科技领域与一线券商出现代差，信息技术总部成立了以年轻员工为骨干的区块链、人工智能、5G、大数据等金融科技专项研究小组，工作职责主要包括跟踪了解金融科技的发展前沿技术以及相关技术在行业内的应用情况，普及公司内部金融科技相关知识等方面，不断推动金融科技在公司内部多个领域生根发芽。

### （二）合作研究成果明显

2019年，国元证券积极探索新兴技术在业务领域的应用，与中国科学技术大学统计金融系继续合作“数据分析实验室三期”，并顺利结题，相关研究成果申请了4项发明专利。数据分析实验室三期在情绪化指数功能、股价预测模块、基金组合配置、股票投资策略等研究方向均取得了较大进展：

（1）情绪化指数组合产品化策略研究，实现买卖点操作建议的产品化操作策略。分别在2017年、2018年和2019年三个时间段实现平均80%以上的个股经过情绪化指数策略买卖点提示，投资收益率超过同期个股表现。

（2）基于基金组合的大类资产配置研究，两种模型策略。基于Black-Litterman模型的

组合配置：走势稳健，回撤较小。2013—2018 年五年平均年化收益 7%以上，长期收益稳定，适合低风险承受能力的投资者投资参考；尾部风险控制模型：长期收益较为理想。2013—2018 年五年时间，平均年化收益 12.07%，最大回撤 7.93%，适合较高风险承受能力投资者投资参考。

（3）基于深度学习预测模型的选股策略研究，设计三种模型策略。基于 Alexnet 的 AI 深度学习模型，股票预测准确率将近 60%，深度学习模型在 2017 年、2018 年和 2019 年取得了年化收益 32%，平均单次交易收益 0.8%；基于马科维茨优化的 F-M 模型，通过 2014—2019 年的数据验证，策略实现的最终年化收益达到了 15%；基于 LSTM 网络的 AI 深度学习模型，采用四分类模型提升模型精确率。

（4）大数据平台搭建。完成了大数据平台的搭建、数据库的构建及相应的数据迁移和同步，为 Spark 开发配置了多语言编程环境并进行相应的优化，为方便管理和编程进行了可视化拓展及平台监控。

（三）技术应用成效显著

金融科技应用在证券行业的目的是用最小的成本来高效地满足各类客户的不同需求，本质依然是提升客户体验与运营效率。这种应用在前台就体现在智能化、个性化、互动化与生态化的趋势中，中后台则呈现出信息化、高效化的状态。2019 年，金融科技在国元证券前、中后台中的运用场景主要包括智能投顾、精准营销、智能客服、客户流失预警等方面，具体来说：

移动互联网方面，国元证券继续利用移动互联网技术为客户提供方便快捷的服务。伴随着个股期权开户、新三板开户等业务需求，2019 年国元证券建立了互联网双向视频能力平台，成为公司发展金融科技的一项基础设施。视频能力平台支持多业务快速接入，支持高清晰度双向视频通话功能，为非现场办理各项业务打好了技术基础。下一步基于视频平台的高清晰视频数据，人脸识别、声纹识别等生物识别技术可以得到更加深入的应用，从而进一步提升客户体验、提高工作效率、提升用户管理能力、降低金融风险。

大数据方面，为了适应证券行业数字化运营的业务发展需求，2019 年以来，国元证券利用已建成的移动运营统计分析平台，逐步实现了对 App、微信、官网等多渠道客户行为数据的采集、统计和分析。以国元点金 App 为例，通过实施埋点的方式，统分平台已实现对 App 内 896 个点击事件、553 个各层级页面的用户行为数据的采集和统计分析。在原有业务数据的基础上增加了客户行为数据的积累，为刻画更加精准的客户画像提供了新的数据资源。同时，国元证券尝试依托相关的数据分析结果来逐步推动精准营销体系建设，进一步配合财富管理的战略转型。

人工智能方面，2019 年国元证券智能客服通过十几万次问答训练，目前已经形成了拥有超过 3700 条答案的专业化智能金融知识库，在线客服的机器人完成率超过 83%，客户满意率达到 92%，取得了良好的应用效果。另外，国元证券与科大讯飞签署战略合作协议，计划在智能客服、语音门户、智能回访等领域开展深入合作，有望进一步提升相关方面的能力。

随着公司自主研发力量的不断增强，人工智能、大数据等当今较为成熟的技术在公司各项业务系统中逐渐落地和应用，国元证券的数字化建设水平将得到显著提高，有望在客户端持续提升客户体验、在员工端提升工作效率、在管理端提升信息透明度等方面取得突破性进展。

## 四、未来发展展望

随着金融科技相关技术的迅速发展，科技与证券业的结合已从简单的“拼接”转变为深度的“融合”，大力发展财富管理业务和对内进行数字化重构成为券商转型的行业共识，而数字化转型已成为财富管理业务持续发展的必由之路。近年来，大中型券商从顶层架构设计、创新文化营造、技术能力建设、科技生态合作等多角度进行全方位数字化转型布局，推动公司全面数字化转型。证券公司业务互联网化是大趋势，国元证券要想在竞争中占有一席之地，需在未来的工作中充分借鉴其他券商金融科技工作的成功案例，结合公司的整体战略和金融科技规划，逐步推进科技与业务的融合，加快数字化转型，主要包括：一是完善科技规划设计，加快公司数字化转型；二是提高 IT 系统自主可控能力，提升客户体验；三是提升数字化、智能化水平，扎实做好各业务支撑工作；四是加快人才队伍建设，推动金融科技可持续发展。

券商互联网金融的发展方向不会是唯一的，前端的创新离不开中后台数据、系统的整合与支持，线上业务的发展也离不开线下供应链的打通，协同与整合是进一步发展的必经之路。如今，国内头部券商纷纷将目光投向附加值更高的高净值客户、机构客户，加大业务之间的协同，加速向财富管理、业务机构化与智能化转型。因此，在未来很长一段时间内，推动经纪业务线上化，做大中台、赋能员工、数据驱动，夯实后台、支撑金融科技发展仍是国元证券建设互联网平台、实现数字化转型的重点工作。

案例三

# 安徽银联：支付便民利企　建设场景生态

中国银联股份有限公司（以下简称“中国银联”）成立于2002年3月，主要负责建设和运营全国统一的银行卡跨行信息交换网络，提供银行卡跨行信息交换相关的专业化服务和制定银行卡跨行交易业务规范和技术标准等，是中国多层次支付清算网络体系和金融基础设施的重要组成部分。目前中国银联的受理网络已延伸至全球179个国家和地区，受理商户累计超过5600万户，从2015年到2019年，银联网络转接交易金额从54万亿元增长到190万亿元，增长了将近3倍。为了顺应移动支付发展趋势，中国银联于2017年推出云闪付App，它以全方位便民利企的金融服务，成为连接政府、金融机构、用户、商户的重要桥梁。

中国银联股份有限公司安徽分公司（以下简称“安徽银联”）经中国人民银行合肥中心支行批准，于2006年10月9日成立。作为安徽省最早从事电子支付服务的机构之一，安徽银联自成立以来，秉承“服务、效率、规范、创新”的经营理念，不断优化省内支付受理网络，依托自身发卡量及用户群庞大的基础优势、适用范围广和覆盖币种全的服务优势以及消费者无须承担交易费用的模式优势迅速发展互联网支付业务。

近年来，金融科技的迅速发展正在加速推动传统支付行业的变革，支付技术持续升级，支付产品不断更新，新的应用场景频繁涌现，创新技术与支付手段加速融合，这些变革不仅深入社会经济生活的方方面面，同时也满足了用户多样化、个性化的支付需求。身处变革洪流，安徽银联紧紧依托中国银联总公司的产品和技术支持，强化社会责任与使命担当，立足支付产业，以场景生态建设为核心，凝聚产业合力，提质增效，助小微、惠民生、促消费、稳增长，不断提升支付服务实体经济与金融发展的能力，为推动安徽经济高质量发展提供助力。

## 一、依托多元支付体系，打造全场景生态圈

在移动支付市场，场景是用户流量的抓手，产品则是场景扎根立足的基础。从消费者体验入手，线上与线下联动，与消费者建立真正的沟通，将产品或服务信息精准传达给消费者，是支付场景营销服务的核心标准。若想达到这一标准，则需要通过整合全渠道资源，丰富展示形式，把支付场景与行业解决方案相结合，与金融产品（银行、保险服务）、消费内容（餐饮、服饰商圈等）、生活服务（交通、旅游等）发生天然强关联，打造全场景的支付生态圈。近年来，中国银联顺应支付的移动化、数字化发展趋势，践行支付为民理念，打造

了集扫卡、扫码、扫手机于一体的多元支付体系。正是依托这一体系，安徽银联以云闪付App、银联手机闪付、银联二维码等移动支付产品为载体，以提供统一的标准服务和多维度的合作为切入点，以移动支付便民工程建设为核心，聚合政府、银行、商户等各方资源，着力打造全场景支付生态圈。

（一）云闪付

云闪付是由中国银联与各商业银行、产业各方共建共享的移动支付战略产品，即以跨行账户管理为核心，融合二维码、非接、刷脸等多种支付方式，将不同银行的转账、信用卡还款、权益查询、理财、信贷等金融服务聚合到统一的App上，通过聚合银行业资源与银联受理网络，覆盖更广阔的服务场景，搭建更开放全面的服务平台，一方面为用户提供了更安全、更便捷的支付服务，为银行提供了流量接口，另一方面也促进移动支付行业的良性竞争和健康发展。得益于其独特的地位，自2017年12月问世以来，云闪付在短短两年时间里取得了令人瞩目的成就：技术迭代升级频频推出，App先后完成了七次更新升级，不断提升用户体验；产品功能覆盖广泛，云闪付将银行卡管理、极简支付、安全交易、优惠与权益四大功能集于一身，充分满足用户需求（图案例3-1）；用户规模迅速攀升，云闪付App累计注册用户在2018年11月突破1亿人，2019年9月突破2亿人，截至2019年末，累计注册用户数超过2.41亿人，累计绑卡2.7亿张；服务场景日益丰富，据官方数据显示，云闪付App、银联手机闪付、银联二维码在全国14000余家菜场和生鲜门店、近20万家便利店超市、30余万台自助终端、55余万家餐饮商户、逾1700家医院、逾3000个政企食堂为用户提供覆盖十大场景的便民支付服务。

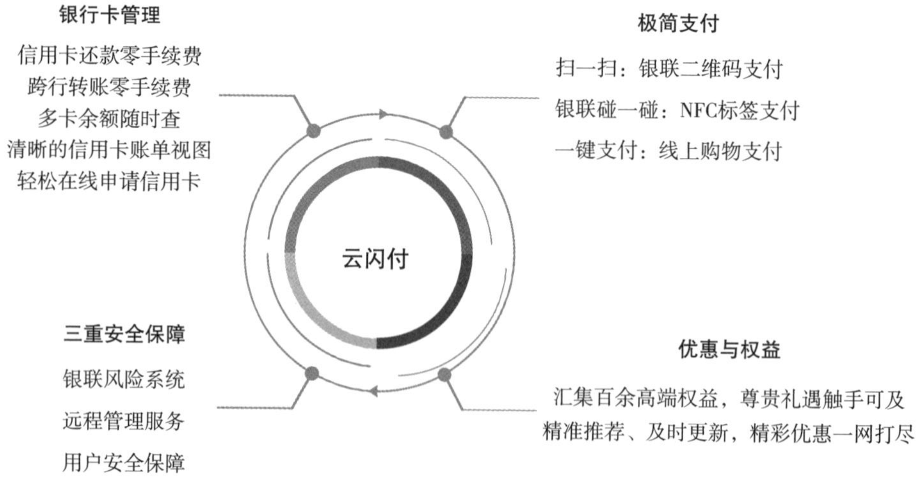


图案例3-1 云闪付App的四大功能模块

云闪付在安徽地区的发展速度同样令人瞩目。目前，该产品的安徽注册用户数已突破1000万人次大关，成为全国第12个云闪付App用户超过千万的地区。安徽银联利用云闪付App这一人气产品，在线上线下为用户提供便捷优惠的支付体验，赋能产业各方，成为推动安徽省消费增长的重要力量。近年来，云闪付App不断助力安徽省内合肥、阜阳、亳州、淮南、芜湖等多个地方政府及商业银行，涉及餐饮、购物、汽车、医疗等高频消费场景。数据显示，安徽省内76个市县公交、合肥地铁全线、超4000户品牌零售商户、近2900家超市便利商户、14万家餐饮商户、近万台自助售货终端、60多所校园、100多项公共事业缴费项目均支持包括云闪付App在内的移动支付。

（二）银联手机闪付

银联手机闪付是中国银联采用NFC和Token技术推出的一款移动支付产品。该产品集线上支付、线下支付、可穿戴设备支付等多元化的支付方式于一身，并支持二维码支付、远程在线支付。依托其安全可靠、支付便捷、场景丰富等优势，截至目前，支持银联手机闪付的线下商户约1700万家、线上App近300家；在公共交通领域，全国已有17个城市的地铁支持手机闪付过闸，支持银联手机闪付的非接受理终端超过1500万台（包括POS设备、地铁公交闸机设备等）。随着银联与各方机构继续深入合作，有望实现银联手机闪付技术在衣食住行多领域广泛覆盖（图案例3-2）。

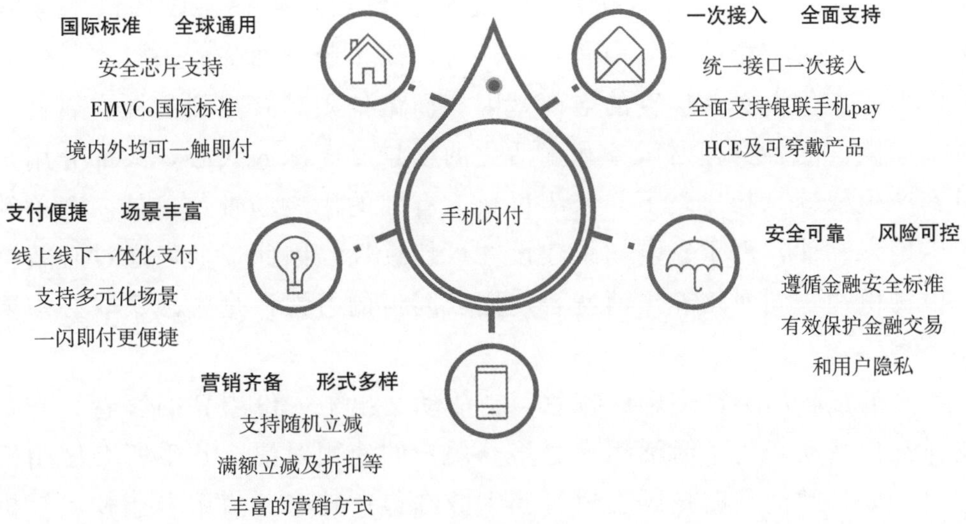


图案例3-2　银联手机闪付五大产品优势

（三）银联二维码

银联二维码支付是中国银联联合成员机构推出的拥有银行级后台安全防护保障的移动支付产品。该产品通过二维码条码交互方式，实现个人之间、个人与商户之间以及商户之间的资金收付和增值应用，主要提供消费、转账及提现等方案，拥有用户主扫和用户被扫两种模式。该产品覆盖多元化的服务场景（图案例3-3），主要包括商超、餐饮等商户及个人之间收付款，自动贩售机、多媒体互动屏等非面对面收款，ATM无卡取现，乘坐地铁、入住酒店等预授权场景。依托其产品优势，中国银联在多个场景快速推进：已有超过150个主流App上线开通银联二维码，包括

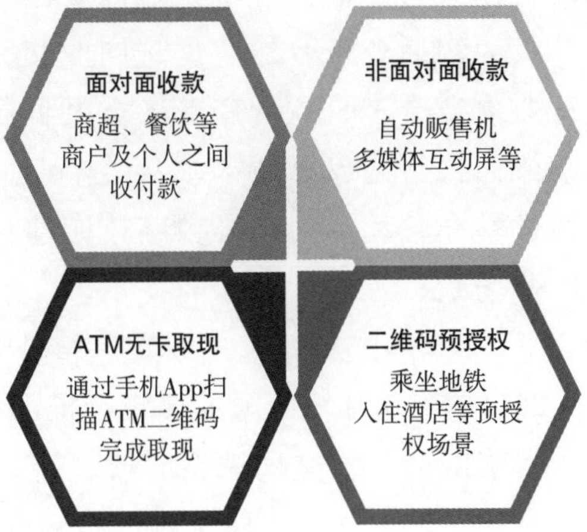


图案例3-3　银联二维码支付应用场景

工行、农行、中行、建行、交行等17家全国性银行，以及手机京东、京东金融、美团、美团外卖、大众点评等拥有亿级用户量的App，近200家主流收单机构及分支机构完成收单侧业务改造及开通，卜蜂莲花、全家便利店、7-Eleven、屈臣氏、万宁、喜士多、罗森等品牌商户已开通受理银联二维码。

## 二、持续开展特色营销，深耕“十大场景”

互联网时代，“场景即金融”已被普遍接受。若要打破传统支付模式困局，关键路径之一就是要聚焦“场景生态”建设，即以用户需求为中心，将支付服务融入用户生活各个场景之中，让金融支付触手可及。正是基于这一认识，安徽银联多方整合产业资源，通过形式多样的特色营销活动，发力支付场景建设。

### （一）持续开展特色营销活动

如前所述，多元支付体系的形成为中国银联支付场景生态建设提供了丰富的产品抓手，但作为互联网支付市场的新入局者，云闪付从诞生起就面临着来自支付宝和微信两大巨头的竞争压力。支付宝具有优良的电商基因，而微信则具有强烈的社交属性。经过多年发展，支付宝和微信的各类理财服务和生活化的场景已经深入人心，大部分用户养成了支付习惯并对其产生依赖。相比之下，云闪付缺乏有效的用户场景，只是一个单纯的支付工具，难以产生用户黏性，严重影响场景建设的可持续性。因此，如何通过有效营销来获取更多的支付市场份额，同时培养出消费者使用云闪付的习惯，是中国银联必须要面对的现实问题。

近年来，安徽银联用丰富多彩的特色营销活动交出了一份漂亮的答卷。一是贴近消费场景推出花样红包活动。为了激活用户、培养用户的使用习惯，几乎所有使用云闪付的场景都能领红包，如日常消费时扫码支付可获满减红包；转账、信用卡还款、手机充值、绑卡、生活缴费等行为可获得随机红包；乘公交、坐地铁随机立减费用。二是打造银联品牌的消费节日，如一年一度的银联“62”节、超市节、菜场生鲜节、银联手机闪付周，等等。值得一提的是2019年的银联“62节”在全民狂欢的同时，首度打造“62节开放日”，邀请合作银行、商户、手机厂商和用户代表至“银联62指挥部”现场参观交流，将“62”节升级为沟通业务合作、促进同业交流、寻求合作不断升级的平台，为更好地服务用户汇聚行业力量。三是联合产业各方共同推出各种策划活动。如强化主题卡产品的策划推出，推动徽商银行与安徽新华书店发行“皖新联名卡”，开创“金融＋文化”创新营销模式；如通过举办移动支付助推数字校园建设推进会，宣传推广银联支付品牌，打造校园移动支付示范场景；等等。

### （二）深入推进“十大场景”建设

2017年10月，中国人民银行推出移动支付便民示范工程。中国银联以此为契机，提出打造“菜市场、公交地铁、餐饮、超市便利、公共缴费、自助售货、校园、食堂、医疗健康、交通罚款”这十个民生刚需高频支付场景（图案例3-4）。经过两年多的建设，这“十大场景”的广度和深度都在不断拓展，已经成为移动支付的核心场景。

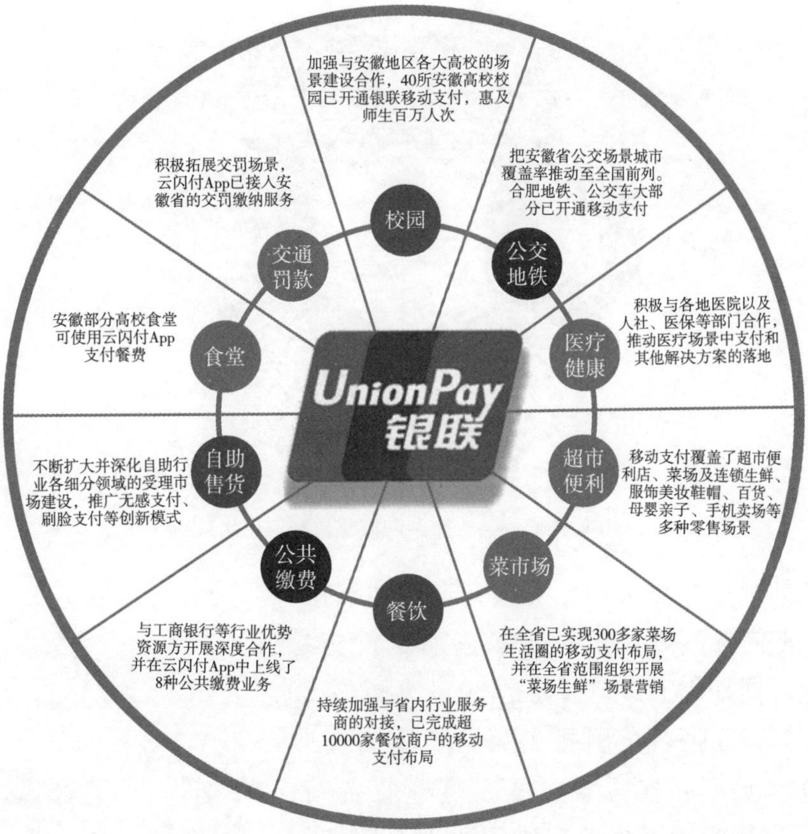


图案例 3-4　安徽银联"十大场景"建设情况

2019 年安徽银联在"十大场景"建设方面的成就也可圈可点。积极贴合生活潮流热点，针对目标市场的需求，持续推进便民场景建设，依托云闪付 App、银联二维码支付、银联手机闪付等联网通用的移动支付产品，逐步实现了对小额高频支付场景的广泛覆盖。目前已在商超便利、交通出行、医疗健康等多个重要领域，形成多种产品覆盖、业务持续增长、多点开花、全面发力的有利局面。

在商超便利方面，2019 年安徽银联以数字零售解决方案为纽带，与品牌商户建立更加全面、更加紧密的合作关系。通过整合资源与服务，推进解决方案在诸多知名品牌商户应用落地，使得支付结算效率进一步提升，给商户提供了更多"支付＋"赋能资源，从而促进销售增长，助力消费繁荣。截至 2019 年上半年，安徽银联在包括百大购物中心、银泰城、巢湖人民路街区、铜陵万达广场、芜湖八佰伴等在内的省内近 43 个人气商圈、30 条街区以及 1795 家超市门店全面完成移动支付的布局（图案例 3-5），并分别同步开展商圈和超市的特色营销活动，涉及范围涵盖安徽省 16 个地级市，充分调动了各地零售场景中银行卡移动支付的交易增长。

在交通出行方面，安徽银联支付已打造公共交通、高速、加油、停车、共享出行等多个交通出行场景。在公交、地铁方面，安徽银联联合各大商业银行，将闪付、二维码支付运用于交通出行领域，全年开展"1 分钱乘车"和"5 折乘车"等系列营销活动，收效显著，把安徽省公交场景的城市覆盖率推到了全国前列，截至 2019 年 11 月末，合肥地铁、16 个地

图案例 3-5 安徽银联商超便利应用场景

级市和47个县及县级市2万余辆公交车开通移动支付，全省全年公交场景交易笔数2.7亿笔，移动支付交易笔数近6000万笔，同期增长330%，是2018年的3.29倍，银联卡活卡158万张，全国排名第一。在高速收费方面，截至2019年底，安徽省213个高速收费站、994条人工收费车道均实现了银联二维码受理（图案例3-6）。

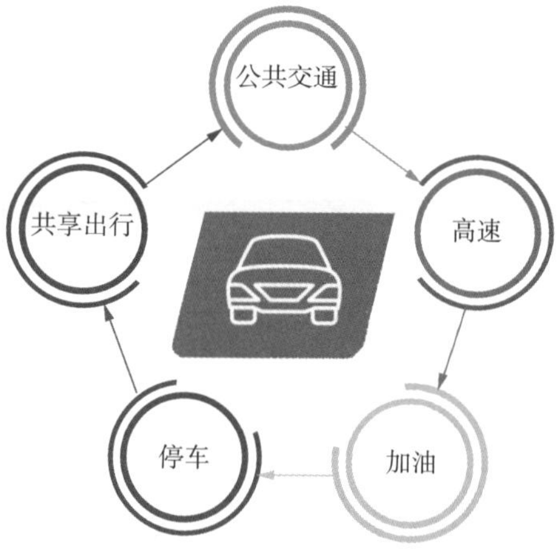


图案例 3-6 安徽银联交通出行应用场景

在医疗健康方面，2019年安徽银联积极践行医疗健康服务创新解决方案，推动金融与医疗服务系统互联互通，不断提升医疗便民服务质量。主要体现在以下两方面：一是直击“三长一短”痛点，为患者提供医院全流程就诊服务。通过与公立医院、各地卫健委医疗平台等部门对接，安徽银联在辖区各级医院HIS系统上实现移动支付业务接入，在人工收费窗口、自助终端、医院App等收费渠道接入银联手机闪付、银联二维码支付等移动支付方式，并为患者提供预约挂号、挂号缴费、排号候诊、门诊支付、住院服务和报告查询等线上全流程服务，满足患者的移动化就医需求。二是积极连接金融支付清算体系与医保服务系统，提供互联网缴费便民服务。2019年6月20日，安徽银联与安徽省人力资源与社会保障局签署业务合作协议，实现医保移动支付、社保缴费等方面全面业务对接，为安徽人民提供更加安全和便捷的“互联网+安徽人社”普惠便民服务。目前，安徽银联通过云闪付App可以为参保人提供签发电子社保卡、社保查询、医保移动支付、二维码扫码购药等多项功能，大大地提高了医疗便民服务水平。

## 三、金融科技赋能，完善场景基础设施建设

“无科技不场景，无场景不支付。”近年来，随着人工智能、物联网、区块链、5G等技

术在支付领域的创新应用不断推进，人们的生活、出行、支付等行为方式正在发生着深刻的改变，实现支付与生活的无缝对接成为人们的日常需求。在这样的背景下，中国银联顺应科技新趋势，依托自身多年来深耕支付行业积累的技术优势和数据资源，不断加快创新要素集成与科技成果转化，积极推动技术创新与支付应用、产业发展及风险防控的有机融合，为支付场景建设提供了坚实的基础设施。正是得益于中国银联强大的金融科技力量支撑，安徽银联的支付场景建设正在驶入快车道，一方面以“支付＋科技”为核心，深挖场景化支付服务，打造出一系列个性化的行业解决方案，持续对外赋能，帮助企业解决经营痛点；另一方面依托开放平台建设，打造与合作伙伴共生共赢的场景生态，联合产业各方，共同为用户提供一站式的优质支付服务及增值服务，推动产业升级与实体经济发展的有机融合。

（一）深耕底层技术，探索智慧金融新场景

金融科技浪潮下，中国银联开始突破自身传统定位，加速打造以数据为核心开发的商业模式，通过布局人工智能、云计算、生物识别、区块链、物联网和5G等新兴技术领域，研发更安全、高效、优质的支付方式，利用金融科技进一步丰富普惠金融服务内涵，探索智慧金融新场景。

人工智能方面，中国银联提供语义分析处理、智能语音交互、人机对话能力以及图像识别、图像处理等服务。语义分析处理服务可应用于客服对话智能小结、工单智能化分析、营销效果评估等场景；智能语音交互、人机对话能力服务可应用于企业运营部门的自助化服务以及产品的智能助手场景；图像识别、处理服务可应用于运营部门商户入网图像审核、银行卡准入审核等场景，助力企业机构提高整体运营服务智能化水平，提升服务效率、降低人力成本。目前，在客服智能小结场景，客服对话自动分类服务已将坐席人员话后小结工作效率提升了90%以上。

云计算方面，中国银联自2009年起研究云计算技术，依托多年积淀的技术基础和优秀的科技人才队伍，创新打造了“银联云”服务平台，为金融业机构提供安全可靠、高效专业的金融级云服务。目前，中国银联已有超过500个系统依托云计算技术向全球提供持续稳定的支付服务。

生物识别方面，中国银联提供人脸识别、声纹识别、指纹识别、指静脉识别等多种生物识别方式，可广泛应用于远程开户（网上银行）、电话客服身份验证、App登录、App支付转账、ATM机取款等业务场景，提升账户使用的安全性和用户体验。

区块链方面，中国银联不断推进区块链底层核心技术发展，验证区块链在金融行业大规模应用的可行性。目前，区块链技术已在数字存证、数字资产、跨境业务等近10个场景完成应用落地。

物联网和5G方面，中国银联致力于实现智慧金融价值再挖掘，构建汽车、零售、家居等行业物联智能支付新生态。其开发的物联网支付综合解决方案结合5G技术，赋能IoT设备厂商，提升用户支付体验，为物联网场景下的各种智能设备如汽车、音响、电视等智能设备提供支付能力。目前，银联“无感支付”广泛地应用于停车支付，全国范围内重点交通枢纽的5000多家停车场已支持银联“无感支付”停车缴费（图案例3-7）。

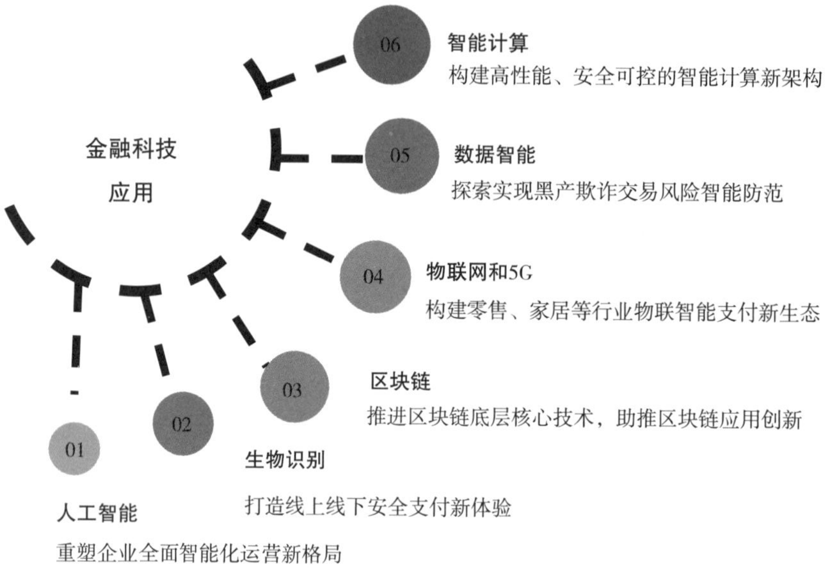


图案例 3-7 中国银联金融科技应用结构图

（二）推进平台建设，拓展创新应用场景

平台化网络是银联价值最突出的载体，平台的建设与开放能力是衡量银联技术研发体系的关键标准。近年来，中国银联在加快大数据、人工智能、云计算、移动互联等新兴技术应用的基础上，持续深化与产业各方的合作，共建创新合作模式，制订综合解决方案，帮助提升产业整体金融服务质量和效率。中国银联以平台型生态体系为基础，升级开放合作能力，联合境内外产业各方，共同为广大用户提供一站式的优质支付服务及增值服务，推动产业升级与实体经济发展的有机融合，为支付产业融汇新合力、焕发新生机。目前中国银联已拥有开放平台、商户智能决策平台、商业银行智能决策分析平台、智能营销大脑、银联风险数据验证服务、大数据风控等多项业界领先的平台服务，致力于丰富银联跨场景生态建设，满足持卡人、商户及各合作伙伴的通用和个性化的营销需求。

1. 开放平台

开放平台是中国银联为机构、服务商和广大开发者提供在线网关支付、便民缴费等多种支付产品的分享和数据对接服务的平台（图案例 3-8）。通过深耕“十大场景”，探索个性化行业解决方案，构建交叉融合、异业联盟的支付生态圈。该平台提供开放 API 调用服务和标准的对外访问接口，帮助合作伙伴自主研发的产品快速接入银联平台和服务。目前，平台对外开放的业务产品超过 100 种，供客户选择调用；除此以外，针对不同业务场景，开放平台还提供个性化行业解决方案，帮助客户在公共缴费、快餐零售等多个场景实现商业支付；与此同时，平台上“火眼”“天眼”等风险控制和反欺诈接口，凭借已达到行业领先水平的安全技术应用，为银联用户带来安全可靠的支付体验。

2. 商户智能决策平台

商户智能决策平台是以银联跨行交易数据为核心、面向行业重点合作伙伴，提供经营概况、客群分析、竞合态势等数据服务功能的综合数据服务平台。通过 WEB、API、数据报

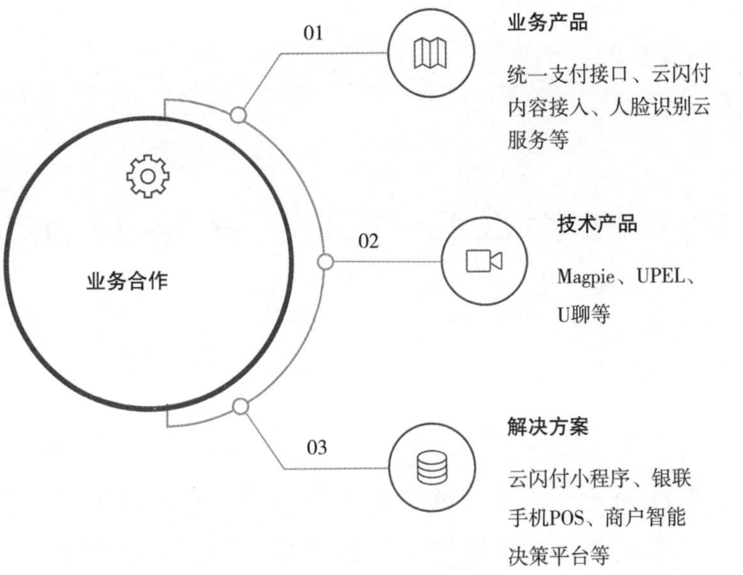


图案例 3－8　业务合作结构图

表和分析报告等形式，为客户提供线上精准翔实的分析报告，辅助政府、地产、酒店、航空、零售等商户经营决策，并依托智能营销大脑，辅助商户开展精准营销，实现精细化运营（图案例 3－9）。

图案例 3－9　商户智能决策平台应用场景

中国银联不断提升金融科技能力建设和服务水平，对全国各场景拓展的推动作用将更为凸显。未来，安徽银联将继续本着“支付为民”的核心理念，基于中国银联在数据与科技创新方面的优势，持续深挖支付产品市场的营销潜力，为支付产业链各主体的支付结算、精准营销、业务转型等核心需求提供有力支撑，助力企业获得业务增长，建立商户与消费者共赢的生态局面，持续为客户提供优质的移动支付服务。

案例四

# 安徽征信：深耕征信主业　探路金融科技输出

## 一、公司简介

安徽省征信股份有限公司（以下简称“安徽征信”）是于2016年3月由安徽省人民政府牵头，以徽商银行、国元信托、国厚资产、安徽省信用担保集团等省级国有企业为主体，联合合肥、芜湖等市相关资源成立的市场化征信机构，注册资本人民币5亿元。作为一项金融基础设施，安徽征信的成立有助于解决银企信息不对称问题，进而缓解中小微企业“融资难、融资贵”的状况，有助于支持政府政策的制定及成果评估，防范金融风险，有助于社会信用体系建设，营造“守信激励、失信惩戒”的社会氛围。安徽征信的主营业务是全面整合各类信息资源，积极开展产品研发和服务创新，为个人、各类企事业单位以及政府有关机构提供征信产品、信用评分、信用报告、资信调查与评估等信用服务。成立三年多以来，安徽征信以服务金融、支持政府、惠及企业融资为建设核心，在普惠金融、精准扶贫、风险防控等领域持续开展工作，得到了行业和公众的广泛认可，斩获了众多资质和荣誉。2019年3月，安徽征信正式获得中国人民银行企业征信备案，成为全国首家省级国有控股征信机构，进一步提升了其在行业中的竞争优势，为之后拓宽业务范围、深化与金融机构的合作关系奠定了坚实的基础。12月，安徽征信又成功通过了国家高新技术企业认定，标志着公司自主研发创新能力、科研成果转化能力、自主研发生产的技术服务产品得到了国家科技部门认可，为后期安徽征信在享受企业税收优惠、项目招投标等方面提供了有力的政策支持。同时，进一步扩大了安徽征信在行业内的影响力，树立了良好的品牌形象。

消费金融领域的快速崛起使其对征信的需求越来越强烈，在此背景之下，我国征信行业得到了快速发展，参与者层出不穷，产业体系也已见雏形。根据央行数据统计，截至2019年12月末，全国共有22个省（市）的128家企业征信机构在中国人民银行各分支行完成备案。但与此同时，我国征信行业也面临着诸多现实困境，如覆盖率低、数据整合难度大、数据较为简单、法制建设进程较慢等，亟待行业重新优化整合。金融科技的不断深化发展正为此提供了新的空间和解决方案，其自身具备的大量性、多样性、迅速性、价值性等天然优势为我国的征信行业发展带来了新的机遇。安徽征信紧抓行业发展机遇，在系统建设、产品研发、技术力量、市场拓展、信息共享等多个方面持续发力，不断构建公司核心价值和竞争优势。

安徽征信致力于打造服务经济社会发展，实力较强、规模较大、市场信誉度较高的国内领先的第三方征信机构，围绕征信主业，整合自身优势，持续提升科技研发水平，推进业务多元化，逐步建立完整的征信业务价值链，并积极运用大数据、云计算和区块链等新兴技术，促进公司的高质量、可持续发展。自 2016 年公司服务平台发布以来，安徽征信不断创新和完善征信产品和服务，打造了以基础产品、技术工具和解决方案为核心的产品和服务体系，力求满足市场对多元化、个性化、差异化的征信产品和服务的需求（图案例 4－1）。

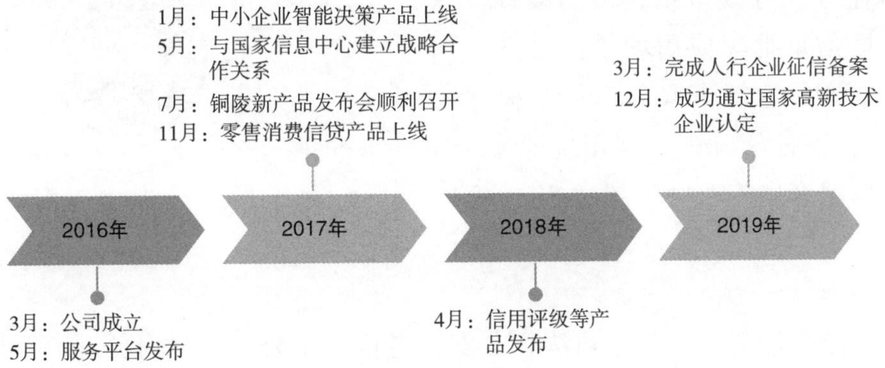


图案例 4－1　安徽征信发展历程

## 二、深耕征信主业

### （一）辐射品牌效应，打造拳头产品

企业征信是指征信机构依托自身技术全面整合各类信息资源，为各类企事业单位、政府有关机构提供征信报告、企业筛选、信用评分等信用服务。其基本流程可以概括为数据采集、数据分析以及数据应用三个阶段。数据采集是企业征信机构的发展源泉。有了全面、实时更新的数据，企业征信机构就能从不同数据繁杂的关系中找到真正的数据价值。随着我国政府信息公开力度的加大和企业信息网络透明度的提高，中国人民银行指导市场化征信机构从不同渠道采集小微企业的工商登记信息、税务登记信息等数据，用这些客观的数据来综合判断企业的真实身份、经营管理规模、实力水平。目前，安徽征信已经搭建起较为完善的数据采集机制，实行“以中国人民银行、城市商业银行、农商行、村镇银行等为重点，建立全面合作关系，同时与全国知名的大型股份制银行机构加强合作”的采集策略，截至 2019 年 12 月底，安徽征信的合作服务对象已超过 200 家。

对数据的分析和应用能力是企业征信机构的价值所在。近年来，企业征信机构积极运用大数据、云计算等先进的金融科技技术，建立数据与企业信用的逻辑对应关系，通过运用数据模型对企业的信用状况精准画像，涌现出诸如信用报告、信用评分、企业筛选、风险预警等一系列优质高效的征信产品和服务。安徽征信主动融入金融科技发展潮流，借助多方合作共同推进公司金融科技建设。经过三年多的精耕细作，安徽征信的征信主业发展成效显著，针对一般企业、小微企业和个体工商户等不同主体打造了满足个性化需求的产品，目前已拥有 AHC 企业信用报告、益佰分、AHC 企业信用评级等众多具有影响力和公信力的产品。依托其产品数据来源权威、支持个性化场景设计、信息丰富等优势，企业核心竞争力持续增强，品牌效应逐步显现。

1. AHC 企业信用报告

AHC 企业信用报告是针对安徽省金融机构、政府相关部门以及企业等服务对象，经过采集、查询、授权与审核流程，对企业信息进行查询的一项服务（图案例 4 - 2）。该报告主要应用于政府监管、行政审批、市场准入、商业合作、银行授信审批等应用场景。自诞生以来，该产品在金融行业征信服务市场中树立了良好的品牌形象和商业口碑。据不完全统计，目前安徽征信根据客户需求已为超过 22 万家的企业出具报告。

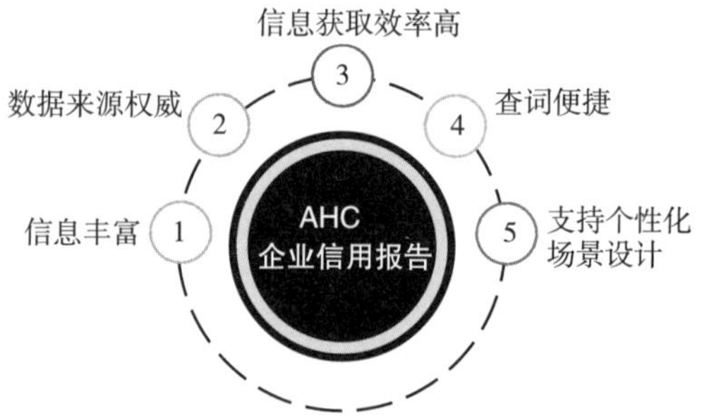


图案例 4 - 2　AHC 企业信用报告产品优势

2. 益佰分

益佰分是安徽征信基于工商、司法、公安、电信、双公示等政府公开、互联网公开的数据，通过大数据、机器学习、深度学习、区块链等前沿技术手段，在充分考虑客群主体的基本属性、资信状况、行为特征、社交关系、诚信状况等多维度信息的基础上开发而成的评分产品。该产品主要应用于贷前准入、贷中审批、贷后管理、保险理赔以及其他适用信用评价的场景，实现了全场景多模式覆盖，为客户提供了更符合当地特征的评价方式（图案例 4 - 3）。

图案例 4 - 3　益佰分产品优势

## （二）围绕客户需求，创新产品应用和服务

征信产品的广泛应用是企业征信机构的发展目标。近年来，随着互联网技术的不断普及，网络借贷、众筹、消费金融、共享经济等新型金融业务快速发展，传统的征信体系已经无法完全满足市场需求，加之大数据、云计算等新技术的日益成熟，催生了大规模个性化定制，也衍生了海量的个性化需求。规模化、标准化的征信产品显然已不能满足客户的需要，唯有精耕细作，以打造最佳用户体验为宗旨，全力做到极致才能赢得先机。因此，近年来企业征信机构针

对新的市场需求，加快打造配套产品体系，在信用报告的基础上衍生出越来越多的征信增值产品，如信用修复、企业筛选、反欺诈、风险监测与预警等各类征信产品和服务。在此背景下，安徽征信紧跟行业趋势，以服务和参与全省社会信用体系建设为己任，持续着力打造核心竞争力，创新开发各类信用产品，充分发挥大数据优势，促进信用服务业发展。为了满足客户更深层次的个性化需求，安徽征信在细分领域深度拓展，推出企业信用修复报告、黑名单、反欺诈、水晶球等一系列核心产品，持续提升品牌价值和行业影响力。

1. AHC 企业信用修复报告

信用修复是指失信主体主动纠正其失信行为、消除不良社会影响后，按照一定条件，经规定程序获准撤销失信记录、重建信用的过程。其目的在于激发失信主体的守信意愿，保障失信主体的合法权利，使其在纠正失信行为后能够正常参与经济社会行为。2019 年 7 月 2 日，国家公共信用信息中心公布了《可为信用修复申请人出具信用报告的信用服务机构名单（第一批）》，安徽征信成为首批官方评定的具有信用报告出具资质的 62 家机构之一，可以开展全国性信用修复报告的出具业务。AHC 企业信用修复报告是安徽征信在国家公共信用信息中心的指导下上线，为符合修复标准的客户提供的信用修复报告服务。报告内容包括企业工商基本信息、拟修复处罚信息、信用修复意见和信用等级。作为省内唯一入选的信用服务机构，安徽征信为企业出具的信用修复报告具有政府支持、程序合规、权威可靠、行业认可度高等优势。

2. 黑名单

AHC 黑名单是安徽征信整合了法院涉诉、失信被执行、限制高消费、行政处罚、网贷黑名单、多头借贷、电信黑名单、高风险关联等多种政府及其他官方平台的互联网公开数据，运用区块链技术打造的名单类产品（图案例 4-4）。该产品根据客户需求，梳理客户机构政策，构建行内行外数据充分结合的黑名单体系。依赖于安徽征信合法合规的多元化的数据积累和数据对接，及时有效地更新，有助于防范信贷风险。

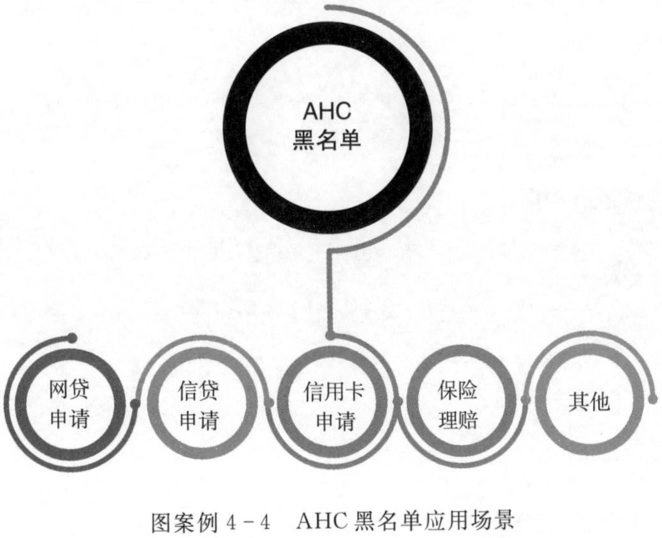


图案例 4-4 AHC 黑名单应用场景

3. AHC 反欺诈

AHC 反欺诈是基于机器学习、深度学习、NLP、区块链等多项前沿技术，结合工商、司法、公安、电信、双公示、多头借贷等政府公开、互联网公开信息而形成的综合解决方案。该产品旨在为客户解决当前越来越多的欺诈问题，包括第一方欺诈（虚假资料）、第三方欺诈（虚假身份）、团伙欺诈等，为客户提供全场景、多模式的解决方案（图案例 4－5）。

图案例 4－5　AHC 反欺诈产品服务方式

4. AHC 企业深度洞察水晶球

企业深度洞察水晶球是一款解决客户搜索、开发和管理的智能平台，通过对企业进行多维度的划分和定制化的筛选，满足用户使用需求，支撑基于企业细分的多场景应用。依托于数据资源权威、数据分析专业、产品覆盖全面等优势，该产品已经广泛应用于智能获客、风险管理、信贷管理等场景（图案例 4－6）。

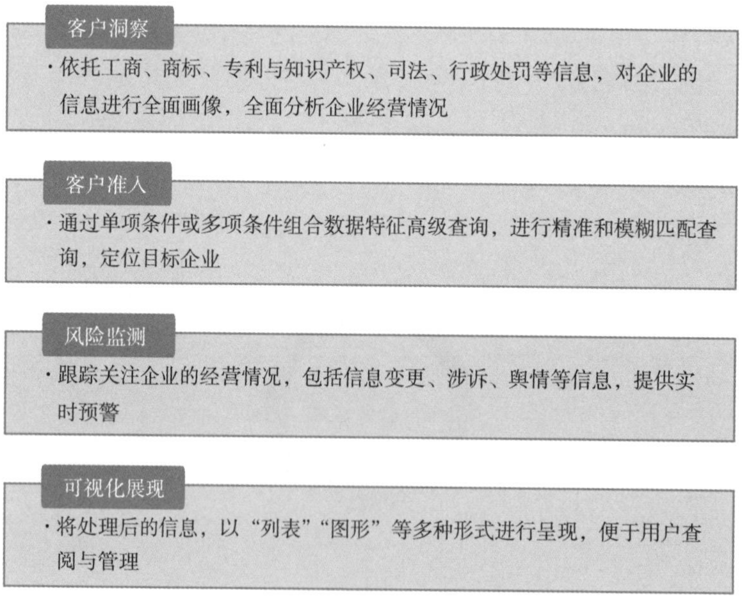


图案例 4－6　AHC 企业深度洞察水晶球主要内容

## 三、探路金融科技输出

### （一）重视金融科技投入和创新，不断增强金融科技服务能力

目前金融科技发展迅猛，以人工智能、云计算、大数据等为代表的新技术在金融领域的应用中不断深入。在推动金融业态深度变革的同时，也重构了社会信用体系，金融科技已经

逐步成为信用社会建设的重要力量。安徽征信自成立以来，一直非常重视在金融科技方面的投入和创新，坚持征信与金融科技融合发展模式，利用大数据、云计算等新技术，持续加强产品研发和服务创新，金融科技的力量不断发展壮大。据统计，2019 年安徽征信在金融科技方面投入资金总额为 607.18 万元，相较于 2018 年的 363.65 万元，同比增长 66.97%；同时在人员方面的投入也有明显增长，2019 年安徽征信投入金融科技相关人员 74 人，比 2018 年的 59 人增长了 25.42%。随着公司科技研发力量的不断增强，大数据、区块链等先进技术在公司各项业务系统中逐渐落地和应用，安徽征信的金融科技水平得到显著提升。2019 年，安徽征信的金融科技力量涵盖了技术工具、技术平台、智能技术应用、新技术运用四大板块。其中，技术工具包括应用技术开发框架、产品开发框架和深网技术；技术平台包括大数据管理平台、深网数据采集平台、移动技术平台、HADOOP 分布式存储和云计算；智能技术应用包括人脸/活体识别技术、OCR 光学字符识别技术、商业数据图表技术、流程引擎规则；新技术运用包括大数据、云计算、区块链的深度研发和运用，形成征信特色产品体系；前沿技术研究包括研究模型及算法、开展深度机器学习、文本挖掘、智能语义分析和图像识别等新技术。

（二）直击行业“痛点”，助力中小金融机构数字化转型

当前，数字技术快速迭代，金融科技深度融合，数字金融蓬勃兴起，金融信息化进入数字化、智能化的新时代。在此形势下，金融业数字化转型成为热门议题。中小金融机构依托本地特色、满足当地金融需求，承担着普惠金融的重要职能，这一点与金融科技的普惠特性不谋而合。但与此同时，战略模糊、资金不足、人才短缺、科技力量不强均成为制约中小金融机构数字化转型的痛点。针对行业痛点，安徽征信积极响应国家号召，围绕服务实体经济，积极发展普惠金融，通过创新信用产品的应用和服务大力支持小微企业，取得了显著成果。自成立以来，安徽征信帮助金融机构为中小微企业提供贷款累计投放达 800 亿元、信用贷款累计发放 100 多亿元，服务企业 12 万家，产品和服务提供次数累计超过 100 万次。同时安徽征信还积极与各方进行深入的交流讨论，借助多方合作力量共同推进安徽省金融科技建设，主动融入金融科技发展潮流，以科技赋能加快推进中小金融机构数字化转型，更好地为中小微企业提供融资服务，开展深度战略合作，携手创新金融产品，陆续上线了微信银行、线上委托贷款、泰捷通、“金农 e 贷”、网点产能提升、银行操作风险管理、零售消费信贷智能决策、智能投顾、智能信贷获客等技术工具与行业解决方案，为中小微企业解决融资难、融资贵的问题，全力支持地方中小微企业创新发展。

1. 微信银行

针对城市商业银行和农商行的基于大数据应用的微信银行产品是利用安徽征信数据、产品及核心技术平台并整合微信公众平台形成的基于微信渠道、信贷产品、大数据应用的“三位一体”的全新软件产品，利用微信银行可以快速搭建自有渠道、产品、大数据管理等前中后台系统。产品推出后，获得了良好的反响。目前该产品已帮助城市商业银行、农商行服务了 5 万多户微信客户（图案例 4－7）。

2. 线上委托贷款

线上委托贷款系统是安徽征信为帮助中小型商业银行实现委托贷款业务纯线上无纸化操

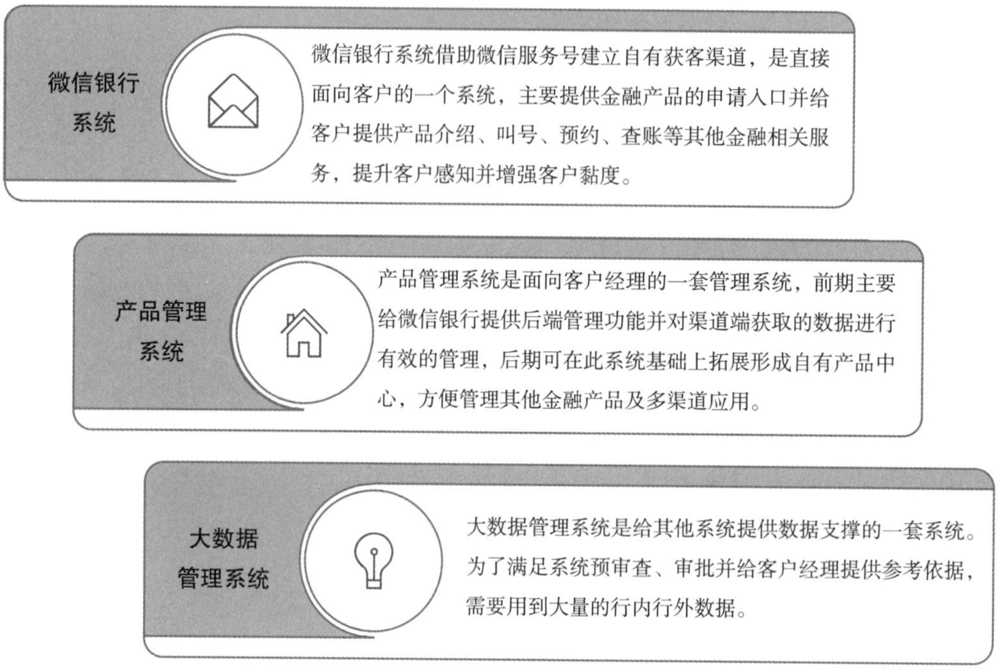


图案例 4-7　微信银行三大子系统

作、支撑中小型商业银行传统资产业务的创新发展而开发的。线上委托贷款系统能够进一步提升商业银行服务管理和系统支持功能，并增强其对未来业务的适用性；通过系统建设推进管理、提升效率。其中，委托贷款业务为各类金融机构与平台提供将贷款信息、逾期信息报送中国人民银行征信系统的解决方案。目前该产品已帮助中小型商业银行累计发放委托贷款4亿多元。

3. 泰捷通

泰捷通产品基于资产公司的资产房抵贷业务场景，提供小程序获客、风控模型、业务管理、贷款核算、支付通道等信贷一体化解决方案。目前，该产品已为159位客户提供服务，累计放款金额达到8676.3523万元。

4. “金农e贷”

“金农e贷”项目是安徽征信基于微信小程序端提供的一站式数字营销解决方案，通过微信端智能获客，展开精准营销、风险评估、线上贷款办理等一站式信贷营销系统。安徽征信基于自身优势，借鉴国内外银行业零售业务的最佳实践，结合甲方的零售业务实际需要，协助城市商业银行和农商行为客户带来“零距离”“超便捷”“快速贷”的优质体验，提升银行零售业务核心竞争力。目前服务客户已超过3300人次。

（三）打造信用信息平台，促进社会信用体系建设

近年来党中央、国务院高度重视社会信用体系建设，在信用体系建设上采取了一系列重大举措。2014年国务院通过了《社会信用体系建设规划纲要（2014—2020年）》，明确提出社会信用体系建设的路线图和时间表。而后，党的十九届四中全会又强调，完善诚信建设长效机制，健全覆盖全社会的征信体系，加强失信惩戒，故征信作为社会信用体系的核心环

节，在建设工作中发挥着高度重要的作用。安徽征信自成立以来，积极响应国家政策号召，助力社会信用体系建设，积极运用大数据、云计算、区块链等新技术对信用体系建设的对象进行现状分析、体系构建、平台建设及后续配套服务，协助推动信用体系建设。近年来，安徽征信利用自身的科技力量不断为政府提供信用信息服务，陆续打造了十多款平台产品，如安徽省农村信用信息共享服务平台、安徽中小微企业综合金融服务平台、中小银行聚合信贷业务平台、社会信用体系建设评估方案、市民信用评分系统、安信金融云平台、AHC 移动金融服务平台、AHC 人行征信接入服务平台等，为监管机构对市场主体做出奖励安排或惩戒措施提供便利，发挥企业对全社会信用建设的推动、约束、激励作用。

1. 农村信用信息共享服务平台

安徽征信利用大数据、云计算、微服务等技术，构建面向“三农”的电子信用档案，外加“软硬结合”的信用评价方法，力争打造新兴农村的信用生态（图案例 4 - 8）。该平台通过整合多方资源，创新农村金融产品，助力乡村振兴战略，快速提升信用主体的金融服务获得感。平台内容包括农村信用大数据管理中心、农村信用管理中心、乡风文明管理中心、农村信用应用中心、统一数据交换服务中心五大管理服务中心，各大服务管理中心互相协作，各司其职，以信用信息服务为载体，归集信用记录数据、实施信用信息共享、开展社会信用监督、提供信用信息服务。目前该平台已经成功打造了安徽省党建引领信用村建设平台和亳州市党建引领信用村建设服务平台。

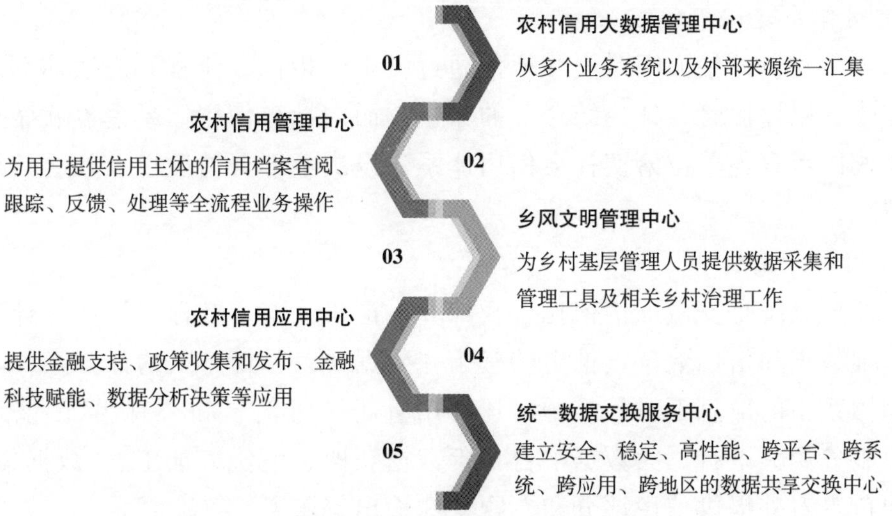


图案例 4 - 8　农村信用信息共享服务平台五大管理服务中心

2. 中小微企业综合金融服务平台

2019 年 6 月 9 日，根据安徽省人民政府统一部署，由安徽省人民政府金融监管局牵头，安徽省经济和信息文化厅、安徽省财政厅、安徽省数据资源局、中国人民银行合肥中心支行、安徽银保监局等 20 多家单位配合，安徽征信承建及运营的省级“一站式”综合金融服务平台——安徽省中小微企业综合金融服务平台启动线上试运行工作。该平台整合多方数据资源，打造全面且可靠的企业征信报告，着力解决中小微企业融资难、融资贵的问题，是增强金融服务实体经济能力、服务长三角一体化发展战略、深化金融供给侧改革的重要举措。该平台由“一窗口，两中心”三大部分构成，即“企业金融服务窗口（门户网站）”“企业征信服务中心”“企业金融支持中心”，整个平台以服务中小微企业为核心，形成绿色可持续发展的金融生态圈（图案例 4 - 9）。

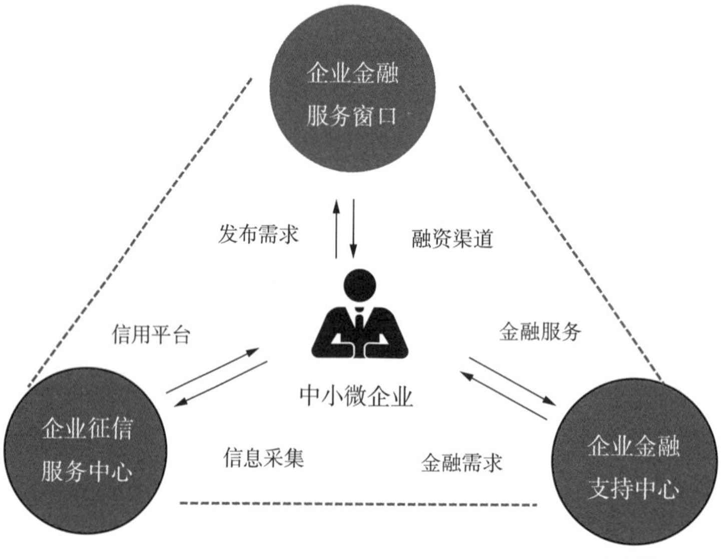


图案例 4 - 9　中小微企业综合金融服务平台三大组成部分

3. 社会信用体系建设评估方案

社会信用体系建设评估方案是安徽征信通过科学的指标、流程和方法体系，坚持“以评促建、以评促改、以评促管、评建结合”的原则，面向社会信用体系建设联席会议成员单位开展评估工作，以考察各单位落实社会信用体系建设决策部署情况以及社会信用体系建设工作要点完成情况。

4. 市民信用评分系统

市民信用评分系统是安徽征信依托于云计算，汇集公安、社保、民政、计生、工商、公积金等部门基础数据和信用数据，推出的基于“数据-模型-场景”的评分系统，致力于解决城市社会信用体系中的信息不对称难题，让信用真正“可信”和“有用”。该系统主要包括大数据和应用服务两大平台。大数据平台负责数据获取、清洗、加工、“数据集市”建立等；应用服务平台负责对外提供信用评分和专题支撑输出等服务。

## 四、未来发展展望

近年来，金融科技的蓬勃发展重塑了金融业态，催生出巨大的征信需求，征信行业迅猛发展，市场规模不断扩大。安徽征信自成立以来高度重视金融科技建设工作，持续在金融科技及信用大数据领域发力，不断构建安徽征信信用科技生态，在企业征信及金融科技方面不断推出更具竞争力的优质产品和服务，为数字经济高速发展、完善社会信用体系建设、实现普惠金融贡献力量。目前安徽征信已拥有数据分析、金融科技等各类专业人才队伍，在征信产品研发、征信集成化解决方案、技术开发、金融科技及信用体系建设等方面具备丰富经验，在专业数据分析和统计方面有着深入研究。凭借卓越的科技开发实力以及完善的产品业务体系，安徽征信在行业竞争中逐步从“跟跑者”“并行者”向“领跑者”转变。

然而，安徽征信在提高征信服务水平、促进普惠金融发展的同时，由于信用法律顶层设计尚未完善、行业发展规范尚未健全以及自身内部约束等问题，其在发展中仍面临着一些挑战和现实性困境。首先，在外部监管方面，目前我国征信业的法律法规框架及其配套制度是围绕《征信业管理条例》来构建的，但《征信业管理条例》规制的主要对象是传统金融行业，其中针对大数据背景下征信业的数据采集范围与标准、授权形式、安全管理、征信机构的法律责任等方面的监管细则相对缺乏，这在很大程度上限制了我国征信机构的业务发展。随着相关法律法规的出台和实施，我国社会信用体系建设将走上健康发展的快车道，征信业也将迎来新一轮的蓬勃发展。此外，在内部环境方面，由于安徽征信创立时间较短，因此在技术研究和金融科技产品研发领域还缺乏一些成熟的模式和经验，使得其数据覆盖率、数据处理能力、硬件基础设施以及产品创新等方面还有待提高。

未来，随着安徽征信在金融科技领域深入研究、积极创新，其核心技术能力将不断提高，产品精益设计与数据的深度利用将得到进一步优化，品牌价值和行业影响力也将持续提升，从而将更好地发挥征信作为金融业基础设施的作用，为安徽省经济社会发展工作贡献力量。

# 参考文献


[1] 曹静．消费升级背景下消费金融市场发展方向研究［J］．上海金融，2019（9）：84－87.

[2] 曹源芳，袁秀文，张景菲．强监管下金融错配风险趋于收敛了吗？——基于互联网金融发展的视角［J］．经济问题，2019（10）：39－47＋129.

[3] 陈荣达，林博，何诚颖，等．互联网金融特征、投资者情绪与互联网理财产品回报［J］．经济研究，2019，54（7）：78－93.

[4] 陈钊，邓东升．互联网金融的发展、风险与监管——以P2P网络借贷为例［J］．学术月刊，2019，51（12）：42－50.

[5] 范逸男，任晓聪．互联网金融监管体系改革进路研究——基于创新协同角度［J］．西南金融，2020（3）：35－41.

[6] 何凌云，马青山．互联网金融促进了企业研发创新吗［J］．科技进步与对策，2020，37（13）：20－27.

[7] 黄牡丹．互联网金融产品创新风险探析［J］．人民论坛，2020（1）：102－103.

[8] 黄益平，陶坤玉．中国的数字金融革命：发展、影响与监管启示［J］．国际经济评论，2019（6）：24－35＋5.

[9] 李苍舒，沈艳．数字经济时代下新金融业态风险的识别、测度及防控［J］．管理世界，2019，35（12）：53－69.

[10] 林波，杜琰琰．数字化转型推进普惠金融商业可持续研究［J］．新金融，2020（9）：42－46.

[11] 刘宸希．“互联网＋”时代传统企业互联网化转型路径研究［J］．技术经济与管理研究，2020（11）：56－60.

[12] 刘兰娟，施青华．基于移动支付视角的互联网金融模式创新扩散研究［J］．福建论坛（人文社会科学版），2019（7）：47－57.

[13] 任碧云，许高庆．关于强化行为监管完善我国金融监管体系的若干思考［J］．经济纵横，2020（3）：43－49.

[14] 佘笑荷．新时代互联网金融征信发展的路径选择［J］．人民论坛，2019（30）：70－71.

[15] 唐金成，刘鲁．保险科技时代“AI＋保险”模式应用研究［J］．西南金融，2019（5）：63－71.

[16] 王凌飞，陈小辉．监管信息不对称与P2P网贷平台风险［J］．系统工程，2020，38（5）：25－34.

[17] 叶治杉．我国互联网保险模式发展现状及优化路径研究［J］．新金融，2019（12）：48－52.

[18] 袁远．监管视角下互联网金融消费者保护研究［J］．经济纵横，2019（6）：122－128.

[19] 张成虎，刘杰．互联网金融创新与金融监管的动态演化博弈［J］．贵州社会科学，2020（1）：151－159.

[20] 张礼卿，吴桐．区块链在金融领域的应用：理论依据、现实困境与破解策略［J］．改革，2019（12）：65－75.

[21] 张勋，万广华，张佳佳，等．数字经济、普惠金融与包容性增长［J］．经济研究，2019，54（8）：71－86.

[22] 张勇．个人信用信息法益及刑法保护：以互联网征信为视角［J］．东方法学，2019（1）：58－67.

[23] 中国互联网金融协会．2019中国互联网金融年报［M］．北京：中国金融出版社，2019.

[24] 中国人民银行．金融科技（FinTech）发展规划（2019—2021年）［R］．2019.

[25] 中国人民大学中国普惠金融研究院．助贷业务创新与监管研究报告［R］．2019.

[26] 周光友，罗素梅．互联网金融资产的多目标投资组合研究［J］．金融研究，2019（10）：135－151.

[27] 朱太辉，龚谨，张夏明．助贷业务的运作模式、潜在风险和监管演变研究［J］．金融监管研究，2019（11）：50－67.